図１
男性が少し苦手な20歳代の
女性の描画
[→p. 219]

図２
チックを主訴とする
女児の描画（１枚目）
[→p. 222]

図３
チックを主訴とする
女児の描画（２枚目）
[→p. 225]

図４
チックを主訴とする
女児の描画（３枚目）
[→p. 227]

図5
チックを主訴とする
女児の描画（4枚目）
[→p. 230]

図6
チックを主訴とする
女児の描画（5枚目）
[→p. 233]

図7
チックを主訴とする
女児の描画（6枚目）
[→p. 236]

図8
チックを主訴とする
女児の描画（7枚目）
[→p. 239]

図9
統合失調症の女性の描画
（1枚目）
[→p. 241]

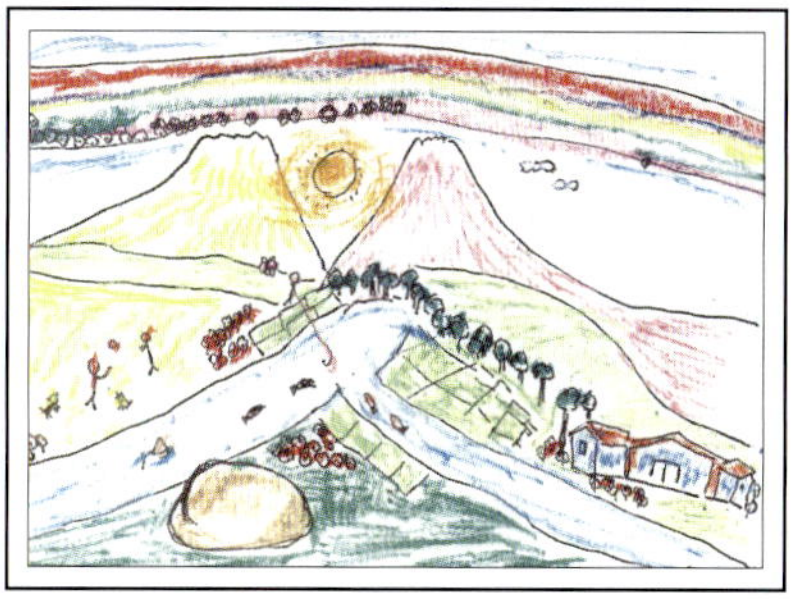

図10
統合失調症の女性の描画
（2枚目）
[→p. 244]

図11
統合失調症の女性の描画
（3枚目）
[→p. 248]

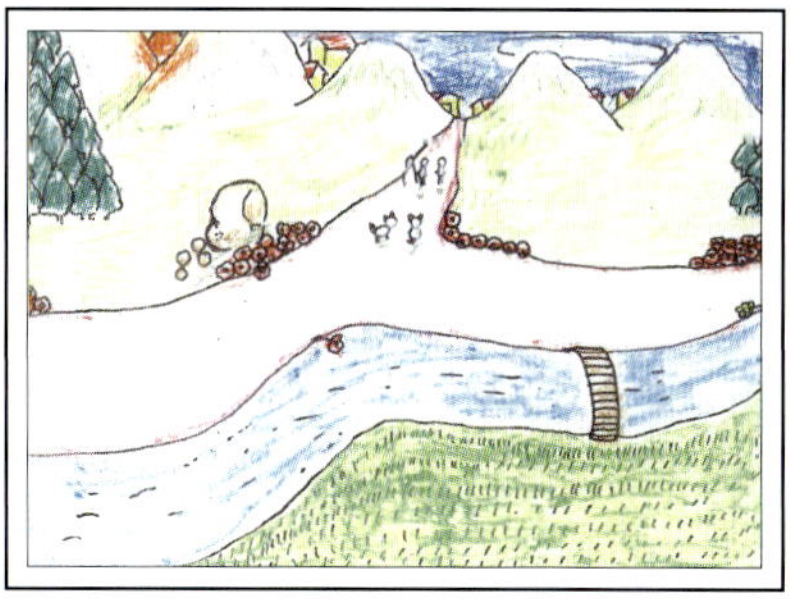

図12
統合失調症の女性の描画
（4枚目）
[→p. 252]

図 13
統合失調症の女性の描画
(5枚目)
[→p. 255]

図 14
統合失調症の女性の描画
(6枚目)
[→p. 257]

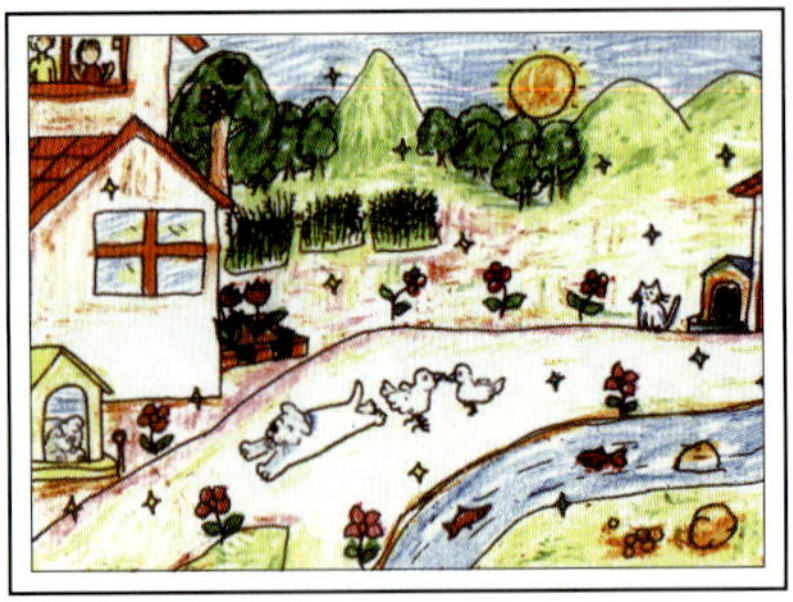

図 15
統合失調症の女性の描画
(7枚目)
[→p. 260]

図 16
統合失調症の女性の描画
(8枚目)
[→p. 263]

図 17
30 歳代のアルコール依存症
の女性の描画
[→p. 266]

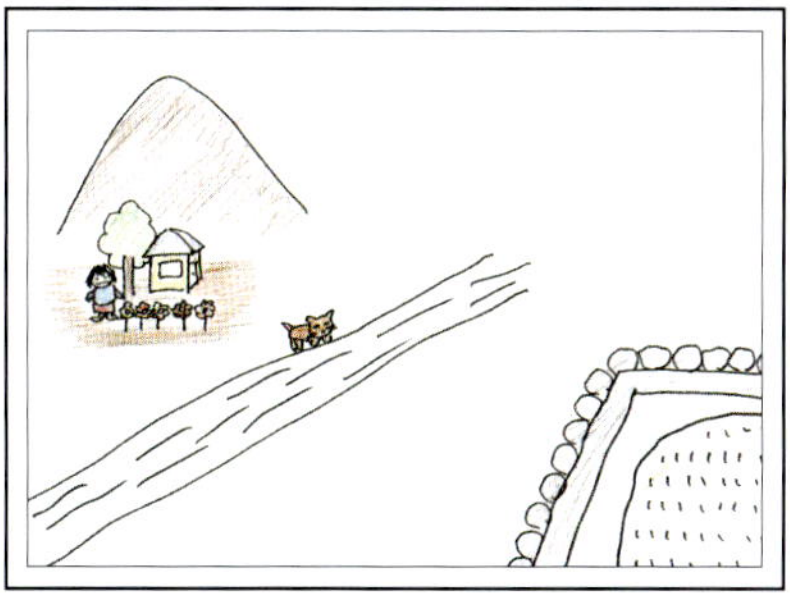

図 18
20 歳代のアルコール依存症
の女性の描画
[→p. 269]

図 19
過剰適応と異性関係を
主訴とする女性の描画
[→p. 271]

図 20
ストーキング行為を繰り返す
恋愛妄想をもつ女性の描画
[→p. 273]

図21
解離性障害の
20歳代女性の描画
[→p. 277]

図22
育児不安を訴える
30歳代女性の描画
[→p. 280]

図23
過剰適応が問題となっていた
女子中学生の描画
[→p. 283]

図24
過剰適応が問題となっていた
女子高校生の描画
[→p. 286]

風景構成法の文法と解釈

描画の読み方を学ぶ

川嵜克哲 著
Kawasaki Yoshiaki

福村出版

「風景構成法の文法と解釈――描画の読み方を学ぶ」　目次

第四章　各項目の象徴的意味と配置　61

第五章　図版とその解説　219

はじめに

風景構成法に関する書物や論文のなかにおいて、本書はたぶん相当に「異端」に近い位置にあるものとみなされるのだろうなと思われる。一方で、本書は風景構成法の「読み」に関して、「オーソドックス」な内容をもつものであるとも考えている。つまり、「異端」にして「オーソドックス」というのが本書に対してなされるであろう評価の予想である。この予想の理由に関して以下に述べたい。

風景構成法は、中井久夫と河合隼雄という日本において傑出した二人の臨床家の希有な出会いから生み出された描画法である。日本人の手によってオリジナルに創り出された描画法は無数にあれど、その中でほとんど唯一といってよいくらいに世に広く浸透しているものであるため、風景構成法に関する研究も数多く発表されている。しかし、描き手が描いた一枚の風景構成法そのものをいかにして「読む」のかという視点から考察しているものはさほど多くなく、ほとんどの研究はいわゆる「構成型」の研究か、あるいはある項目を取りあげてそれと質問紙で測定される心理的指標との相関関係を見る研究である（たとえば、左方向に流れる川の出現率と内向性とが有意に相関している、など）。これらの研究はもちろん意味のあるものである。しかし、臨床現場において来談者が一枚の風景構成法を描き、治療者がその描画を前にしてどのような視点・姿勢でそこにコミットするのかと考えるとき、それらの研究がもっている価値を実際的な臨床現場に照らしたならば、それは日本円と通貨交換できない外国に日本円を持参して困惑している状況に似てはいないだろうか。

たとえば、「構成型」の研究がある。これは、完成された風景構成法をその「型」から分類したもので、高石[1]のすぐれた研究がある。しかし、この研究がすぐれていたがゆえに、その後の多くの研究がこの「構成型」の分類を参照枠としており、高石自身がかなり慎重にかつ控えめに警告していることを無視して、ひとり歩きしている状態になっているように感じられる。このひとり歩き状態の弊害はさまざまであるが、代表的なもののひとつは、七段階に区別された構成型の中で〈最終形〉である「完全統合型」が目指すべきゴールとみなされ、それに至っていない型を描く描き手は未成熟だとか低いレベルにあるなどとみなされることである。むろん、「構成型」は描画のある側面を切り取ったものであるから、ある臨床場面においてはその見方が妥当な場合があり、そのとき得られる「この描き手はこのようなところがまだ未成熟だな」というような見立ては意味のあるものである。しかし、すべての場合において、この構成型の「段階」にのみよる価値付けをして描画を見るならば、それはあまりに乱暴な見方であり、風景構成法がもつ治療的側面を消し去る本末転倒的なものとなるであろう。このような背景には「遠近法」至上主義とでも呼ぶべきものが、心理臨床場面のみならず、児童画教育なども含めた広い領域にわたって浸透しているからだと思われる。

もうひとつの弊害は、「構成型」の視点をもちいることで、風景構成法においては項目が順番に提示されていく中で風景が描かれるという、風景構成法の本質的な構造が無視されることである。本文で詳しく述べるが、風景構成法は、治療者が「川」、「山」、「田」……と順に項目を読み上げていき、描き手はその項目を順番に画用紙に描いていって、風景を完成させていくという手順によってなされる。項目が順に提示されること、それを描いていくときにすでに描かれた項目は消すことも動かすこともできないこと、筆者の見解では、この二点が風景構成法の特徴のほぼすべてである。「構成型」の視点はこの二点を捨象する。たとえば、仮にまったく同じ構図の絵があり、その絵の中で川に橋が架かっているとしよう。風景構成法においては、この橋がいつ描かれたのかがとても重要な指標となる。最初に提示される「川」が描かれたと同時に橋が描かれたのか、あるいは「動物」が提示されたときに猫が川の彼岸《ひがん》に描かれ、その後に橋が川に架かるように描かれたのか。この二つはそれぞれにおいてその橋の意味がまったく異なるが、「構成法」的にはこれらは同一のものとみなされる。すなわち、風景構成法とはきわめて「動的」な運動態であるのにもかかわらず、「構成型」の視点はその運動を「静的」に固定するわけである。昆虫標本には昆虫標本の意味と意義はもちろんあるわけだが、それだけをもってして生きた昆虫の生態を理解することはできないだろう。

もちろん、風景構成法の発案者である中井は、パラディグマ軸とシンタグマ軸という言語学からの概念を援用して、項目が順番に提示されることと、以前に置かれた項目が後のものに影響を与えることを重視している。(2) しかし、それ以降の多くの研究においてはそのような視点から論が展開されることがほとんどみられなくなっていく。風景構成法の手順を考えてみれば、項目の順序性ということを重視せざるをえないのは必然的であると思われるのだが、ほとんどそのような見解をみないことが筆者にはかなり長い間不思議であった。管見では、このことに関して批判している数少ないひとりが岸本(3)である。岸本の批判は非常に配慮的で控えめな形をとっているが、高石の「構成型」を安易に適用することや、皆藤が「構成プロセス」という語句を用いながらも提示順を無視して、たとえば、「人」を分析した上で「川」「山」を検討している点、「出来上がった作品」を見て目を引かれるところに注目する「誘目性」や「構成プロセスを飛び越えて、一つの出来上がった風景に焦点を当て」、そこで「この中にあなたがいるとしたら、どこにいる、いたい？」と問うことなどに対して疑問を呈しており、それはまことに的確な批判となっている。これらの批判はすべて、風景構成法においては、項目が順に提示されるという手順の中で描画がなされること、すなわち、岸本のことばでいえば「構成プロセス」を無視しては描画を「読む」ことはできないという事実に基づいている。この岸本の見解に、本書は深く同意するものである。ただ、岸本もその論文の中ではその「構成プロセス」を踏まえた上で具体的にどのように風景構成法を読んでいくのかということに関してはあまり多くの紙幅を割いてはいない。

風景構成法において、ある項目が提示されると、その項目がもっている「象徴的意味」が描き手の心を刺激し、描き手の心の中にその刺激に呼応するある反応が生じる。その反応は描き手によってある「形態」をもって、画用紙上のどこかに「配置」される。次の項目が提示されたときにも同様のことが生じるが、その反応を画用紙の上に描こうとする際、すでに画用紙上にはさきほどの項目が描かれている。画用紙上にある、さきに提示された項目で構成された世界はそれ特有の心的な「磁場」を形成している。それゆえ、新たな項目提示によって刺激された新たな反応を画用紙上に描こうとするとき、新たに「磁場」に参入しようとする反応とすでにある「磁場」との間にある種のせめぎ合いが生じる。このせめぎ合いのプロセスを経たあと、「落としどころ」的にその反応はある「形態」をもって「磁場」の中のどこかに「配置」される。この新しく「配置」された項目は、「磁場」に新たなものを加味するため、「磁場」もまた新たなものとなる。そして、次にまた項目が提示され、以上のプロセスが繰り返し続いていく。本書は、このような動態的な運動プロセスを風景構成法の本質とみなし、その「読み」に関して検討していくものである。いかに考えても、上記のプロセスが風景構成法の本質であることは間違いなく、それゆえこのプロセスに沿って論を展開していく本書は「オーソドックス」な立場をとるものだといえるだろう。一方で、このようなプロセスを重視した「読み」に関する考察が、不思議なことにほとんどこれまでないことから、本書は風景構成法を扱った書物の中では相当に異質で「異端」的なものとみなされるだろうと予想する次第である。

さて、風景構成法の発案者である中井は、描画一般に対する見解として「一枚の絵からは何もいえないこと」を強調する。[4]「一枚の絵から引き出す解釈は、恣意的な解釈になりやすい」からである。本書は、深く肯首しつつも、この中井の見解に逆らってみたい。それは、ひとつには、一回一回の面接がすでにそうであるが、実際の面接場面でリアルタイムで描かれた一枚の描画に対して治療者はコミットしなければならないからである。コミットするときには、恣意的にならざるをえないにせよ、すでにそこには「読み」があるはずである。さきに一枚の描画と記したが、正確には、たとえば風景構成法の場合、提示された項目を順に描いていくその一瞬一瞬のプロセスに対して治療者からコミットがなされるわけで、そこでの読みとは「あー、この人は〈家〉を山の中に描くんだな……、人が集まって社会生活を営む領域に家を置くことは苦しいのかな……」というような内容を指している。このような「読み」は恣意的であるかもしれないが、その点に関しては「誤読を認めること」や「修正」に対して開かれていればよいのであり、治療的コミットのためには「読み」は不可欠であると思われる。また、もうひとつは、筆者の経験上、一枚の描画においても相当の「読み」が可能であることだ。描画にかぎらず、心理臨床一般にいえるが、すべての「読み」は極言すれば恣意的であり、そこに唯一の正解といったものはない。そうであるがゆえに、中井は描画の理解のために「患者とその生育史、状況についての知識」や「治療経過に沿って縦断的に何枚かの絵をみてゆく」ことを重視する。(5) この見解はきわめて現実的であり納得のいくものである。しかしながら、生育史や現実の状況は、描画をそこに内在する論理でみていこうとするときにはある意味「外的情報」となる。それが臨床実践においては重要な情報であることはまちがいないが、ただ下手をすると、そのような外的情報を単にうまく描画に当てはめているだけの解釈ができあがってしまう。実際、とくに風景構成法の場合、そのような「外的情報」をなぞっただけの解釈っぽい記述がちりばめられた「所見」がしばしば散見される。このような「所見」ができあがるのは、風景構成法を内在的に「読む」力がないからである。

風景構成法を内在的に「読む」とき、その「読み」の妥当性を保証するものの中で重要なものは「整合性」である。本文において具体的な例を示すが、提示される項目の流れの中で、ある箇所についての「読み」が他の箇所に関しての「読み」と整合性をもって合致することは普通によく生じる事柄である。ひとりの描き手が描いた描画であるから、それは当たり前だともいえるが、一枚の絵において、各所各所でのさまざまな「読み」が揺らぎを孕みつつ同じ方向に向かって収斂していき、それぞれの「読み」が組み合わさるように整合し、結晶化していくような感覚を覚えることは多い。また、そのような「読み」がなされたときには、そこから改めて生育史や現実状況を眺めると、それらが「読み」と整合しており、さらにはそのような「読み」から「外的情報」に対して新たな視点を得られることも非常にしばしば起こることである。

以下、本文において風景構成法における描画を内在的な視点から「読ん」でいく。そこでは順次提示される項目間の連関やその流れが重要な注目点となる。この連関や流れは描画毎にまったく個別で固有的なものであるため、すべての場合を網羅することはもちろんできないし、また網羅的に検討することが本書の目的でもない。本書で取りあげたいのは、その連関や流れに対する「視点」の持ち方である。それを検討するために、便宜上、各項目をタイトルにしてその項目に関連する代表的な「視点」の持ち方を記述している。これらの「視点」ももちろん独立したものではなく、諸項目に関する「読み」と連関しているものである。

最後に、描画の掲載を快く承諾していただいた方々に感謝と御礼を述べたい。名前を出さないことを条件に承諾していただいた方も多く、その方々に感謝いたします。とくに、第三章の「基本型」として検討した描画を提供していただいたAさん、貴重な絵をどうもありがとうございました。また、『風景構成法の事例と展開――心理臨床の体験知[6]』の中で貴重な事例を提供していただき、たくさんのことを学ばせていただいた、角野善宏先生と志村礼子先生に御礼申し上げます。その事例で提示された描画を本書でも使用することを許可いただいたことに感謝いたします。最後になりましたが、福村出版株式会社の松山由理子さんに御礼申し上げます。松山さんにはさきに挙げた『風景構成法の事例と展開』に引き続いて、本書の企画、成立に関してたいへんお世話になりました。遅々として進まない私の原稿を辛抱強く待ちつつ、ときに尻を叩いていただくということがなければ、本書が仕上がることはなかったかと思います。記して感謝いたします。

第一章　読みのための基礎的前提

第1節　風景構成法の実施手順

　一般的にいえることだが、手順というのはある種のルールであり、将棋などのボードゲームで同じ駒や盤を用いていてもルールが変わればそれはまったく異なる種類のゲームになるわけで、ゲーム過程における状況の読みや作戦の立て方も根本的に変化を被る。この意味において、風景構成法においてもその手順がどのように形成されており、それがどのような意味をもっているかを理解しておくことが、この技法を臨床的にもちいる際にも解釈する際にももっとも肝要なポイントとなる。

　風景構成法の手順自体はきわめてシンプルなものである。風景構成法がどのような経緯で出来上がったかを含めて、施行の手順、その際に治療者が留意しておくことがらなどに関しては、発案者である中井久夫の「風景構成法」という小論文(1)に必要にして十分な量と質で論じられている。ここでは、その「手順」に焦点を絞り、描き手に対する臨床実践的な配慮などに関しては必要最小限に中井の論文から抜粋、引用、翻案しつつ筆者の考えを加味して記述しておく。読者におかれてはぜひ一度は元の論文を参照されることをお薦めする。

a　準備するもの：画用紙、黒のサインペン、色鉛筆、クレヨン

画用紙の大きさは特に決まっていないがA４サイズが一般的だと思われる。描き手の内に半ば自律的に生じてくる表現したいという欲求――これはその表現を受け止めてくれることへの信頼感との相関関数でもある――の度合いによって画用紙の大きさも違ってくるので、基本的には描き手に大きさを決めてもらうとよいだろう。また、描いてもらう紙はコピー用紙などでもよいが、描き手の安心感、安定感が脆弱そうな場合には画用紙を使用するのがよい。画用紙の硬さが表現を受けとめる土台としての安定感となるからである。

筆記用具は黒のサインペンが一般的であるが、これも描き手が「消しゴムを使いたいので鉛筆でもよいか」と言うならばそれに従う。つまりは、描き手が表現したいように場をセッティングしていくことが基本的な前提である。この辺りの自由度の高さは、そもそも風景構成法が心理テストではなく心理療法であることに由来している。であるから、彩色の際に使うクレヨン、色鉛筆などもその種類や色数なども基本的には自由である。ただ、12色くらいだと粗雑な画になりやすく共感を欠くものとなりやすいとは中井の見解であり、24色以上をそろえておくのがよいだろう。

b　描き手への教示

画用紙にサインペンで枠を付けて描き手に手渡し、「今から私の言うものを一つずつ描き込んで全体を一つの風景にしてください」と教示する。むろん、このように教示して絵を描いてもらう前提として、描き手が絵を描くことを承諾していることが大事である。逆にいえば、描き手の「断る自由」が保証されている場の雰囲気、そのことを伝えている治療者の言動（暗黙の場合もある）が重要であり、それがまた治療的でもある。ゆえに具体的には「絵を描いてもらおうかなと思っているのですが、どうですか」といった描き手が

断れる余地のある問いかけになるだろう。また、この「断る自由」は絵を描いている最中でもいつでも表明してもらってよく、それが保証されていることが描き手に伝わっていることが大事である。

c　各項目の提示

10個の項目を以下の順序で一つずつ描き手に提示する。項目と順番は「川」「山」「田」「道」「家」「木」「人」「花」「動物」「石あるいは岩」である。さらにその後に「なにか付け加えたいものがあればなんでも描いて仕上げてください」と告げる。治療者が一つの項目を告げる毎に描き手が画用紙に描き込み、描き終わったら次の項目がまた提示される。

項目を提示する際の言い方はマニュアル的に固定されてはいないし、そうあるべきでもない。どのような言い方をするかは、結局、治療者の臨床的センスが現れてくるところであり、つまりは、描かれつつある絵の雰囲気やその場の状況に応じた言い方でよい（たとえば、「あー、じゃあ、次は田とかどうですかね？」「ほー、そうしたら人がいてもいいですね。人を描いてもらえますか」等々）。

d　彩色段階

上記の手続きで絵が描き終えられたら次に色を塗ってもらう段階に入る。ここでも描き手の「断る自由」が保証されていることが大事であり、筆者の場合は次のように言うことが多い。「このあと色を塗ってもらうことが多いのですが、どうされます？」

彩色の用具は用意しているものの中から自由に選んでもらうのがよい。色を塗る順番も決まっておらず自由であるが、後述する「読み」の観点から、どのような順番で各項目にどんな色を塗ったのかを治療者は覚えられる範囲で覚えておくのがよい。「検査」という雰囲気が強く出ることは好ましくないので筆者は描画中や彩色中にメモを取ることはしていない。後述する各項目の意味や彩色の意味がわかってくると、「あー、この流れでここにこんな風にこの項目が描かれるんだ」とか「この項目はやっぱり最後まで塗られないんだな」などの感想とともに大体の順序は記憶に残るようになってくる。

彩色が終わり、描画が完成したときに描き手にサインをしてもらうかどうかはケース・バイ・ケースである。サインをしてもらうと「私の」作品という印象が濃くなり、「閉じられた感」が現れてくるので、筆者は多くの場合サインはしてもらわない。夢と同じで、描画もある側面は「あっち」から訪れてくるものであるから、そこを「開いて」おく方が治療的だと考えるからである。逆に「閉じ」た方が治療的だと感じる人ももちろんいるわけで、その場合にはサインをしてもらうことになる。

e　話し合い

まずは描き手が絵を完成させたことへのねぎらいの雰囲気やことばをもって描画後の話し合いははじまる(「よくできましたね」「いいな」といった肯定的なアプローチよりも「疲れました?」とか「大変だった?」などのねぎらいから入ることを中井は推奨している)。

ねぎらいの後は、描き手の語る感想に応じて自然と話し合っていくのでよい。描画に関する治療者からの質問もとくに決まりはなく、自然に浮かんでくる質問を自身の臨床センスのフィルターを通して、問う、問わない、どのように問うかなどをデリケートに微調整していくとよいだろう。そうすることでひとつの質問が投げかけられることが真に治療的になりうることがある。少なくとも、マニュアルに従うような雰囲気で「川の流れの向きはどちらか」「人と家の関係は?」「あなたがこの絵の中にいるとしたらどこにいるか」などの質問を描き手や描かれた絵へのコミットもなく羅列的に問うのは、治療関係破壊的であるがゆえに控えたい。

第2節　風景構成法の出自と箱庭療法

1　風景構成法の出自

すでに述べたように風景構成法は1969年に中井久夫によって発案された描画法である。ここでも教科書的な知識の記述は最小限にとどめ、風景構成法の解釈に向けて助走していくための地ならしとしてその出自と箱庭療法との関係を検討しておこう。

なによりもまず、中井久夫と河合隼雄という希有な二人が出会ったことから風景構成法が生まれたことは注目しておくべきであろう(2)。東京で開催された第一回芸術療法研究会に参加した中井は、そこでの発表を聞くにつれ、すでに自分が経験し理解していることを越えないものばかりで少々うんざりしていた。そのような状況の中で、中井は河合の箱庭療法に関する講演を聞く。それは非常に示唆に富んだ内容であり、なにより中井の印象に残ったのは、統合失調症患者の箱庭を示しながら河合が言った「彼らは箱の中に柵を置いて囲んでから、ミニチュアを置きます。彼らの世界はこの柵の外側の狭い空白の部分（箱枠と柵との間）かもしれませんね」ということばだった。

会の終了後、再び偶然会った河合としばらく一緒に歩いた中井は矢継ぎ早やに疑問をぶつけた。「柵の外側の空白部分が彼らの世界」というのは少し巧みすぎる説明ではないかという感想をもった中井は、それを率直に告げるとともに「あの柵は、箱の枠だけでは保護が足りないのではないでしょうか」と自分の考えを述べた。河合はその考えを即座に肯定した。

翌日から、中井は勤務している病院で箱庭を手作りする準備に取りかかる。同時に、すぐ後に風景構成法として完成する描画法のアイディアを練っていった。この描画法には河合の箱庭事例からヒントを得た「枠」が描かれることになる。二週間が過ぎ、いよいよ箱庭が完成した。ここで問題となるのは、河合も講演で「精神病の人に箱庭を使うのは慎重であらねばならない」と指摘していたように、どういう患者に箱庭を作ってもらってよいのかの適否だ。中井はすでに完成していた風景構成法を患者に実施していたが、そこで絵の内容が貧寒な人や不整合な人を避け、そうでない絵を描く患者に箱庭を作っていってもらった。結果、風景構成法をするには時期尚早の人は箱庭を導入するのもむずかしいことが判明する。すなわち、風景構成法は当初は箱庭導入の可否を決める予備テストの意味合いをもっていたわけである。かように、風景構成法は箱庭療法から示唆を得て開発されたものであり、箱庭における力動性を減じてその侵襲性を減じたという側面をもっている。それゆえ、風景構成法を検討していくための下準備として、まず、箱庭療法の特徴とその作品を読む視点を検討しておこう。

2　箱庭療法の特徴とその読み方

箱庭療法もその手順はシンプルな構成からなっている。多くのミニチュアからいくつかを「選び」、それを「箱」の中に「置いて」作品を作る。それだけである。かようにシンプルな手順で成立しているものが、どうしてすぐれた治療効果をもっているのか。さきほど挙げた「箱」「選ぶ」「置く」という観点から検討していこう。この三点はそれぞれ風景構成法における「枠で縁取りされた画用紙」「（提示された項目を）どのような形態で描くか」「（提示された項目を）どの場所に描くか」にほぼ対応している。

a　箱

箱がなければ箱庭療法は成立しない。箱とは箱庭療法そのものを成立させる「容器」であり、「枠」であり、その本質として患者と治療者との関係性が「箱」として具現化したものにほかならない。

箱庭療法において患者は箱の内側にミニチュアを置いていって箱庭を作っていく。すなわち、箱という「枠」によって箱の内と外という区別が成立するわけだが、箱庭をはじめるにあたって治療者がことさらに「枠」を強調することは通常ない。つまり、「この箱の中に作ってください。箱の外ではありませんよ。中です。箱の内側に作ってくださいね」などと告げることはないということだ。普通、箱を提示されて「好きなように作ってください」と言われれば、人は箱という「枠」内に世界を作る。これは描画などでも同じであろう。画用紙を渡して「○○を描いてください」といった場合、人は画用紙の上に絵を描く。もっとも、幼い子どもなどの場合、画用紙からはみ出して絵を描くことはありうるだろう。描き終わって画用紙を持ち上げると、はみ出したクレヨンの部分が机の上に残っていたりする。これはこれで微笑ましいが、成人でこのような状況になると、これはあまり笑えないはずだ。

すなわち、箱にせよ画用紙にせよ、それが目の前に置かれたならば、そこには「この枠の中で表現してください」というメッセージが込められていることを通常人は即座に理解するということだ。このメッセージは強力なものであり、そこには「枠の内に」という暗黙のルールが込められている。それは、通常は意識にさえ上がらないレベルの前提となっており、だからこそ強力なのである。経験を積んだ心理療法家であるほど「枠」からのはみ出しに関して敏感になるのはそれゆえだ。箱庭で箱の縁《ふち》を越えてミニチュアが置かれたり、枠付けをした画用紙の枠を越えて絵が描かれたりした場合に、それ以上作業を進めることをストップさせることもある。なぜなら、そのような患者は、「意識に上がることもない前提」のレベルがしっかりと成立しているかどうかが不確かで、そこに関して脆弱さをもっている可能性が高いからである。実際、このような患者が約束した面接の時間に現れなかったり、予約の日時を頻繁に変えて治療者をふりまわしたり、あるいは夜中に治療者の自宅に電話をかけてきて延々としゃべったり、などといった「枠」破りはよく生じる[3]。

このような意味で、河合の箱庭事例をみた中井が指摘した「あの統合失調症患者は箱枠だけでは保護が足りないので柵で囲った」との見解は本質を突いている。その二重の枠は、意識に上がることさえないような「暗黙のルール」が成り立つようなレベルにおいて脆弱さをもつ患者がなんとか自身の世界を構築せんがための懸命な工夫なのである。

さて、言うまでもなく、このような箱庭の「枠」は本来的に患者と治療者の関係性という「枠」の中で機能するものであり、この「枠」が容器として患者の表現を受け止めることではじめてその表現が治療的に展開していくことになる。つまり、箱庭の「箱」とは治療者と患者の関係性が具現化したものにほかならない。別の言い方をすれば、具体的な「目にみえる」箱の背後に患者‐治療者間の関係性という「目にみえない」箱が存在している。この目にみえない「箱」が存在していなければ、そこにあるのはただ単に物理的な箱である。そんな箱になにを置こうが、そこには治療的な意味は生じない。

実際にあった話であるが、ある不登校の子どもを持つ母親が、箱庭というよい「治療法」があると聞き及んで、セットを業者に注文し、子どもの部屋に備えつけて「これを、やっておきなさい」と言ったそうである。この母親の気持ちはとてもわかる。が、子どもの部屋にあるのはただの物理的な「箱」である。このような状況で「箱庭」をやったとしてもそれは治療的に展開しないだろう（これでよくなる子どもは箱庭を作らずともよくなるもともと力のある子どもである）。この「箱」には人との関係性が抜け落ちている。箱は文字通りの箱でしかない。この箱が治療的に機能するためには、その背後に母親なり、治療者なりとの関係性という「目にみえない」箱が不可欠である。「私が〈箱庭を置かれますか〉というのは、私がビルの下にいて、両手を広げて十階の人に〈どうぞ〉と言ってるみたいなものです」とは河合のことばである。(4)

b　選ぶ

箱庭の作り手は多くのミニチュアからいつくかを選んで箱庭を作成する。つまり、箱庭という世界を作るための素材として、ミニチュアはあるわけである。この素材は、それぞれの作り手のそのときどきに固有な世界を構築するものであるから、その多様性に応じるためにある程度の種類が必要となる（人、動物、植物、鉱物、建物等々）。また、「群れ」や「行列」などを表現するときのために、同一のミニチュアでも複数個ほしいときがある。つまり、「多様性」を表現するためにはさまざまな種類のミニチュアが、「群れ」などの複数性を表現するためには同じ物が複数個必要となるということである。しかし、だからといってミニチュアをどんどんそろえようとしてもきりはないし、そもそも「完全にそろった」ミニチュアなどというものはありえない。このことは、箱庭療法が治療的な方向性を優先し、心理検査という方向性を二義的なものとしたことに由来している。標準化された心理検査であるならば、決まったワンセットのミニチュアをもって、それは「完全」なものとなる（ロールシャッハテストにおいて図版10枚がそろっていれば完全であるように）。しかし、箱庭療法は治療的な面を重視したために標準化よりも、多様性の方を採った。それゆえ、箱庭療法におけるミニチュアはいかに多くの種類をそろえていても必然的に不完全なものであり、世界を構築する素材として「欠如」をはらむものとならざるをえない。しかし、この「欠如」は欠点ではなく、むしろ、治療的に重要な要素なのだがここではその解説は割愛する。(5)

さて、このような不完全であり欠如をもつものであるにせよ、数多く用意されたミニチュアの中から患者はいくつかを選んで、箱庭を作ることになる。「選ぶ」という行為は複数の可能性の中からあるものに決定することである。選んで決定することによって、それまでは可能性として潜在的であったものが顕在化する。逆にいえば、選ぶということは、選んだもの以外の可能性を捨てることでもある。たとえば、結婚を考えてみよう。日本においては法的にも一般的な倫理観としても複数の配偶者をもつことはできない。つまり、一人の夫ないしは妻を選ぶということは、そうしなければ結婚できたかもしれない結婚候補者たちをあきらめるということである。(6)

さらに、「選ぶ」に関してもうひとつ重要な観点をつけくわえておこう。「選ぶ」ということばが意志的な響きをもつにもかかわらず、実はなにかを「選」んだときには「選んでしまう」あるいは何かに「選ばされる」といった動きが心の奥底ではたらいている。とくにその人にとって重要なものを「選ぶ」ときにはそうである。恋愛を考えてみればよくわかるであろう。多くの人がいる中で特定の人を好きになるという状態は、その人を合理的な判断によって「選んで」意志的に好きになるのではなく、ある種の非合理な衝動にかられて好きに「なってしまう」のである。つまり、「私」ではなく、私を超えた何か「それ」とでもいうべきものがその人を恋愛対象として「選ぶ」のだ。(7)「選ぶ」のではなく、「選んで」しまう。箱庭においてもこのことは同様で、だから次のような場面が箱庭を制作する過程の中で頻繁に現れる。

【箱庭制作シーン①】　ある女性が箱庭を制作しようとしてミニチュアがたくさん並んだ棚を眺める。ウサギの家族人形が目にとまる。「かわいい!」と思わずつぶやいた彼女は別の箇所からテーブルと椅子のミニチュアを取って砂箱の中に置き、椅子にウサギたちを座らせる。次にまた棚を物色する彼女の目に色鮮やかな野菜のミニチュアが入る。「わぁー」と声をあげて彼女はテーブルの上に野菜をセッティングする。ごちそうを前にテーブルを囲むウサギの家族の団欒《だんらん》だ。女性は目を細めてしばしその団欒をうれしそうに眺めている

（**図A―1**）。

図A―1

【箱庭制作シーン②】　女性はさらにウサギの団欒を楽しげにするようなものはないかなと棚を物色する。すると大きな蜘蛛のミニチュアがふと目に入ってくる。「うわ、気色悪っ！」と思いつつ、彼女はそれをこわごわ手に取って見る。さらには何かに誘惑されるかのように彼女は砂箱の方にちらりと目線を送る。蜘蛛を手にしたまま、箱庭に近づいて来た彼女はそれを箱の中に置こうかどうかと迷いだす。

このように作り手がかわいいと感じたり好きだったりしたものだけではなく、思ってもみなかったものや気持ち悪く感じたり嫌いだったりしたものが「選ばれ（てしまう）」ることは臨床場面でよくみられる。実は、このように思ってもみなかったものが置かれ、予想もしていなかった箱庭が作られるところにこそ箱庭の治療的な機序がある。さきの例でいえば、作り手がかわいいと感じて置いたウサギの団欒はいわば「自我親和的」なものであり、蜘蛛は「自我違和的」だということができよう。自我に違和的なものが「選ばれ」てしまうことが、自我の変容につながっていくのである。

「選ぶ」ことによってその他の可能性を捨てること。さらには、「選ぶ」のではなく、「選んでしまう」こと。箱庭制作において棚にあるミニチュア群からいくつかを選ぶときに、この二点が重要な要因としてはたらいていることを確認してきた。この二点は、ロールシャッハテストにおいて図版になにがみえるかという過程の中で動いているものと本質的に同じである。一つ目は、ロールシャッハにおいても、図版になにかを「見る」のではなく、「見えて」しまうということである。この過程こそが投影と呼ばれるものにほかならない。いうまでもなく、投影というのは無意識的な過程であり、意識的なコントロールを超えて生じるものだ。二つ目は、選んだもの以外の可能性を捨てることである。図版に何を見るかは可能性として無限にあるが、そこに何かを見ているとき（たとえば、蝶）は、他のものは見えていない。すなわち、図版の模様に何かを見ているときにはその「何か」だけが顕在しており、その他の可能性は排除され潜在しているわけである。

このようにさまざまなものに見えうる可能性をもっているロールシャッハ図版に何かあるものを見る投影のプロセスは、箱庭療法において棚の中から数多くのミニチュアからあるものを選ぶ（選んでしまう）プロセスと本質的に同じである。では、箱庭療法とロールシャッハはまったく同じものなのかと問われれば、もちろん違う。何が異なるのか。それは、ロールシャッハにおける投影プロセスが非空間的であるのに対して、箱庭のプロセスは具体的な空間において行なわれる点である。前者において、たとえばある図版に猫を見たときに、それはインクの染みの上にリアルな猫の像が貼り付いたような形で見えているわけではない。この猫がいる空間は、中井のことばを引用すれば、「奥行きや地平もしくは〝眺望 vista〟を欠き、この空間内の距離は浮動的であって明確に定義することができない……《前ゲシュタルト Vorgestalten》の充満した空間」である(8)。対して、箱庭の場合は「選ば」れてしまったミニチュアは具体的な物としてその手に取られ、奥行きも地平もある砂箱という具体的な空間の中に「置か」れることになる。すなわち、「選ば」れることで顕在化したミニチュアは、箱の中に「置か」れることで現実化するのである。次にこの「置く」ことに関して「現実化」に注目して検討していこう。

c　置く

「置く」とは現実化することである。すでにみてきたように、数多くのミニチュアから何かが「選ばれ」ることでそれは可能性の次元にあったものから顕在的な次元のものになる。しかし、この選ばれたミニチュアは未だ現実的なものにはなっていない。砂箱という「枠」の中にそれが「置かれ」ることではじめて、それは箱庭という「世界」の中での現実となる。棚からあるミニチュアが選ばれていても、制作者の手に持たれたまま空中にある段階のそのミニチュアは、いわば観念的なものと現実的なものとの間にある中間的な存在だといえよう。箱という枠組みの中に置かれたときにはじめてそれは受肉して、箱庭という「世界」の中に固有の場所を占め、「現にこの世界に在る」ものとなる。

現にこの世界に在るようになったものは、この世界に在る他のものと関係をもつ。より精確にいえば、もたざるをえない。他のものと関係をもつことによって、「置か」れたものはそれが本来もっている象徴的な意味に新たな文脈がつけくわえられる。たとえば、ライオンは象徴的には王、父、太陽などの意味をもつ。それが柵の中に入れられるならば、「王」的な意味をもつものが閉じ込められているというような意味をもつであろうし、ライオンが槍をもった狩人の前に置かれるならば、「王」的な意味をもつものが殺されそうになっているという意味になるかもしれない。もちろん、他のものとの関係をもって新たな意味が生じるのは新たに置かれたものだけではなく、すでに置かれていたものも同様である。たとえば、槍をもった狩人がすでに置かれており、その目の前に新たにライオンが置かれたならば、この狩人に恐ろしいライオンに勇気をもって相対峙しなければならないといった意味が生じてくる。制作者に選ばれたミニチュアたちは、箱の中に置かれることによって、このようにそれぞれ互いにその意味を規定し合いながら世界を形作っていく(9)。

ことばを換えていえば、すでに置かれて「現実」になっているものがもつ「意味」を無視して新たなものを置くことはできないということだ[10]。このようにすでに在るものたちがもつ「意味」と関係をもって、新たに置くものを定位せざるをえないのが「現実」だともいえる。たとえば、結婚して三つ子が生まれたとしよう。この「現実」の状況は家計を圧迫する「意味」となる。そのために妻はたとえば新たにパートをはじめないといけなくなる。そして、妻がパートをはじめたという「現実」は、今までは夕飯の調理に手を出さなかった夫が週に二回はその準備をしなければならないようになるという新たな「意味」をつくりだす。この新たに生じる「意味」を夫が受け入れることができないならば、夫は夕飯の調理以外の他の手段を選択するか、あるいは妻がパートに行くこと（という「意味」）を他のあり方に変更できないか話し合おうなどと考えるだろう。

このように、すでに生じている現実の「意味」との関係をもって次のある事柄がどのように配置されるかが決められる。この事柄がまた「現実」となって次の新たな事柄の配置に影響を及ぼすことになるわけである。ときには、さきに挙げた例のように、調理をする状況を受け入れられない夫が妻のパートをやめてもらうようにお願いするといった具合に、ある事柄がすでに配置されていた事柄に変化を生じさせることもある。いずれにせよ、かような「現実化」による「意味」の連鎖は、箱庭においてはすでに「置かれ」たミニチュアたちがもっている「意味」との連関によって次に置かれるミニチュアの種類と場所が決定されるという形の連鎖となる。だから、すでに置かれているものたちが形作っている「意味」をあまりに揺り動かす「意味」をもつミニチュアはそもそも選択されないか、あるいは選択されても箱庭の中に置かれることなく、そこから排除されることになる。すでに取りあげた箱庭制作シーンの流れでいえば、次のような場面がこの例である。

【箱庭制作シーン③】　女性はしばしためらった様子をみせた後に、ウサギの団欒から離れた箱の片隅に手に

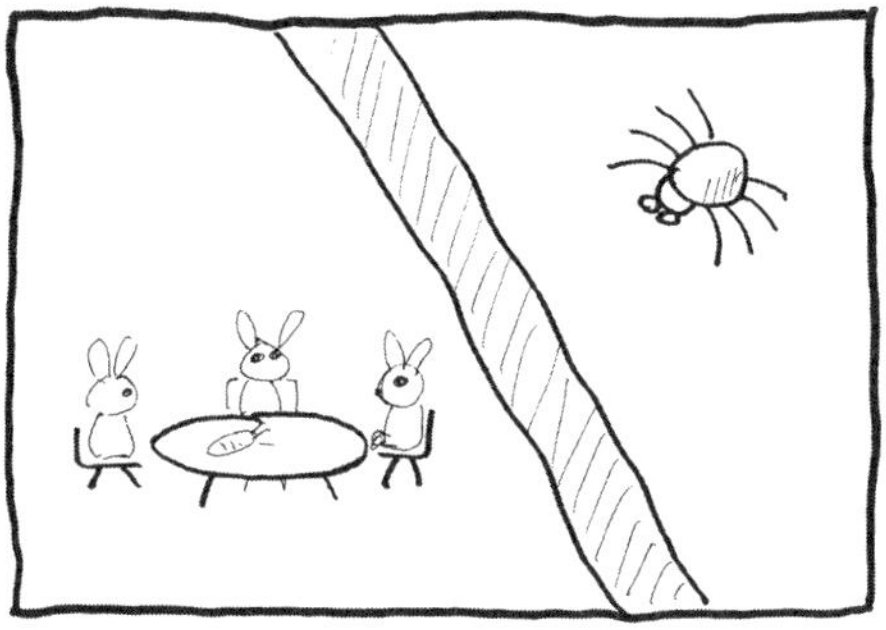

図A−2

もった蜘蛛を置いてみる。しかし、すぐに彼女は蜘蛛を箱から取りだして棚に戻す。

これは蜘蛛というものがもつ「意味」が、ウサギの団欒がもっている「アットホーム」「あたたかい家庭」「無垢なウサギ」といった「意味」をおびやかすものであるため、女性はいったんは置いた蜘蛛を取り消したわけである。さきに、自我親和的な場に自我違和的なものが置かれることこそが自我を変容させる機序なのだと述べた。この例でいえば、ウサギの団欒がもつその「意味」をおびやかすようなものであるからこそ、蜘蛛は価値をもっており、箱庭という世界全体の意味が変化していくわけである。しかし、ここではそのような変容をうながす価値をもっている違和的なもの（蜘蛛）はいったん箱庭に置かれるがすぐに取り除かれる。つまり、ここでは「変容の可能性」は一瞬姿を現すがまだ「現実」のものとはなっていないわけである[11]。

さて、プロセスがより動き始めると次のようなシーンが生じてくる。

【箱庭制作シーン④】　女性は箱庭の砂を掘って、底に塗られた水色を露わにして川を表現する。ウサギの団欒が川の手前になるような形で川が流れている。彼女はふたたび棚から蜘蛛をもってきて、川の彼岸に、つまり、川を挟んでウサギの団欒とは反対側にそれを置いた（**図A−2**）。

シーン③では置くことができなかった蜘蛛をシーン④で置けるようになっ

たのは、川という境界ができたことで蜘蛛が簡単にはウサギの団欒エリアを侵犯することがしにくくなり、その脅威が減じたからである。このように境界を作ることで、置きにくかったものが置かれることは多い。川という境界線を引くだけではまだ蜘蛛を置けない場合は、さらに蜘蛛の周囲を柵で囲ったり、川ではなく一面を海にして小島を作ってそこに蜘蛛を置くことなどが試みられる。つまりは境界の強化である。

このように境界線を引くことで置きがたいものがとにもかくにも置けるようになることは治療的な観点からみて極めて重要な意味をもっている。その理由は以下のとおりである。すでにみてきたように、砂箱という「枠」の内側は制作者の「世界」が立ち現れる場所であった。その「世界」の中に、意識的には選ぼうと思っていなかったもの、つまり私を超えた「それ」が選んだもの（蜘蛛）が置かれようとするのだが置けない状態というのは、まだ「世界」の中で現実化していないことを示している。このような状態は、それ（蜘蛛）が「世界」に対して影響を与えているにもかかわらず、「世界」にとってはその正体がはっきりとはつかめていない状態である。この構図こそが正確に神経症の構図にほかならない。たとえば、人形恐怖症患者は自身でもなぜ人形が怖いのかはわからない。わからないにもかかわらず、ともかく人形を見ると不安や恐怖に駆られるのである。だから、それ（蜘蛛）が曲がりなりにもその「世界」に置かれることは、「世界」においてその姿が輪郭を取りはじめ、すでに置かれていた他のものと関係をもちはじめることであり、大きな変化となる。これまで見えなかったものが可視化され、姿をみせた時点で、すでに「世界」はなにかわからないものに影響を受けている状態から脱しはじめているからだ。これは治療的なプロセスの進展であり、したがって次のようなさらなる動きが促進していくことになる。

【箱庭制作シーン⑤】　女性は棚から橋のミニチュアを取ってくる。それを川に架けて、しばらく箱庭を眺めている。それから、彼女はウサギたちを机から離して、箱庭の隅の方に移動させた。次に、女性は蜘蛛を手に

図A–3

取り、それを橋の上に置く。さらにしばらくして、川の此岸の橋の前にパトカーや戦車を置いた。その後、蜘蛛は橋を越え、パトカーを蹴散らして此岸に侵入してくる。すると、箱の隅に砂山が作られ、ウリギたちはその山に登って避難する（**図A–3**）。

シーン④において、川という境界を作ったことで置きがたかったもの（蜘蛛）が置けるようになった。「置く」ということはすごいことで、置かれたことによって、それは「現実化」し、他のものと関係をもてるようになる。それゆえ、シーン⑤のような展開が生じてくるのである。すなわち、蜘蛛という「自我違和的」なものが箱の中に置かれることで、「自我親和的」であるウサギたちと関係をもつことができるようになるわけだが、ここでの関係とは、ウサギたちに蜘蛛が接触していく、つまりはその領域を侵犯するという関係である。もちろん、この侵犯は「自我親和的」な領域にとっては恐ろしいものであるから、それに対して戦車が対抗したり、ウサギが山に逃げたりという「抵抗」が生じ、またその抵抗に対して蜘蛛が戦うというようなダイナミックな動きが展開されることになる。実際、箱庭療法における治療的な要因はこのようなダイナミックな動きにあると考えられる。このダイナミックな動きは、無意識領域にあるものの意識領域への侵犯と対応している。深層心理学派が考える心の構造を示すならば、川を挟んでウサギたちがいる領域は自我領域に対応し、蜘蛛がいる領域は無意識、蜘蛛そのものはコンプレックスに対応している（**図A–4**）。コンプレックスが自我に影響を与

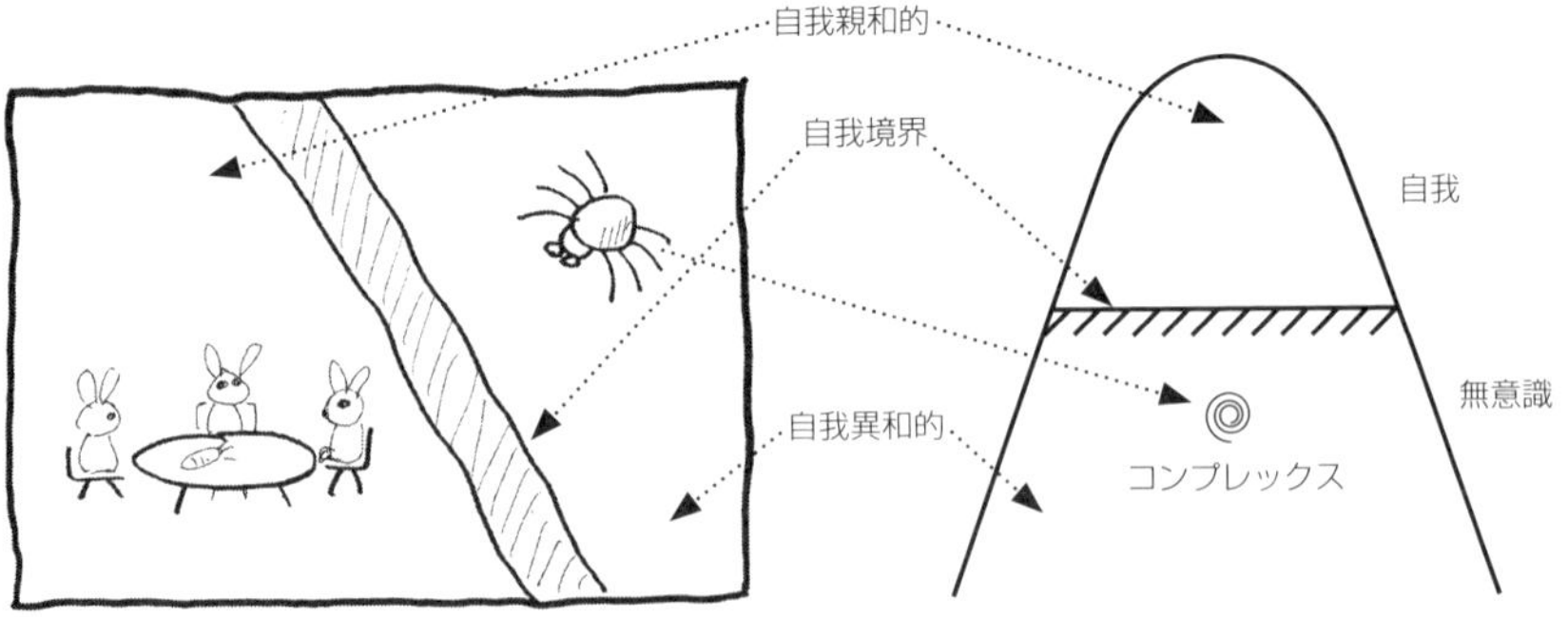

図A-4

えつつも、それが無意識的なものであるため、自我はそれがどのようなものであるかを知らない。このような状態こそが神経症である（たとえば、手洗い強迫では患者はなぜかわからないが手を洗わないと不安になり、長時間手洗いをせざるをえない）。その治療として、精神分析では無意識内容の意識化が、分析心理学では無意識と意識の結合が中核的な位置を占めている。無意識の内容物が意識に上ることで、その正体を自我が知り、それが自我に浸透してくることで今までの自我の在り方が変容する。このような治療機序が、箱庭においては、蜘蛛がウサギたちの領域に侵入し、ウサギの領域がその姿を変えていくという展開の中に示されている。

以上、「箱」「選ぶ」「置く」という観点を中心に、箱庭療法の特徴とその治療機序をみてきた。すでに述べたように、この三点はそれぞれ風景構成法における「画用紙」「（提示された項目を）どのような形態で描くか」「（提示された項目を）どの場所に描くか」にほぼ対応している。もちろん、この三点は対応しているのであって同一ではない。風景構成法は箱庭療法に類似しているところがありつつ、ある点ではまったく異なるものである。それゆえ、これまで検討してきた箱庭の三点を補助線としつつ、両者の違いを考察しながら風景構成法の特徴を検討していこう。これらを踏まえた上ではじめて、風景構成法の読み方を考えることが可能になるだろう。

第二章　風景構成法の特徴

第1節　風景構成法の特徴とそこから読み取れるもの

前章では箱庭療法を「箱」「選ぶ」「置く」という観点から検討した。これらの観点は基本的には風景構成法においても対応している重要なものである。ただし、箱庭では制作が展開する場が箱という三次元空間であったが、風景構成法では画用紙という二次元平面であるところがまず異なっている。また、数多くのミニチュアから「選ぶ」という点に関しては、風景構成法では10個に限定された項目が治療者側から提示されるところに大きな違いがある。ここでは、「選ぶ」という自由度は項目の選択に関しては機能しない。では、どこで「選択の自由」が発揮されるかといえば、川なら川という提示された項目に関して、どこに描くかという「配置」とどのように描くかという「形態」においてである。最後に、「置く」だが、箱庭同様、風景構成法においても提示された項目を画用紙上のどこに描いても自由である。しかし、前者においては置いたミニチュアを後から移動することは容易いが（そこに治療的な機序があることはすでに指摘した）、風景構成法では通常サインペンで描くために、一度描いた項目は基本的には動かすことができずに固定される。ここも両者の大きな違いである。

以上の諸点は風景構成法の重要な特徴であり、描画を解釈する前提としてそれがどのような意味をもっているかをしっかりと理解しておかねばならない。以下、検討していこう。

1　描画は画用紙という二次元上でなされる

箱庭においては、選ばれるミニチュアもそれが置かれる箱も三次元の具象物であった。これと対照的に、風景構成法ではすべてが画用紙という二次元上で展開される。それゆえ、そこでは提示される項目（川、山、田……）という本来三次元のものを二次元上に変換することが必要となる。この三次元のものをどのように二次元化するかという「変換規則」は個々人それぞれに特有なものであり、だからこそ、どのような「変換規則」がもちいられているかを吟味することで描き手の心理的な特徴を理解することが可能になってくる。

もちろん、ある個人が描く絵の中にもちいられている「変換規則」は必ずしも首尾一貫しているわけではなく、むしろそれは稀である（すぐあとで触れるように、完全に一つの「変換規則」によって最初から最後まで描かれる描画の例として一点透視図法的遠近法によるものがある。しかし、風景構成法の実際においてこの絵が現れることはむしろ「（ほとんどないという意味で）異常」であり、また、それが一見「上手な絵」にみえるからといって評価できるといったものでもない）。個人が描く一枚の描画の中にも複数の「変換規則」が見られることも多い。たとえば、ほとんどの項目が奥行きをもった空間の中に配置されているのに、「田」だけが真上からみたように真四角に描かれており、全体から浮き上がっている描画などがその一例である。このような場合は、「田」が描き手の「変換規則」に収まらないことを示しており、「田」がどのような象徴的意味をもっているかを理解することで、何が描き手の心の中で収まりが悪いのかが推測できるわけである。

ここでつけ加えるに、描き手が主に用いている「変換規則」にある項目が収まらないことが病理に直結しているわけではない。ある人の主要な「変換規則」とはその人が今までどおりの世界を構築しようとする方向性に沿って働くものであり、それに対してその世界を変容させようとする方向性が働く起点となるような心性に呼応する項目は今までどおりの世界（を構成する変換規則）からすれば、浮き上がった「歪み」をもつものとして映ることになる。つまり、構図の中で収まりの悪い項目は世界を変容させる可能性の萌芽でもある。

さらには、ひとつの描画の中に二つあるいはそれ以上の「変換規則」が用いられることによって、風景が複数の世界に分裂しているような印象を与える絵もある。このような絵の場合、ある種の解離状態が、すなわち、描き手の心の中のある部分と別の部分が整合的に統合されていないことが推測される。より詳細に述べれば、さきほどの田が浮き上がっている描画は、使用されている変換規則の中である項目（田）だけが収まらないという構図であった。後に述べた「世界が分裂して」いるような描画は、描き手にとって違和的でその世界に収まらない項目だけが「浮き上がる」のではなく、その項目に「引きずられ」るがごとく、その周囲の空間も歪んで世界の中に小宇宙が生じる。それくらいその項目のインパクトが大きく、描き手にとって受け入れがたい状態であることがうかがわれる。ここにおいても、このような構図がただちに病理と結びつくわけではない。たとえば、後に検討する「川が立つ」構図にみられる、異なる世界の並列はある時期の多くの健康な児童にもよくみられるものである。もちろん、この構図が病理を示唆する場合もある。代表的なものは、統合失調症の妄想型の患者が描くキメラ状の構図である。[1] 両者の弁別は、描かれた項目の形態と配置を詳細に読むことで可能となるはずである。

さて、「全体をひとつの風景にしてください」という風景構成法の教示に描き手が従うならば、この画用紙の上で展開されるのは、風景という三次元のものを二次元のものとして変換しつつ、それぞれの項目の関係をふまえながら各項目を配置してゆき、全体としての世界を構成していく作業である。この作業において現れ出てくるものは何であるか。端的にいうならば、それは世界を構成する描き手の「視点」であり、そのような視点をもって世界に対している描き手の「主体」である。この「視点（主体）」は、さきほど述べた三次元のものを二次元平面上に変換する「変換規則」を含めて、さらに各項目間の関係のあり方やそれらの配置の仕方などによってその特徴が示されるものである。後者二つは後で取りあげることにして、まず、三次元のものの二次元への変換を検討しよう。[2]

ここで、注意を喚起しておきたいのは、この変換が必ずしも遠近法における一点透視図法的な射影変換を意味してはいないということだ。ましてや、ここでいう変換は「遠近法的な構図で描画が描かれていなければ、それはなんらかの心理的な歪みを示している」といった、しばしば散見される〝間違った解釈〟とはなんの関係もない。にもかかわらず、風景構成法でも完成された絵が遠近法的な描画であったときに、「わぁ、すごい上手な絵ねー」といった感想がよく出てくるように、「遠近法至上幻想」とでもいうべきものがかなりの力強さで流布しているので、少し紙幅を割いて検討しておこう。この検討から、風景構成法において画用紙の上に描かれるものはどのようなものなのかが浮かび上がってくるはずである。

たとえば、**図B－1**は幼児によくみられる運動会の絵である。この絵は、トラックの周りで私や友人たちがかけっこし、その家族が応援しているという「運動会」と呼称される出来事を描き手なりの視点から表現している。これはトラックという（楕）円が中心となっている視点である。私を含めたみんなが円の周りに集まっている。そこに重点をおいて画用紙という平面上に表現がなされるならば、円を中心とした放射線状に人たちが配置されるのはきわめて理解できる表現である。ここでは、円という皆が集まっている場が中心であり、私も友達も家族もこの場に包まれた存在であることが示されている。遠近法的な視点から描かれた

図B−1

図B−2

絵（**図B−2**）はこれとはまったく異なり、全体の場から離脱した超越的な位置から世界をながめる構図である。両者のどちらが優れているかという問いは原理的に成立しない。両者はそれぞれが「運動会」という出来事をとらえる視点がちがっており、そのちがいによって、画用紙の上にそれぞれ異なる世界が構成されているだけだからである。この視点の持ち方は描き手の個性や世界観を反映しているだけであって優劣とは関係しない。英語と日本語はどちらがすぐれているかという問いがナンセンスであることを思い浮かべればよいだろう。

図B−3もよくみられる子どもが描く家族の絵である。ここでは、お母さん、お父さん、僕、妹という現実では三次元の人物が二次元に変換されている。お母さんと僕を表わす人物が大きく描かれ、他の人物は小さく描かれているわけだが、これはここでなされている変換が遠近法的な射影変換ではなく、「重要なものは大きく描き、重要でないものは小さく描く」とい

図B−3

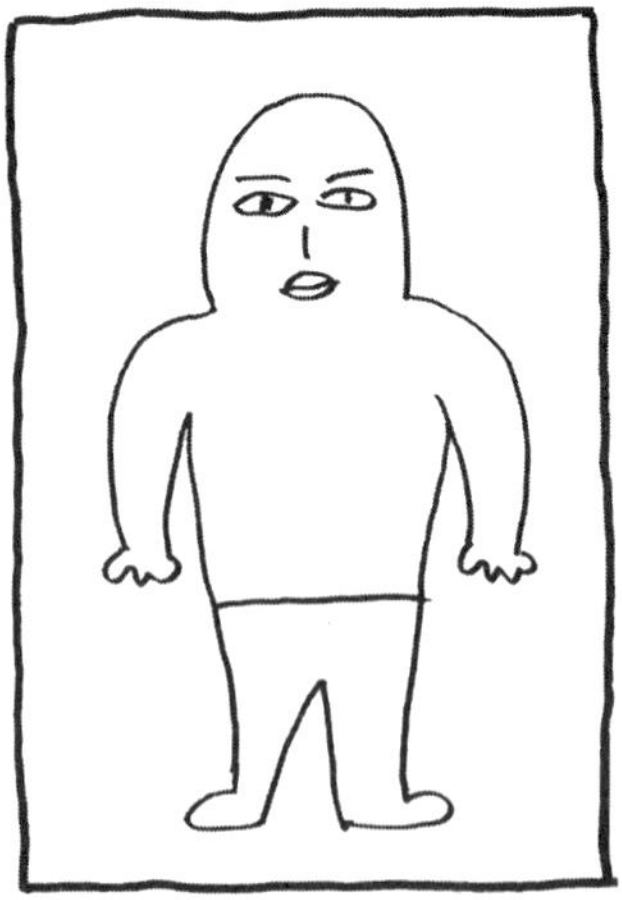

図B−4

う変換、および「重要なものは描き手の近くに、さほど重要でないもの、嫌なものは遠くに描く」という変換によっていることがわかる。この変換方式が表わしている意味は心情的にとてもよく理解できるはずで、描いた子どもの家族に対する「視点」がここによく示されている。この変換方式は、大好きなお母さんだからそれは大きくて僕の近くにいるという心情を表現するのにふさわしい方法が採られているわけであり、単にそれが遠近法的変換でないという理由によって間違っていたり劣っていたりすると判断するべきものではまったくない。

画用紙という二次元平面への変換に関してもう一点検討しておこう。これは次項の「形態」にも関わることがらである。以前、いわゆる「絵が下手な」芸人を集めて絵を描かせ、その絵をからかったり揶揄したりするというテレビ番組が放送されていて、筆者はたまたまそれを見ていたのだが、おもしろかったのは、ある芸人が描いた「ゴリラの絵」だった（**図B–4**）。たしかにあまりゴリラに見えない顔をした生き物で、そこもツッコミどころではあるのだが、それよりも興味を惹かれたのはゴリラの腹部を横切る線であった。他の芸人たちから「このゴリラ、スパッツ穿いてるやん！」とツッコまれた描き手の芸人は「いや、穿いてないですよ」と弁明するのだが、さらに「穿いてるやん、だったらこの線は何やねん」とツッコまれていた。それに対する描き手の返答は「いや、だって、線引かないとどこまでが上半身でどこからが下半身かわからないじゃないですか」だった。

このゴリラの腹部を横切る線分は写生的な絵という視点からみれば、存在しない線分である。ちなみに、写生画とは一点透視図法を用いた絵画、つまりは遠近法的な視点による世界観にほかならない。この世界観においてはゴリラの腹部の線は存在しない。逆にいえば、その線分にはさきの芸人の遠近法的な世界観とは異なる世界観、視点が現れているわけである。この視点・世界観がどのようなものであるかといえば、それは「上半身と下半身は質的に異なる部位だ」とみなす視点である。この線は上半身と下半身は違うものだという概念が表現された境界線にほかならない。そんな境界線は存在しないというのは、遠近法的世界観からみた傲慢な偏見であって、描き手の心の中にはこの概念（上半身と下半身は異なる）は重要なものとして確固として存在しており、それがこの線を描くことによって明確に表現されているわけである[3]。

画用紙の上に描かれる世界は線によって順次構成されていく。この構成という運動の過程において、特異な印象を与える線の動きが現れ出てくる。たとえば、さきほどのゴリラの腹部に引かれる線だ。この線は、遠近法的にみておかしいとかまちがっているという観点ではなく、描き手がまさに描きつつある世界の中でその特異性が吟味されなければならない。たとえば、なぜ左半身と右半身の間の線はないのに、上半身と下半身の間の線だけが描かれるのかとか、他のゴリラには腹部に線が引かれていないのに、リンゴの木のそばにいるゴリラだけに線があるとすれば、それはどういうことなのかなどのように。解釈は描画という世界に内在する観点でもって考えていくべきものである。

2　提示された項目がどのような形態で描かれるか

箱庭療法における数多くのミニチュアから幾つかを選ぶという「選択の自由」に対応しているのは、風景構成法の場合では「どのように描くか」と「どこに描くか」である。後者に関しては次項で取りあげることにして、ここでは「どのように描くか」を、すなわち描かれた項目の絵の形態について検討しよう。

風景構成法において、川、山、田などそれぞれの項目がどのような形態で描かれるかはもちろんその絵の解釈にとって重要なものとなる。後に詳述するように、各項目はそれぞれ象徴的な意味をもっている。それゆえ、ある項目が読み上げられて、それを「描いてください」と提示されたとき、その象徴的意味は描き手の心（特に無意識）に触れて影響を及ぼし、描き手の心はそれに対して反応する。この反応は描き手が制御（コントロール）できない無意識的な側面を含んでいるものであるが、描くという作業は意識的な行為であるため、描こうとする際に無意識的な反応と意識的な制御との間にある種の「せめぎ合い」が生じる。無意識の領域と意識の領域は質的に異なっている秩序であるため、たとえば、温度の高い水と低い水のようにそれが接触するときにはその界面で「せめぎ合い」が起こるわけである。この両者の「せめぎ合い」が親和的なものであれば「あ、そうそう、これこれ！」といったインスピレーションやひらめきとして描画がなされるだろうし、逆に違和的な場合は、「えー、何を描いたらいいのかわからないな」とか「こんなものを描いたらへんと思われるのでは」というようなものとなるはずだ。

ある項目が描かれるということは、このように違和的あるいは親和的いずれにせよ、せめぎ合いのプロセスを経た末に、その絵が表現されるということであり、表現された絵にはせめぎ合いに関してのある種の妥協、着地点という側面がふくまれている。この着地点のあり方はほぼ完全に無意識的な反応を制御しきったものから制御を超えて無意識的な反応が相当に漏出しているものまでさまざまなグラデーションの幅をもつが、いずれの場合もある項目がもつ象徴的意味に触発された無意識的な反応とそれに対する意識的な制御との間に働く力動的な動きが描かれた絵の中に反映されることになる。たとえば、「山」という項目で噴火する火山が描かれたり、「木」の項目が提示されたときに一本の枝が折れた木が描かれる場合などはそのわかりやすい例といえるだろう。そこには今述べたような力動的な動きがその絵の中に反映されていることが理解できるはずである。描かれた項目のこのような形態はもちろん描き手の心理的な特徴を示しているわけだが、それはどのようなフィルターを通って示された心理的特徴なのかといえば、繰り返しになるが、項目に刺激されて無意識的に生じる反応とそれに対する意識的な制御との間のせめぎ合う力動的な動きを通過して現れたものということになる。

さて、以上述べてきた風景構成法においてある項目を描く際に生じる力動的なプロセスは箱庭でのそれと類似的である。たとえば、さきに検討した箱庭における蜘蛛を思い起こそう。そこでは、柵を見渡したときに作り手の心に蜘蛛がもつ象徴的な意味がヒットする。それゆえ、作り手は意識的には違和を感じる蜘蛛でありながらも、それを手に取ったわけである（これが無意識的な反応である）。この自我違和的な蜘蛛は、すでに箱庭内に作られていたウサギの団欒という自我親和的な領域とせめぎ合う質のものであった。それゆえ、川や柵といった境界線が引かれることではじめて違和的な蜘蛛を箱庭に置くことができ、さらには次の展開として蜘蛛がその境界を越え出ていくことで、蜘蛛とウサギの領域がダイナミックに浸透し合っていくことになったのであった。

風景構成法においても、たとえば「木」ならば木の象徴的意味が描き手の心にヒットしたときに、箱庭と同様のプロセスが生じる。この場合、描き手にとっては「木」という項目が箱庭での蜘蛛と同じ意味をもつことになり、無意識的かつ自我違和的な効果を描き手に及ぼす。たとえば、この効果は描き手に「外界に対して関わろうとするときに生じてくる自信のなさや不全感」といった心の中に蠢《うごめ》くものを活性化させるかもしれない。描き手は自身の心の奥底で生じたこの心的内容に沿った描画をなそうとしつつ、一方ではそれがあからさまに表現されることには意識的レベルでは抵抗し、制御しようとする。その結果、すべての枝が枯れている木ではなく一本だけ枝が折れた木が描かれるというような表現がなされることになるわけである。この動きは箱庭療法を検討したところで述べたようなウサギと蜘蛛との間の力動的な動きと同型のプロセスである。

このように考えるならば、風景全体からすれば、ある項目の絵という小さな部分においてさえ、箱庭療法と同等のダイナミックなプロセスが展開していることが理解できよう。箱庭における力動的な動き（蜘蛛とウサギのせめぎ合い）が治療的であったように、ある項目の描画だけを取りあげてもそこには治療的な側面が含まれている。この治療的な側面を最大限活性化させるためにも、その描画をどのように理解するかという「読み」が大事である。この「読み」、すなわち、描画の中で展開している力動を理解するためには、影響を及ぼすその項目の象徴的な意味を把握しておくことが必要条件となる。これに関しては第四章で詳述しよう。

3　提示された項目の配置と固定化による「歪み」

箱庭療法において数多くのミニチュアから幾つかを選ぶという「選択の自由」に対応しているのは、風景構成法の場合では「どのように描くか」と「どこに描くか」であることはすでに述べたとおりで、前者に関しては前項で解説した。ここでは後者を検討していこう。いうまでもなく、この「どこに描くか」は箱庭における「置く」ことにも対応している。すなわち、風景構成法においてもある項目をどこかに描くことではじめてその項目は現実化するわけである。

表現の場としての画用紙の上に描かれるのは、治療者が提示する「川、山、田……」といった10個の項目である。箱庭の場合、置かれるミニチュアは棚にたくさんある中から好きなものを好きなだけ選べるという具合に自由度が高い。比べて、風景構成法では項目の数が10個に限定されており、その順番も決まっている。ただちに付け加えるが、今、項目の数も順序も決まっていると述べたが、これは治療者側の視点からのものいいであって、描き手の視点からすれば、提示された項目を描くしかなく、どんな項目が次に提示されるのか、それがいつまで続くのかは描画中はその全貌をとらえられない。このことが風景構成法の決定的な特徴であり、この点は次のような効果を描き手にあたえる。

a　形態の歪み

項目自体（川、山、田……）は描き手が選ぶのではなく、治療者から提示される。これはいわば強制的にその項目がもつ象徴的な意味に描き手が晒されるということである。たとえば、ある項目（仮に「田」としよう）が描き手にとって、さきの箱庭における「蜘蛛」に相当する意味と効果をもっているとしよう。箱庭の場合であればそのような蜘蛛を手に取っても箱の中に置かなかったり、あるいはより無意識的な抵抗が働いてそもそも目にとめなかったりできるという逃げ道がある。しかし、風景構成法の場合は「次に田を描いてください」と告げられるのである。これはいわば、「蜘蛛を置いてください」と言われているようなものだ。この構造は描き手の逃げ道を大幅に狭める。端的な逃げ道は「描けません」「描きたくない」といったリジェクト（拒否・拒絶）であるが、これに関しては後述しよう。リジェクトせずに「蜘蛛」の意味価に相当する項目を描けと言われ、それに従うならば、そのとき、描き手はロールシャッハ・テストでの色彩ショックにも似た、あるショックを受けることになるだろう。このショックは描画になんらかの「歪み（ひずみ）」として反映されるはずである。そのひとつのあり方が前項で検討した「形態」である。たとえば、田という項目がショックを与えるものである場合、水が涸れ稲が枯れている形態で田が描かれるかもしれない。形態以外で、ある項目を描けという指示によって生じるショックの反映としての「歪み」は次に述べる「配置」である。

b　配置の歪み

ここでいう「配置」とはある項目をどこに描くかということである。たとえば、「田」という項目が描き手にとって、さきの箱庭における「蜘蛛」のように無意識レベルで違和的な効果を与えるものだったとしよう。田が提示されるときには、すでに川と山は描き終わっている。ここでは、たとえば、画用紙には地平線をなすように遠くに連山があり、その手前には画面を斜めに流れている川が描かれているとしよう。「田」がさきほど述べたような象徴的な意味効果をもつ場合、描き手は「田」を遠ざけようとして、川の此岸側ではなく彼岸側に描くかもしれない（**図1**参照――事例の中で描かれた描画は、第五章及び巻頭のカラー口絵に記載している）。あるいはもっと田のショックが大きかった場合、山の向こうに描くかもしれない（**図21**参照）。逆にいえば、このような場所にある項目を描き手が描くのを見ることで、その項目が描き手にとってどのような意味をもっているのか、ひいては、描き手の心理的な課題や病理、その治療的可能性などが理解できる手がかりとなるわけである。

c　運動態としての風景構成法

ここで、ある項目を描く前にすでに画用紙上に描かれている個々の項目もそれぞれ象徴的な意味をもっていることを想起しておこう。さきに述べた例では、ある描き手にとって「田」が意味的に「蜘蛛」と同じ効果をもっているものとしてその配置のあり方を検討した。すなわち、「田」に関して無意識レベルで違和的な感情を喚起させられるために、それを川の向こうやあるいは山の向こうに置くという動きが出てくることを確認した。逆にいえば、このような動きから、「田」のもつ象徴的な意味に描き手の内で何か引っかかりがあることがわかり、その引っかかり方を吟味することで描き手の特徴が理解できるわけである。しかし、原理的には「田」のみならず、「川」も「山」も含めて、その他すべての項目がそれぞれの象徴的意味をもっている。それゆえ、「山」を描こうとするとき、それを描く「場」である画用紙にはすでに「川」が描かれている。この「川」はそれがもつ象徴的意味が描き手の心を刺激することによって描き手個有の反応が生じ、その個有の反応に即した場所に配置されることになる。すなわち、この「川」はそれがもつ象徴的意味というベクトルとそれに反応する描き手の心というベクトルを合成したものであり、そのような力動を反映した形態と配置をもって画用紙に風景として描かれている。この描かれた川は、さきの両ベクトルの「せめぎ合い」の力動を孕んだある種の「磁場」を形成している。「次に山を描いてください」と言われた描き手は、この「磁場」の中に「山」を描かねばならないわけである。この「山」もさきほどと同様に、それがもつ象徴的意味とそれに反応する描き手の心という両ベクトルの合成として出力されるわけだが、ここに同時に「川」がもつ「磁場」の影響もそこに加わる。つまり、最低でも、①その項目がもつ象徴的意味の作用、②その項目を描く場所（すでに提示された項目の配置によって構成されている風景）がもつ「磁場」の影響、③①及び②に対して同時に反応する描き手の心、という三点の相互に干渉し合う動きをみていくことが肝要となる。

「山」の次の項目「田」も同様である。「田」を描こうとするときには、さきほど述べたような力動を経て、川と山が画用紙上に表出されており、それがすでにある「磁場」を形成している。この「磁場」中に「田」がやはりさきほど述べたような力動を経てある場所に配置・描画されるわけである。次に提示される項目も同様のプロセスを通過して、「磁場」の中に配置され、新たな「磁場」の一部となり、次の項目と力動的にせめぎ合いつつ、それが置かれる場となる。以下、このダイナミックなプロセスが繰り返されながら、最終的にひとつの風景が描かれることになる。

風景構成法の本質はさきに示したようなプロセスが進行してゆく運動態である。そして、ここに見られるプロセスの進行は描かれた描画そのものに内在している論理に従っている（このように見なさない立場をとるならば、風景構成法の解釈は原理的に不可能となる）。一般的に風景構成法はその完成された描画の型をもって分析されることが多いが、上記のような複雑で動的なプロセスを経た後に、完成された、その意味で静的な風景画が出てくる。この静的な描画をある視点から分類したものが型である。型の分析はもちろん意味のあるものであるが、しかし、なによりも動的なプロセスの分析が風景構成法の解釈にとって第一義的なものとなる。たとえば、まったく同じ描画があったとしよう。それは型的には同一のものとしてとらえられる。だが、仮にその絵の中の川に橋が架かっていた場合、その橋が「川」が提示されたときに描かれたのか、あるいは全部の項目が提示され終わって「付加」の段階で描かれたのかではまったくその意味はちがってくる。その意味では、風景構成法における「型」という見方は魚や昆虫の研究でいえば、生きた生態の分析ではなく、「標本」の分析のごときものとなる。

さて、このようなダイナミックなプロセスは逆説的なことに、風景構成法においては描かれた項目が固定されて動かないことから生じてくる。この点を次項で検討しよう。

d　描かれた項目が固定すること

風景構成法では多くの場合、いったん描いた項目は動かすことができない。サインペンで描いた場合は消しゴムで消せないのでとくにそうである。このことは、箱庭療法において砂箱に置いたミニチュアが非常にしばしば動かされて別の場所に置き直されたり、別のものと取り替えられたりすることと対照的である。

さて、今一度さきに例示した蜘蛛が登場する箱庭を思い起こそう。そこでは、ウサギの団欒が置かれている箱庭の中に蜘蛛が置かれようとしていた。その際、蜘蛛がもつ象徴的意味がウサギの団欒を脅かす質のものであったため、両者の間に川が作られ、次にはその川を蜘蛛が越えようとしだすと、ウサギたちは山の上に逃げだすといった動きがみられた。このように箱庭ではいったん置かれたミニチュアを移動させることができる。このダイナミックな動きが意識領域と無意識領域にあるものとの相互浸透とパラレルであり、この動きこそが治療的であることはすでに指摘したとおりである。風景構成法の場合は一度描かれた項目は移動が困難であるため固定され、次の項目との間にしわ寄せが起こり、そこに「歪み（ひずみ）」が生じてくる。つまり、箱庭の場合であれば、まずウサギを置いて、その後に蜘蛛を置こうとするならば、蜘蛛から遠ざけるためにウサギを動かして山の上に置くことができるわけだが、この状況を風景構成法でいえば、一度置いたウサギは動かせないわけであるから、そこに蜘蛛を置こうとするならばとたとえば両者の間に戦車などが配置された上で蜘蛛が置かれたり、あるいは蜘蛛の脅威を減じるように足がない蜘蛛が置かれたりといった表現が出てくるわけである。このような動きが本論でいう「歪み」である。この言葉を使うならば、前者は「配置的な歪み」、後者は「形態的な歪み」ということができよう。

この「歪み」は描き手の病理的な側面を含めた特徴を示している。この特徴を理解し把握するためには、今まで述べてきたような一連のダイナミックな動きを時系列に沿いながら詳細に吟味していくことが必要不可欠である。また、その前提条件として個々の項目がもつ象徴的な意味を深く理解しておく必要がある。もちろん、この象徴的意味の理解はシンボル事典を丸暗記して「川は無意識を表わす」などという具合に当てはめるような類いのものではなく、文化の中で伝統的に蓄積されてきた象徴的意味を自家薬篭中のものとしておくことに加えて、個別な描画に照らしてその都度新たな意味を見いだそうとする姿勢で取り組むべき発見的な性質のものである。

箱庭においてはミニチュアの移動が容易であるために、制作者の心の中の力動を反映して箱庭の中でダイナミックにミニチュアが動くところが、風景構成法においては移動させることが困難であるために、順序的に後で提示された項目であればあるほど、また、何か心に引っかかりが生じる項目であればあるほど、すでにある構図の中に配置しようとするときにしわ寄せが生じる。本書でいう「歪み」とはそのようなしわ寄せのことを指し示している。逆にいえば、風景構成法における「歪み」とはそれを箱庭空間にもっていくならば、ダイナミックな動きが展開していくものを圧縮し凍結したような状態だともいえる。すなわち、「歪み」とは描き手の病理であると同時に治療の起爆点でもあり、新たなものの可能性の芽でもあるのである。

以上、箱庭療法と比較しながら風景構成法の特徴を検討してきた。ある項目の提示によって描き手の心の中でその象徴的意味に対する意識と無意識との間に「せめぎ合い」が生じ、それを経て画用紙の上に表出がなされる。次の項目が提示された際も同様のプロセスが生じるが、描くべき画用紙にはすでにさきのプロセスを経て描いた項目が固定されている。そのために、すでに描かれている場のもつ磁力と表出されようとするものがさらなる「せめぎ合い」を生じさせ、その落としどころとしてその項目はある形態をもってある場所に配置される。この一連の流れが風景構成法における表現の最重要なプロセスであり、この流れを詳細に吟味していくことが解釈にとって決定的な要になることを指摘してきた。このような考えの背景にあるのは、「なぜ、この項目がほかならぬこの形態をもって、ほかならぬこの場所に配置されたのか」という視点である。たとえば、「家」はありとあらゆる形態をとることが可能で、またそれがどの場所に描かれるかもまったく自由である。にもかかわらず、実際にはある形である場所に配置される。これを〝たまたま〟とか〝偶然〟という見方をするならばそれは心理療法的「読み」からの全面撤退である。かぎりない自由度をもった可能性が〝限定〟されることで、ほかならぬこの形態でほかならぬこの場所にある項目が配置される。このとき、どのような〝限定〟する動き（と〝限定〟されない動き）が描き手の心の中に働いているのか。その運動のプロセスを読んでいくことが風景構成法における解釈にほかならない。

次に、このプロセスを具体的に理解するために、ある風景構成法の絵を例に挙げて描画の「読み」に関して大きな流れを検討しておこう。ここで扱う描画は基本型ともいえる構図をもつ絵である。ここでは、これまで解釈に関して検討してきたことがらを踏まえて、各項目の象徴的な意味やそこから力動的に生じる形態や配置の「歪み」に関しても見取り図を得るために、素描的に解説する。より詳細には第四章で述べるが、この基本型としての描画を理解することで、以降の細かな「読み」のための視点もとらえやすくなるかと思われる。

第三章　基本型となる風景構成法の描画の解釈

基本型となる風景構成法の描画を第五章に示した（**図1**）。描き手は20歳代の女性であり、特に症状や主訴をもたないノーマルな人であるが、少々「乙女」的な人で「男性はちょっと苦手」というところがある。この描画を基本型とみなすのは、この絵の中に近代的な主体の構造がよく現れているからである。近代的主体とは換言すれば神経症的構造をもった主体ということでもあり、その意味ではこの描画は神経症の構造が明瞭に表現されているある種の典型ともいえる。現代において純粋な意味での神経症はもうほとんどみられないのではないかという議論も現れてすでに久しいが、それにもかかわらず、神経症というものは現代においてもそこから他の精神疾患（たとえば精神病や発達障害など）をみていく基準線となるものだと思われる。今回取りあげる描画は、その意味においても基本型といえるものであるし、風景構成法の読み方を考える上でもその標準的なラインを示しやすいものだと思われる。基本的な読み方を学ぶためには基本型を検討するのがよい。

本章の目的は、この描画を提示される項目順に沿って大まかに検討し、そうすることで風景構成法の読み方の大きな流れを具体的につかむことである。理解を助けるために、この描画における各項目に関する配置や象徴的意味を小題にしている。たとえば、この描画の「川」は画面を二分し、此岸と彼岸を形成している。この点がこの描画の川の大きなポイントとなるので、「〈こちら〉と〈あちら〉を形作る境界」という小題をつけているといった具合である。もちろん、画面を二分しない、これ以外の形態の川も風景構成法ではよく描かれるし、繰り返しになるが個別性という意味ではひとつとして同じ川はない。それらに関しては次章で詳細に解説する。この章での目的は、次章の理解を助ける踏み台としてひとつの描画を取りあげ、提示される項目順にその大きな流れを理解していくことである。

第1節　「川」:「こちら」と「あちら」を形作る境界

最初に提示される項目である「川」に反応して、描き手は**図1**にみられるように右から左に画面中央を横切るように川を描いた。この形の川が描かれると、画面が二分割されて川を挟んで描き手の手前に「こちら（此岸）」が、向こうに「あちら（彼岸）」の領域が立ち現れる。

「こちら」と「あちら」というオリエンテーションは根源的な区別であり、たぶんその出現は少なくみつもってもヒトの発祥にまで遡《さかのぼ》るであろう。「こちら」は主体にとって近くて馴染みのある、親和的な領域であり、「あちら」は逆に遠くて馴染みのない疎遠な領域となる。そこに人が関与すれば「われわれ」と「あいつら」となる。それゆえ、「川」以降に提示される項目が川の「こちら」に配置されるのか、「あちら」に配置されるのかは重要な注目点となる。もちろん、「あちら」に置かれる項目は描き手にとって遠ざけたいものだと見ることができる。その項目はさきに例示した箱庭事例でいえば、蜘蛛に相当するものだといえる。実際、あの箱庭においても川を挟んで片側にウサギの団欒が、もう片側に蜘蛛が置かれた。今回のことばでいえば、前者が「自我親和的」「此岸」「こちら」であり、後者が「自我違和的」「彼岸」「あちら」に相応している。さらにいえば、前者、すなわち「こちら」が意識的領域に近似した空間であり、後者すなわち「あちら」が無意識的領域近似の空間となる。

第2節 「山」：空と大地を作り出す連山

描き手は左側が大きな山、右側が少し小さな山でできた連山を画面の左端から右端まで描く。この形の連山が描かれると、空の領域と大地の領域が出現し、さらには「奥行き」が現れる。逆に、（この配置の川の場合）ここで描かれたような連山が描かれなければ、空と大地の境目は曖昧なものとなる。たとえば、この絵で右側の山がない場合を想像してみよう。その右側の領域はどこからが空でどこまでが大地なのか区別がはっきりしないものとなる。このような構図は神経症的構造を逸脱している。とくに、この後に提示される項目が、この空と大地の区別が曖昧なところに配置される場合（たとえば、アルコール依存症者の描画〈**図17**〉では家と田がそこに配置されている）、その項目のもつ象徴的意味は描き手にとって相応に問題をもっていることが示唆される。

さて、連山によって、連山の手前が大地化すると、さきほど描いた川が大地の上を走る川となる。すると、さきほどの川によって生じた「こちら」と「あちら」も大地化したものとなる。ここでいう大地化とは「地に足をつける」ということばが示すように、現実的になると言い換えてもよい。さきに「（川の）〈あちら〉に置かれる項目は描き手にとって遠ざけたいものだと見ることができる」と述べたが、連山（地平線を含む）がしっかりと画面の左右に走っておらず、一部欠けたようになっている場合、遠ざけたいものを置く場としての「あちら」がそもそもしっかりと大地上に形成されていない空間となるわけである。たとえば、

図17のように家と田が連山の欠けたところに描かれた場合、それは川の「あちら」ではあるにせよ、空にあるのか大地の上にあるのかがあやふやで不安定なものとして示される。そのような場合、家や田がもつ象徴的意味が描き手にとってなにか問題をはらんでいることが示唆される。

連山が枠線の左から右に完全に走ることで空と大地の区分が明確にあるこの描画（図1）の構図は神経症的構造に対応している。つまり、自我違和的な項目をきちんと境界（川）の向こうに追いやる領域を確保しており、この領域が宙に浮いたものではなく、大地性のある現実的な領域になっているということである。二領域に振り分けなければならない何か問題・課題があるにはあるが、その二領域は連山の「こちら」という現実的な領域に属するものとしてある、すなわち自身にとって扱うことが可能な領域にあると言ってもよい。さらに別の言い方をするならば、きちんと「無意識領域」が確保されているということもできよう。無意識領域があるということは自我領域があるということと同時成立であり、両者の間の境界（自我境界）がしっかりしているということである。この境界がしっかりしていなければ、無意識の内容物が漏洩して妄想状態となる可能性などが考えられよう。この描き手は連山を描けたことで、この点をクリアしているのがわかる。ここからの大きな注目点は、「あちら」と「こちら」にどの項目がどのように描かれるかである。

第3節　「田」：男性による無垢な女性の侵犯、田ショック

次の項目である「田」を描き手は川向こうの隅に描く。つまり、描き手は「田」を「あちら」に追いやったのである。これは「田」がもつ象徴的意味が描き手の心にヒットし、それによって反応した自身の心の動きを受け入れがたい描き手が無意識裡に「田」を川という境界の向こうに遠ざけたことを示唆している。こ

こで問題となるのは、どのようなことが描き手の心にヒットしたのか、つまりは「田」はどのような象徴的意味をもっているのかということだ。筆者の考えではそれは「無垢な女性を男が侵犯する」という意味となる。唐突な感じがして、読者は戸惑われるかもしれないが、その根拠や詳しい意味は第四章で詳述するので、ここではとりあえず、「田を作るために、大地に自然に生えている草を引っこ抜いて、土に鍬を入れて耕し、種を播く」イメージを思い浮かべていただき、それと「女性を男性が侵犯する」イメージが重なることを連想していただくだけでよい。ちなみに、一般的には「田」は「働く」ということを意味するとか「強迫性」と関連するなどと指摘されることが多いが、これらもさきに述べた意味から派生してくるもので、「無垢な処女を男が侵犯する」という意味がより根源的なものだと思われる。筆者の経験では、「田」はこのような強烈な意味を潜在的にもっているがゆえに、ロールシャッハテストにおける「色彩ショック」と類似した反応を生じさせやすい。つまり、「田ショック」と呼びうるものがありうるわけである。これも後に詳しく論じよう。この「田ショック」は女性性に何らかの課題がある人の場合などにとくに顕著に生じる。今検討している描画においてみられるように、田を川向こうの「あちら」に配置するという構成はその「田ショック」に対する反応として基本型ともいえるわかりやすいものである。以上のことがらは、この描き手が「乙女」的で男性が苦手という特徴に照らしてもそれと整合していることが理解できるだろう。

第4節　「道」：目的・手段・意志と関連する始点と終点をもったベクトル

次に「道」を提示された描き手は**図1**にみられるように画面左の田と山との間から線を右辺まで引き、そしてその線の下に、同じような線を同じく左からはじめて右辺に引いた。この二本の線で挟まれた部分が道となっている。この道をどのように考えればよいだろうか。

「あそこに行くためにはこの道を歩まねばならない」ということばを考えてみよう。ここには「目的地」としての「あそこ」が示されており、そこから逆照射的に語り手が「ここ」にいることが示されている。この「始点（私がいる「ここ」）」と「終点（「あそこ」）」の間にあるのが道である。このように道は始点から終点へと向かう矢印であり、方向性をもったベクトルである。矢印という形が指し示すように「あそこ」に行くということには「意志」が関与する。この点が同じく方向性をもって流れる川と対照的である。川はまさしく自然に「流れる」のであって、そこに人為的な意志はない。

あるいは、この「あそこに行くためにはこの道を歩まねばならない」ということばはある目的を達成するために多くの殺人を犯さねばならない覚悟の表明の場合もありうる。その場合、この「道」は意志に加えて（殺人という）「手段」を示すものとなる。かように、「道」は今いる地点から何らかの目的へ向かって意志的に向かうという方向性を喚起させる項目である。端的に述べれば、「道」が提示されるということは「すでに描かれている構図の中において、あなたはどこからどこ（目的）にどのようなルート（手段で）向かうのか」と描き手は問われるのである。

さて、この描画に描かれた道は田のそばからはじまり、そこから遠ざかっていく道である。「道」が提示されたときにはすでに川、山、田という項目が描かれており、それらの項目で形づくられた構図にはある「磁場」が形成されている。そこに「道」と告げられることは、描き手の心の中に「この磁場の中において、あなたはどこからどこに向かうのか」と問われたのと同様で、その問いに対する表出として描かれたのがさきの道である。この絵にみられるのは、「田」の磁場に引きずられつつ、一方でそこから逃れようとする方向性だ。つまり、「田」のもつ「女性を男が侵犯する」という意味が効果をもっているがゆえに、描き手は心をヒットされて田の引力圏につかまるわけである。道の始点が田の近辺からはじまることはこの描き手の中で異性に相対すると生じてくる心理的な動き（これは先の箱庭事例において蜘蛛を嫌だなと感じつつ、しかしそれを手にした心理的動きと似ている）が違和的なものであるにせよ、そこに少し近づくことができるレベルであることを示している。もし、近づくことさえできないのであれば、「道」のはじまりが「田」の近くからではなく、たとえば、画面左隅の川の下辺からはじまって、川と並走する道などが描かれることになるだろう。つまり、道の始点が田には置けないわけである。この描き手は「田」と接触することが少しできる人である。とはいえ、この描き手にとって「田」が心理的に喚起させるものは（さきの箱庭事例での蜘蛛のように）受け入れがたいものであるために、道は始点としての田から即座に遠ざかるわけである。

次に「道」の終点を考えてみよう。描かれた道は画用紙の左から右へと走り、枠の外に続くかのようである。もし、この道が途中から山の方に向かい、山の頂を越えて山向こうに至るような形で描かれたとすれば、もちろんその意味はまったく異なるものとなる。連山を検討した際に少し触れたが、連山は空と大地の境界をつくりだし、大地は現実化という意味をもつ。さらに、連山は山を挟んで山を越えた「あちら」の領域と「こちら」の領域をつくりだす。この「あちら」と「こちら」は川で検討した「他界」であり、山に囲まれた「こちら」とは少し位相を異にしている。すでに述べたように、山や山の向こうは「あちら」と「こちら」の領域と「こちら」はわれわれ人間が生きる「俗世」なのである。このような観点からみれば、山を越えていく道というのはかなり深刻なレベルでのエスケープであることが理解できる（後に幾つか具体例を検討するが、アルコール依存症や統合失調症にしばしばみられる〈**図17**、**図20**参照〉）。もし、道の終点がそのような山越えであるならば、それは道の始点に関連する「田」が「現実」にあることに耐えがたいため、非現実の領域にまで逃避する志向性を示唆している。逆に、エスケープする道であるにせよ、その道が連山の「こちら」側にとどまるこの絵の構図は、これは逃避（防衛）が「現実」的な次元にとどまっていることを示している。

第5節　「家」：ホーム。安心の基地・拠点

「家」の象徴的意味は〝at home〟という意味でのホームであり、そこに帰れば安心してくつろげる「基地」である。もちろん、現実的には家が地獄であり、くつろげるどころの場所ではないということもあろう。ここで述べているのは、そのような個別的で現実的な状況ではなく、普遍的で象徴的な意味である。逆に、家がこのような象徴的意味をもつにもかかわらず、描かれた家が窓もドアもなく灰色に塗りつぶされていたりする場合、そこには〝at home〟ではない何か問題のある「家」観が反映されていることが示唆されよう。

さて、この描画の描き手は「家」を提示されて、**図1**のように川のこちら側に大きく家を描いた。「川」の項で指摘したように、川によって二分された「こちら」側は親近感のあるなじみの場である。それゆえ、ここに安全基地であるホームとしての家が描かれるのはふさわしい（ここで「ふさわしい」というのは良いとか正しいという意味ではなく、論理的整合性があるという意味である）。この配置のあり方もこの描画を「基本型」とみなすことができる大きな要因である。多くの人は夜、家でゆっくり過ごして安心して眠り、朝起きて会社なり学校なりに出かけていくであろう。会社や学校は義務やルールのある「厳しい」場所であり、基本的にはそこは「我が家」がもつ〝at home〟な雰囲気とは逆の場所である（風景構成法ではこの「厳しさ」は「田」に関連することが多い）。そして、そのような「厳しい」職場や学校が終わるとまた帰宅してホッとくつろぐだろう。つまりは、家は「ウチ」であり、そこから「ソト」に出て行く出発点であり、また「ソト」から帰ってくる安心の基地・拠点である。「ウチ」が「こちら」となじむ方向性であることは

いうまでもない。それゆえ、この描画のように、家が「こちら」にある配置はしっくりくる印象を与えるものとなる。

提示される項目の流れからこの描画の家を考えてみよう。すでに考察してきたように、描き手は「田」にショックを受けたためにそれを川向こうの「あちら」に描いた。次の「道」の提示によって、田にいったん近づきつつもすぐにそこから逃げ去るような道を描く。そして次に提示されるのが「家」である。この流れの中で、描き手は次のように問われることになる。「〝道〟によって、あなたはどこからどこに向かうのかを問われた。それをふまえて、あなたの安心の拠点はどのような形でどこにあるのか」。その応えが**図1**に描かれている家である。この家が川の「こちら」側にあるのは「田ショック」の影響の余波であるように推測される。すでにショックを受けたことによって「田」を「あちら」に描いたわけだが、次に描かれた道で示されるように、この描き手は少し田に近づこうとする。しかし、やはり耐えがたく、そこから走り去るような道が表出される。この動きとパラレルに、次の「家」ではそれがもつ「安心の基地」という象徴的意味に刺激されて、田から完全に分離するように川という境界を挟んで「家」が「こちら」に配置されたことがうかがえる。たとえば、家を田のすぐそばに描き、「この田はこの家が所有しているもので、住んでる人がこの田を耕している」といった連想が出てくる可能性もあったわけだが、この描き手の中からはそのような家の配置は生じてこない。田から遠ざかり、川の「こちら」にある安全圏に引きこもる形をとるわけである。いわば、この家はグリム童話でいえば、お姫様がいる城や塔と類似であり、「処女性」を示唆している。このことは、後に「花」が提示されたときに、家を含めた「こちら」側が「お花畑」的になることからも示されよう。城にこもって、プロポーズしてくる男性に無理難題をふっかけて応じず、城にこもって男性と向き合うことをしないのがグリム童話の典型的なお姫様であるが、この描画では「家」がそのような意味での城に、川向こうに遠ざけられた「田」はその城が男性によって侵犯される表象に対応している。

第6節　「木」：大地への自然な根付き感、家に対する補償

木は根を大地に張り、硬い幹を有して上方へと伸びゆく植物である。その高く伸びる硬い幹を支えるのは根であり、ここから「木」には大地への根付き、それを基礎とした成長、さらには（巨木の場合）天と地をつなぐもの、といった象徴的意味がでてくる。

さて、現在検討している描画にも関係するが、「木」のもつ意味の重要な一つとして「家」を補償するというものがあるように思われる。これは、「木」のもつ「大地への根付き」感から派生してくるものである。「この場所に根を下ろす」ということばがあるように、根付くというのは基本的にはある場所から移動せず定着することであり、「ここが私の場所だ」という感覚を伴っている。この感覚を時間軸に写像すれば、「これが私のルーツだ」という感覚になる。ルーツはもちろん、根（root）であり、まさしく自身の根、すなわち自身の起源（origin）がどこにあるのかという実存的な問いと関わるものである。「木」がもっている重要な要素であるこのような「根（root）」は、浅いレベルでは「我が家」や「（生まれ育った）実家」を、レベルが深くなるにつれて「家系」や「祖国」などを表象し、いずれにせよ描き手のアイデンティティ（identity）、すなわち、「私はいったい誰なのか」という問いに関わってくる。

この浅いレベルでの「根（root）」としての「我が家」や「実家」という表象は、風景構成法では「安心の基地」としての「家」が提示されたときに描き手の心が刺激されて描かれることになる。このときに、描き手にとっての「家」が相応の安心感を与えないものである場合や「家」のレベルでの根付き感では収まらない自己不全感などがある場合、「家」を補償する形で木が描かれることになる。このような場合の非常に

しばしばある配置の例は、家のそばに立つ木という構図である。もちろん、描かれた家や木の形態を吟味しなければならないが、家のそばに木があると安心感を覚えるという印象は多くの人がもつであろう。ときには、生育史の中で長らく家庭の守りが薄かった人やいわゆる「良い子ちゃん」タイプで過剰適応気味に生きている人の描画で、川を越えて「あちら」の遠くに貧弱な家が描かれ、川の「こちら」側に大きな木が描かれることがある（**図17**、**図19**参照）。例示した箱庭事例でいえば、このような人たちにとっては「家」があの「蜘蛛」に相当している。かような支えや守りにならない、つまりはそこに根付くことができない家を補償するものとして木が描かれるわけである。むろん、家を補償しようとしてそのそばに木を描くが、補償しきれずその木も幹から折れている形態で描かれることなどもある。

現在検討している絵に戻ろう。描き手は家のそばに大きな木を配置した。筆者の印象では、この木はやはり家を補償しているように感じられる。しかし、描かれた家の形態や今まで検討してきた流れからみて、この補償は描かれた家の安心感が稀薄であるために機能したものではないように思われる。むしろ、グリム童話におけるお姫様が住む城のごとく外界の脅威（「田」）を遮断するような堅固な「家」が、「田」のもつ象徴的意味（男性的なものの女性的なものへの侵犯）によって少し脅かされて揺らいだために、その揺らぎを補償せんがためにこの木が描かれたように思われる。これはさきの箱庭事例で蜘蛛がウサギの領域に侵入していったこととパラレルで、「田」が「家」に浸透しはじめているわけであり治療的には進展しているとみなすことができる。

第7節　「人」:「人」の次元がどこにどのようにコミットするか

すでに述べてきたように、風景構成法においてある項目が提示されるとその項目がもつ象徴的意味が描き手の心にヒットし、その結果生じる意識と無意識との間の「せめぎ合い」がある形態をもって描き出される。この意味において、描かれたある項目の絵は図鑑に載っているような客観描写的な挿絵のようなものとは異なり、描き手固有の心理的な特徴を反映したものとなる。風景構成法の場合、この心理的特徴はさきほど述べたように項目（川、山、田……）がもつ象徴的意味が引き金となって立ち現れてくる。ここで、深層心理学的な観点からすれば、この象徴的意味がヒットする心に「浅－深」を軸にした階層構造を考えることができる。むろん、ここでいう「浅－深」は系統発生的あるいは進化論的な意味合いであってどちらが良いとか悪いとかの価値付けはない。つまり、人は人間としての心的領域のみならず、その下層には動物本能的な領域があり、さらにその下層には植物的な心的領域、さらには無機物的な層などを考えることができるということだ（**図C－1**）。端的に述べれば、心理的にはわれわれはただ人間であるだけではなく、同時に、動物でもあり、植物でもあり、鉱物でもあるわけである。そして、なにか刺激が与えられたときには、それに呼応する層が活性化し、そこからイメージが表出されるわけである。したがって、「人」が提示されるときは、それに応じた心の層が反応する。風景構成法の描き手は人間であるから、その意味で表層的、換言すれば意識に近い層が刺激されて、そこから反応が表出されることになる。

繰り返しになるが、表層レベルからの反応というのは軽々しいとか意味が薄いとかということではまったくない。むしろ、人が複雑に関係しあう人間関係は多くの場合、苦悩が生じる中心的な場となる（とくに神

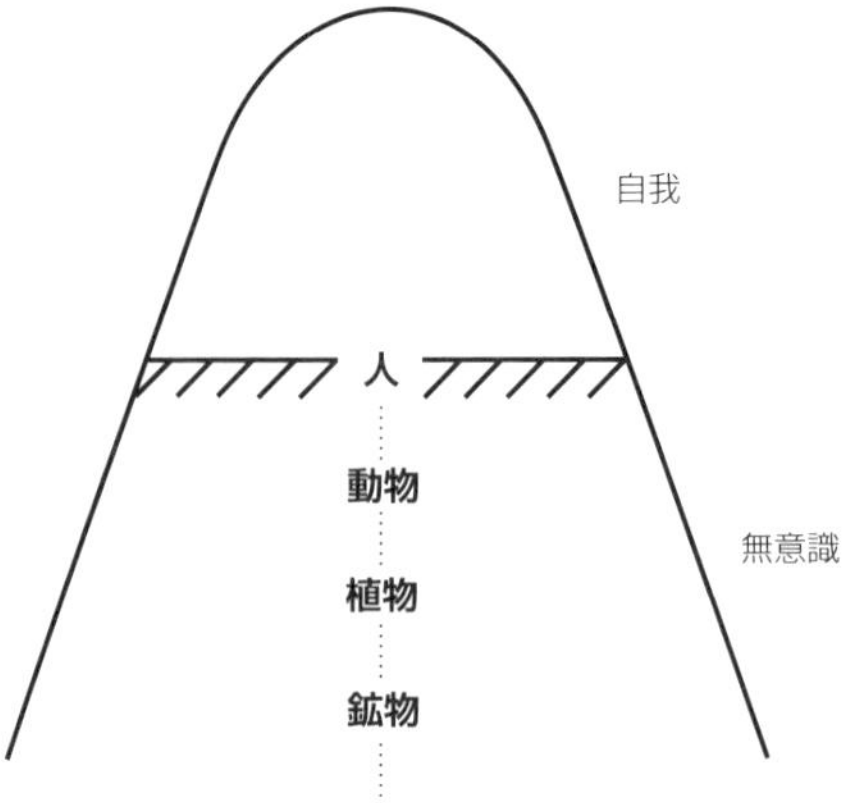

図C－1

経症の場合がそうである。神経症とは人間関係に基盤を置いた悩みと言ってもよい)。だからであろう、風景構成法においてもっとも「リジェクト」(「描けません」「描きたくない」「パスしてもいいですか」)が生じる率が高いのは「人」である。「人」が提示されるとき、いわば、「あなたの内にある「人(ときとしてここには〈私〉が含まれる)」は今まで描いてきた構図の中でどこにどのような形でコミットするのか」という問いを問われる。描き手は人であり、人として人間関係の中で生きているので、この問いは多くの人にとってかなりシビアなものとなる。

さらには、「人」に至るまでの項目(川、山、田、道、家、木)は基本的には静的なもので、「動き」をあまり喚起させる項目ではない。川はもちろん水が流れているわけだが、この動きは「自然の大いなる運動」とも呼ぶべきもので、「人」の意識的な動きとは質が異なっている。だから、静的な項目で構成された風景において、「人」が提示されたときに、ある種突然に能動性を喚起されて「あなたの心の中の人としての領域は、この構図のどこにどのようにコミットするのか」を問われることになる。さきに「田ショック」に関して述べたが、このような意味をもつ「人」も相応に描き手にとって抵抗感を与えることが多く、「人ショック」と呼ぶべきものがある。それは端的に「描けません」と人を描くのを拒否する場合もあれば(**図2**参照)、山を越えて山の「あちら」に出て行こうとしている人や川の中に入る人など、現実から逃避する配置になる場合もある(**図20**参照)。あるいは棒状の人が描かれるなど、形態に現れる場合もある。もちろん、すべての項目が「ショック」を引き起こす可能性をもっているが、とくに顕著にみられるのが「田」と「人」だということである。

さて、検討している描画に戻ろう。この描き手は「人」が提示されると、**図1**のように道の上、画面のかなり右端に小さく黒い人を描いた。筆者はこれを見ていて、直感的にこの人物は男性であろうと思った。その根拠は二つあり、一つは人が描かれたあとにすぐ描き手が手前にある家の周りを柵で囲ったことである。つまり、この柵は人を描いた後の影響で家の守りを固めた印象があり、そうであればこの人は侵入的な雰囲気をもつ男性なんだろうなという読みである。もう一つの根拠は、もし、人が女性であるならば、家の近くや家の中にいるのがこれまでの描画の構図からはふさわしいはずだからである。しかし、この描かれた人は家から遠く離れた「あちら」側の画面からすぐ出て行きそうなところに配置された。実際、もしこの人が男性であるならば、この道の上の人が左に向かって歩いているのか右に向かっているのかは重要である。左向きならば画面の外から新たなものとして「男性」がこの世界に入ってきたという意味になり、逆に右向きならば、ちらっと「男性」が現れ出てくるのだが、世界はそのことに耐えられずにすぐにこの男性を画面(世界)の外に出そうという動きが見られることになるからである。筆者は心の中で右向きに歩いていく方に賭け金を置いたが、実際、絵を描き終えた後に問うたところこの人物は男性で右に向かって歩いているとのことであった。

この絵中の人(男性)はさきの箱庭事例における蜘蛛だといえる。蜘蛛が箱の中に置かれること自体が治療的意味をもっていることはその際指摘したが、同様にここでも、すぐに画面から消え去る方向に向かっているとはいえ、男性が画面の中に配置されたことは大きな治療的進展である。より詳細に述べよう。「田」

で検討したように、この描き手にとって田は受け入れがたいもの（さきの箱庭での蜘蛛に相当する）であったがゆえに、田は川向こうの「あちら」に追いやられた。この後に続く項目、「道」「家」に関してはすでに考察したとおりであるが、「木」の検討の際に、安心の基盤としての「家」が揺らぐことに対する補償として木が家のそばに置かれたことを指摘した。つまり、これは「安心の基地」としての家が揺らいでも大丈夫なように、大地への根付き感というより深い安定感が家のそばに立つ木として描かれたわけである。この木の安定感を支えとして家を揺るがすものとしての男性が「あちら」側にせよ、画面という世界の中に描かれることが可能となったことが推測される。「田」の象徴的意味が「無垢な処女を男が侵犯する場」であることをすでに指摘したが、ここではその「田」の象徴的意味がより分化・具体化して男性という人の姿をとることができるようになったともいえよう。

第8節　「花」：彩り、情緒のコミット

風景構成法において、彩色段階以前の風景は通常黒のサインペンで描くため色のない絵となるが、そのような白黒の世界においてさえ、色彩的な印象を与えるのは「花」である。ある場所に花が置かれると一瞬にしてそこに彩りが生じる。この色彩感豊かな彩りが情緒と深く関連していることは、「色気」や「色男」などのことばを思い起こせば納得できるだろう。実際、日常で花を贈るとき、そこには愛情や別れの悲しみ、慰労、見舞いなどのさまざまな情緒がこもっている。ときに街中の電信柱の下などにひっそりと花が添えられているのをみかけるが、たぶんそこで事故死した人への哀悼の想いがその花には込められているのが感じ取られる。

かように、花には情緒が込められる。風景構成法においても「花」が置かれるところは描き手のなんらかの情緒がコミットしている場所であり、その意味において非常に大事な場所を示している。さて、現在検討している絵では、描き手は「花」を家のある「こちら」に描いて「お花畑」のようにした。これはもちろん、描き手にとって「こちら」側にある「家」に情緒がコミットしていることを示しており、このことは今まで検討してきた流れと的確に整合するものである。さらに「お花畑」に関して述べれば、それは無垢、純潔、調和的世界（とは他者がいない世界である）といった象徴的意味を示している。この描画は「こちら」側がかなりお花畑的となっており、これも描き手がグリム童話の純潔無垢なお姫様のように外界をシャットアウトして城（の中は平和である種の「お花畑」である）の中に引きこもっていることとパラレルな印象を与えている。

これまでの項目提示の流れからいえば、「田」によるショックでそれを「あちら」に置きつつ、「道」ではその「田」に接近しながら、しかしやはり「田」をトータルに受け入れることはむずかしいので、それから遠ざかり、次に提示される安心の基盤としての「家」はそれに呼応するように「こちら」に描かれる。さらに「木」が深いレベルで安定を補償することで「田」を少し受け入れることができたので、「人」は男性のイメージをとって描かれることができるようになる。しかし、その男性もすぐに画面の右の枠線から外に出て消え去るような道の上に位置づけられる。その後に提示されるのが情緒的コミットを意味する「花」である。この流れにおいて描き手は「家」に情緒的にコミットしたわけである。ここには、「田」で示されつつ、さらにそれが発展した形態である男性としての「人」が出現しながら（あるいは出現したから）、「花」という情緒的なコミットを問われる項目が提示された際に、この描き手は人（男性）から逃避するように情緒的にも「こちら」側にある「家」の領域に引きこもるわけである。

第9節　「動物」：本能的な領域の表象。「人」に対する補償。魂としての表象

「動物」は「人」に続く能動性を喚起させる項目である。しかし、「人」の項で検討したように、「人」と「動物」の能動性はその質、意味を異にする。「動物」の能動性がその本能的なものに基づいているとすれば、「人」の能動性は本能そのものではなく、それに「禁止」がかかって成立している社会的・文化的な中における能動性を中心としているといえるだろう。社会的・文化的に縛られている（禁止されている）中での能動性が「人」という項目によって喚起されるため、そのような「人」を補償するものとして「動物」が人間社会に縛られない能動性を表象するものとして描かれることがしばしばある。つまり、「人」が規制を中核にすえた人間社会に照らされて表現されるのに対して、「動物」はそれからとは無縁な欲望を担うものとして表現されるため、表面的・外面（そとづら）的な「人」に対して「ほんとうの私」「私の魂」というような意味で表現されうるわけである。

「人」の項で検討した**図C-1**を思い起こそう。心の構造において「動物」的な領域は「人」の下層にある。この構図は抑圧的だともいえるが、人間社会が本能的なものをむき出しにすることを許さず、それを制御する文化的ルールにおいて営まれていることを考えれば納得できるだろう。それゆえ、風景構成法においても「動物」が提示されたとき、それは「あなたはさきほど〈人〉のレベルでの能動性をある場所にコミットさせた。しかし、もっとあなたの奥底にある〈人〉を超えた能動性はどこにどのようにコミットするのか」ということを問われることになる。

検討している描画では、描き手は「動物」を提示されて川の中を泳ぐ二匹の魚を描いた。鳥が空の象徴で

あり、空をアニメイト（animate）したもの、すなわち空に生命が吹き込まれたものの表象であるように、魚は水の象徴であり、水をアニメイトしたものである。つまり、この描画では「動物」を提示されることで、描き手の心が動き、結果、魚を描くことを通して川が活性化されたわけである。この川の活性化をどう見るか。

川とはいうまでもなく「方向性をもった水の流れ」である。これまでこの節では、この川の流れによって画面（大地）が二分割されて「こちら」と「あちら」が現れることに注目してきた。そこに注目してきたのはこの描画がもつ特徴からの要請である。描画の中身が異なれば、もちろん、また異なるところが注目点となる。たとえば、「川」の提示で画面に横線が引かれ、その線の下側が川となり、その後の多くの項目が川の中に入っている描画を想像してみよう。このような絵では、「川」が大地を二分して「こちら」と「あちら」が生じる構図は出てこず、水の中の世界とその外の区別が際立ってくる。つまり、風景構成法における「川」の特徴として、「大地を二分する境界としての川」以外に、「水の世界」という重要な特徴がある。これに関しても詳細は第四章でみていくことにして、ここでは現在検討している描画に関して最小限の検討をしておこう。

われわれ人間は陸上にすむ生物である。しかし、類的な観点からはるか過去に遡るならば、われわれの祖先は海の中に生きる生物であったろう。また個的にみれば、われわれも母の胎内にいたときは羊水に包まれていたはずである。すなわち、水の世界というイメージは心理学的にいえば、退行した母の胎内を喚起させる側面を強くもっている。このような意味において、水の世界はさきほどの「お花畑」とも類似し――むしろより根源的に――調和的で平和な世界である。であるならば、調和的でなく、また平和的でもない世界は、この場合、「水の外」にあるというイメージになる。水の中は調和的、すなわち「見知らぬ他者」も軋轢もない世界なのである。これはまさしく胎内のごとく永遠の楽園であり、そこでは何事も新しいことは起こらない。新しいことはこれまでの調和を乱すものだからだ。

さて今回の描画では、魚が川に描かれることで川の「水性」が活性化する。筆者の考えでは、この活性化は何か新たなことが生じかけており、そのため永遠の楽園的世界の調和が乱れかけていることの表象のように思われる。水が活性化するということは、そこになにか変動が生じているわけである。ここで唐突に感じられるかもしれないが、人魚のイメージを導入しよう。人魚とは上半身が人間で下半身は魚である。すなわち、上半身は水の外に属しており、下半身は水に属するものである。つまり、人魚とは「水の世界」と「水の外の世界」との境界者にほかならない。すでにその半分は水の世界から外に出ているが、もう半分の下半身――sexualityが強く関連する部位である――は未だ水の世界にとどまっている。アンデルセンの『人魚姫』では、周知のように、人魚が恋をするのは「水の外の世界」に属する王子である。この見知らぬ他者である王子がいる世界（水の外）に出ていこうとする人魚はイニシエーション的な苦痛と苦悩にさいなまれる。この文脈では画面右端の道上にいる男性が王子様だともいえよう。もっともこの〝王子〟はすぐに世界外に逃避してしまいそうではあるが。

描画に描かれた川の中の魚は、この人魚姫的なストーリーが今後展開していく可能性をもった〝芽〟というう印象を与える。もし、絵の中の魚が、その頭を水中から出している表現であったなら、より人魚姫的なイメージの濃度が増す印象を与えたであろう。しかし、ここでは魚は全身が水中に浸かっている。未だその可能性は胎動にとどまる印象ではある。ちなみに、ドイツ語圏では、「あの女は魚だ」という表現があり、これはその女性が性的不感症だという意味のかなりな侮蔑的なことばとなる。さらには、描かれた魚が二匹であることも意味があると考えるが、あまりに煩雑になるのでここではその検討は割愛し、〝二〟という数の意味に関しては双子イメージと関連させて、後に解説しよう。

「動物」に至る流れを復習しておこう。「人」で男性が描かれた。これは画面右上端の道上にであり、すぐさま画面から出て行く方向で描かれたにせよ、男性がこの世界に現れた影響は大きかったのであろう、その出現に対する防衛のように、次の「花」は描き手にとって安心の基地である「家」の周囲にお花畑的に描かれる。そして、「動物」が提示される。魚が描かれることで水の世界が活性化し、可能性としての人魚姫的な要素がそこで少し蠢いたことが推測される。次に提示される項目「石」は、この蠢きに対する逆方向の動き（カウンター・ムーブメント）を示すものとなる。

第10節　「石」：不変性

石の象徴的意味は不変性と硬質性である。石は硬く変化しない（科学的にはもちろん変化するわけだが、ここでは象徴的な観点から述べている）。その形態もずっと同じまま保たれるため、たとえば、石化という現象においては生命の凍結というイメージが（メドゥーサを思い起こそう）、墓石や石碑などにおいては永遠の精神性という意味が出てくる。これらはすべて生きた身体性、生命性の否定である。また、この硬さ・不変性という意味から、解消しがたい障害のイメージも生じてくる。たとえば、道の上にどんと置かれた大きな石などは、目的地に行くための通路である場所に何らかの動かしがたい障害があるイメージとなる（たとえば、図11参照）。

検討している描画では、「石」を提示された描き手は川の両岸にびっしりと石を並べる。これは前項目「動物」で魚が描かれ、川の水が活性化したことへのカウンターだと思われる。「動物」の提示によって、描き手の本能領域的な層が刺激される。この描き手の場合、それは魚、すなわち水を活性化するものとして表象され、水中から陸地にいる王子へと向かう人魚姫的なベクトルが心の底で蠢いたことが暗に示される。この動きは描き手の意識にとっては怖いことであるため、その水の活性化を抑えるべく、川の両岸に防波堤のように石がしきつめられたわけである。

このように提示される項目がどのように描かれるのかを順次詳細にみていくと、この描画は「田」を巡って、それを受け入れず遠ざける動きと、一方でそれに近づこうとする動きがせめぎ合って、行きつ戻りつしながら揺れ動いているのがわかる。「家」がある「こちら」の領域が「田」に対してかたくなに閉じるのではなく、そこに揺れがみられるのはもちろん治療的に意味がある。これはさきの箱庭事例でいえば、蜘蛛がうさぎの領域に少し触れかかっていることに対応している。

以上検討してきた基本型とみなせる描画の流れを今一度簡潔にまとめつつ、それを少し普遍化しておこう。それによって、次章からのより詳細な項目の象徴的意味とその配置、及びそれらの項目間での動的な相互関係が理解しやすくなると思われる。

（i）「川」：最初に描かれる川が画面を斜めに流れる場合、世界が大きく「こちら」と「あちら」に二分された形で立ち上がる。心理学的な観点からは「こちら」は自我親和的な領域、「あちら」は自我違和的な領域に対応する（たとえば「われわれ」と「あいつら」）。後者（「あちら」）は無意識的な領域ともいえる。この二領域に以後提示されるどの項目がどのように置かれるのかが注目される。基本的には、扱いにくい項目、受け入れがたい項目は「あちら」に置かれることになる。

（ii）「山」：連山によって、空と大地の区別が立ち現れる。この大地の出現によって、川を描くことで出現した「こちら」と「あちら」の二分割が大地の上に定着した「現実的」な二分割となる。そうなると、問題（とは「あちら」に置いた受け入れがたい項目が象徴するものをどうするかという問題）が現実的に扱うことができる可能性が出てくる。逆にいえば、連山が完全に「閉じ」ない場合、空と大地の境界が曖昧なものとなり、さきの「こちら」と「あちら」の区別も宙に浮いたものとなる。これは病理的に重い可能性を示唆する。一方、連山が「閉じ」ている場合は、きちんと成立した川の「こちら」と「あちら」の領域にこの後のどの項目が置かれるかが重要で、「こちら」と「あちら」との関係が課題となる。これは意識と無意識との関係とパラレルで、神経症圏に特徴的な構造だということができる。

(iii)「田」：田の根源的な意味は「女性的なものへの男性的なものの侵犯」である。通常よく言われる「労働」や「強迫性」という意味もこの根源的な意味から派生する。それゆえ、「田」という項目は女性性の問題や現実に出て行くことへの不安などが反映され、非常にしばしば描き手に抵抗感をもたらす（これは、ロールシャッハテストの色彩ショックと類似しており、筆者はこれを「田ショック」と呼んでいる）。このような意味において田が川の「こちら」に描かれるか、「あちら」に描かれるか、またどのような形態で描かれるかによって描き手の「現実」に対する関わりや女性性に関する心理的な課題、問題が浮き彫りになる。

(iv)「道」：道の基本的な意味は、目的や手段と関連する意図・意志であり、始点と終点をもった〝ベクトル（矢印）〟である（「あそこにたどりつくためにはこの道を行かねばならぬ」「お前はどの道を行くのだ?」など）。それゆえ、どこからどこに至る道が描かれるかが注目点になる。また、項目提示順（川→山→田→道）の観点からは、直前の「田ショック」が効果をもっている場合が多く、田を避ける道、田に向かう道、田に関わらない道などが描かれ、そこから「田」という引力圏に関連した道（意識）のあり方が浮かび上がってくる。

(v)「家」：家の基本的な意味はホーム（安心感の基地）である。それゆえ、「田」で示される、厳しい現実、大人になることなどの意味に対して意識的・意志的にどのように（逃げることも含めて）関わるかを示す「道」の後に提示される「家」は、厳しい現実に対する安心の拠点（ホーム）がどのような形でどこに位置づけられるかを浮かび上がらせる。たとえば、安心の基盤がしっかりあって現実（田）に関わっている場合、安心の基盤に引きこもって現実から逃避している場合、安心の基盤が薄いので現実に出ない場合、安心の基盤が薄いにもかかわらず現実に無理な形で関わっている場合などが示される。

（vi）「木」：木の基本的な意味は「（大地への）根付きと成長」である。家で示される安心感の基盤が薄い場合、それを補償するものとしての木という意味がよく生じる。この意味では、木は家で示される安心感よりもより根源的な安心感、根付き感を示している。家を補償するものとしての木が、家のそばに置かれるのか、遠くに置かれるのか、どのような形態で描かれるのかなどが注目される。

今回の基本型では、家のそばに描かれた「木」によって「根付き感」が活性化され、ベーシックな安定感が増し、それゆえ、家が揺らぐ（田＝男性の侵入を受け入れる）ことが少し可能となったことが推測される。

（vii）「人」：系統発生的な観点を心理学的なそれにスライドさせて述べれば、人間は心の中に人間のみならず、動物、植物、鉱物……などの層も有している。この意味では「人」はもっとも表層のレベルのものであり、われわれが通常同一視しているレベルでもある（「私は人間だ」）。このレベルとしての「人」が今までに描いたどの項目にどのように関係して描かれるかを見ることによって、描き手の「人としての私」や「私の内にある人イメージ」が何にどのようにコミットしているかが示される。とくにこの後提示される項目「動物」は表層レベルである「人」としての「私」に対しての深層レベルの「私」と考えられることがしばしばあり、この両者の関係は注目されるべきものとなる（たとえば、「あちら」にある田で働く人が描かれるが、「動物」が提示されるとその「あちら」の景色を遠い目でみつめているような猫が「こちら」に描かれる場合など。これは描き手の表層的な私は現実〈田〉に関わっているようにみえるが、より深層の私――魂ともいえる――は現実から乖離し、そこにコミットしていないことが示されている。これは、いわゆる過剰適応の「良い了ちゃん」にしばしばみられる構図である）。

今回の基本型では、「人」が提示されたときに描き手は男性をイメージすることができ、この世界に入れ込むことができた（すぐにこの世界から出て行く方向性をもってはいるが）。この展開はさきに述べたように、家のそばに木が描かれることで安定感が増したことの効果だと考えられる。

（viii）「花」：花の本質的な意味は「彩り、情緒的コミット」である。たとえば、プレゼントとしての花や路上で知人が事故死した場所に置かれる花などを想起しよう。これまでに描かれてきた構図や項目の中で花が置かれたものに描き手の情緒的なコミットが示される。

検討した基本型においては、「花」の提示によって、男性をこの世界に入れ込んだことに対する逆方向の動きとして家の周囲に花がたくさん描かれ、男性の侵入を阻む「こちら」側のお花畑化（純粋無垢化）の強度が増している。

（ix）「動物」：動物の基本的な意味は、描き手の内界にある本能領域的な欲動の表象である。「人」の項でも述べたように、この領域は表層としての「人」よりも通常は深い領域であるため、しばしば、描き手が意識していない自身の「魂」の表象のごときものになる（たとえば、強迫神経症者が描く「しっかり手綱で縛られている犬」や解離症状をもつ女性の「田で働く人のそばで月を見上げているウサギ」など）。ここでは、表層的でしばしば「レプリカ」的な「人」と本能的で魂の表現としての「動物」の対比が重要な視点のひとつとなる。

基本型では、魚が描かれることで川の「水の世界」が活性化され、再度男性（⫲田）の侵入を受け入れることが可能性として少し動く気配がみられる。

（x）「石」：石の本質的な意味は「不変性」である（たとえば、石碑、墓、あるいは宝石）。ここから、「動かしがたい困難さ」や「障害」としての岩や「生命力の（一時）停止」としての石化などの意味も生じる。石がどのような形態でどこに置かれるかを見ることによって、それらとの関連で上に述べた石の意味が立ち現れる。

さらには、上述の石の意味から「無の具象化」「否定の具象化」という重要な意味も導きだされる。「無の具象化」とは「ない」ということを示す具体物という意味である（たとえば、川の「あちら」側の領域が大きく描かれ、そこに全項目が置かれており、逆に狭い「こちら」側の領域には何も描かれない空白の場合は、世界が構成されて活発に動いているように一見みえるが、それは「あちら」で行なわれており、描き手の主体的な立ち位置を示す「こちら」側は空虚で何もないということが示される。しかし、「こちら」側にひとつの石が置かれた場合、それは「こちら」側がなにもないこと、空虚であることが石によって具現化しており、空虚が意識化される方向にあることが示される。これはもちろん治療的な進展可能性を示すサインとなる。また、石のもつ「無機的で硬質的な不変性」は花のもつ「一瞬の儚《はかな》い美しさ」と対比的である。それゆえ、上記のような描画で「こちら」に石ではなく一輪の花が置かれた場合には、さきほど述べた空虚などのネガティブなものが具象化することによるポジティブさが示されるのではなく、単純にポジティブな可能性が示されている。つまり、そこは「花咲く場所」だということである。

検討してきた基本型では、「石」は魚によって生じた水の世界の活性化を封じ込めるように川の両岸に敷き詰められる。これは水の活性化に対する否定の動きである。

第四章　各項目の象徴的意味と配置

この章では、各項目の象徴的意味と配置のあり方がより詳細に検討される。ある象徴的意味をもったある項目がある場所に配置されるとき、そこにはその意味とその配置との間に描き手独自の相互作用が働いているることが読み取れるはずである。かような項目がもつ象徴的意味とその配置を「読ん」でいく際のポイントを具体的な描画を例に挙げながら以下に検討していく。なお、解説のための略図はその頁に記載している。事例の中で描かれた描画は、第五章及び巻頭のカラー口絵に記載した。随時参照されたい。

第1節　「川」：大地を流れる方向性をもった水

川とは大地を穿ってある方向に向かう水の流れである。池や湖は川のような方向性をもった流れはもたない（それゆえ、「川」を提示される風景構成法において池や湖が表現されるときは、「流れの滞り」や「流れを押しとどめる」ような意味が出てくる）。海は海流という流れがあるが、そこには基本的に大地というものは絡まない。それは、海が巨大であるため大地を遙か遠方にしているからである。海と地が接するのは浜辺であるが、そこでは流れというよりは寄せては退く「波」というイメージが前面に出てこよう。これらに比して、川はその両岸に即、大地が存在している。

それゆえ、風景構成法において「川」が提示され、描き手が川を描こうと一本の線を画用紙に引くとき、それは意識的には「水の流れ」を描こうとしているわけだが、その裏面で同時成立的に大地も出現する。すなわち、川の描線を引くことで水と大地の差違が姿を現すのである。われわれ人間は、肺呼吸し二足歩行する生物として日常を大地の上で生きている。ゆえに、われわれは一般的には大地の側に立って世界を眺めている。その立場からすれば、水の世界はそこに入っていくことがためらわれる、ある種の〝異界〟として目に映る。それゆえ、水の世界が流れる川となるとき、大地の側に立つ者からはそれは簡単には越えにくい境界として立ち現れる。とくに川が深く、大きく、流れが速い場合、すなわち水の世界が圧倒的になるほど、それはより越えがたい境界となる。これは大地に立つ者の視点である。

一方、水の世界は異界であるがゆえに魅惑的でもある。系統発生的な観点からみれば、われわれ人間もはるか古代にさかのぼれば、海という水の世界をその生命的な起源としており、その意味で水の世界はわれわれにとって〝故郷〟であり郷愁を抱かせる世界である。あるいは、個人の生育史をさかのぼっていっても、母の胎内という水の世界にやはりいきつく。水の世界は〝溶解〟する世界でもあり、そこでは「個」はとろけて自他未分化な状態となる。この状態が軽やかな場合は、水遊びのごとき退行的なものとなり、深い場合は母の胎内への復帰のごときものとなる。後者の場合は、「個」としてはある意味「死」の状態でもあり、それがポジティブな意味をもつこともありうるにせよ、「現実」からの深いレベルでの逃避・逸脱といった意味が通常は生じてこよう。いずれの場合にせよ、これらは水の世界に魅惑される者の視点である。

風景構成法において、「川」が提示され、描き手が線を引いて川を描くとき、水の世界と大地が差異化し分節されて姿を現す。このときすでに、描き手の心の中に未だおぼろげなものであるにせよ、（ａ）大地に

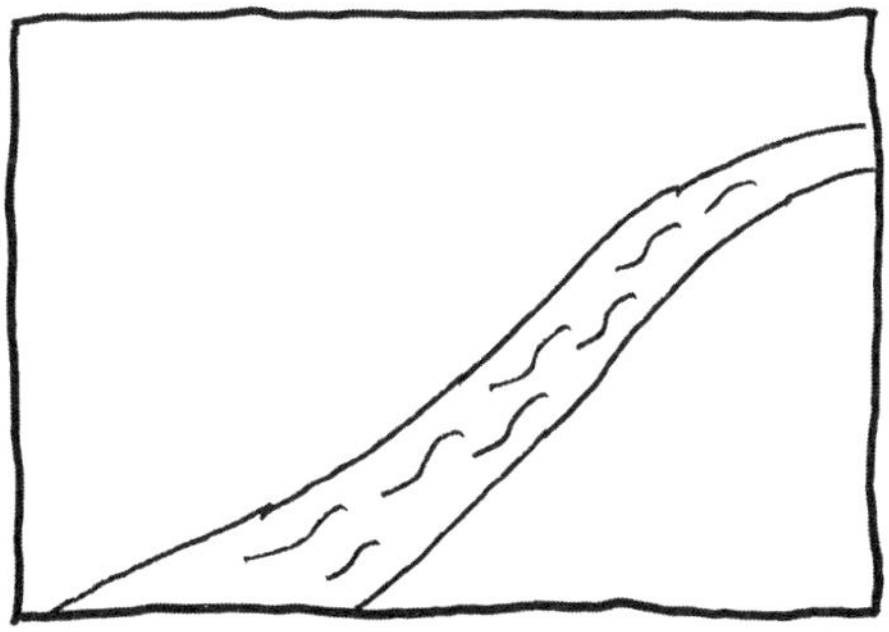

図D－1

立つ視点、（b）水の世界に惹かれる視線、という二つの視点が個々の描き手の個性に応じてそれぞれの強度で主張しあいながらグラデーションをつくっているはずである。この（a）「大地に立つ視点」という極《きわみ》から（b）「水の世界に惹かれる視線」という極へと至るグラデーションを念頭に置きながら、「川」が描かれる形態・配置の代表的なものを検討していこう。

「川」が提示されるとき、描き手は「あなたはこの世界にどのように水を流れさせ、それによってどのような形で大地を出現させるのか」と問われることになる。

1　画面を二分し斜めに流れる川：此岸（こちら）と彼岸（あちら）を出現させる川

この川についてはこれまでかなり詳しく論じてきたが、重要なものであるので簡単に振り返っておく。第三章で検討した基本型と呼ぶべき描画のように、画面を斜めに川が流れると川の手前（こちら側）に此岸が、川向こう（あちら側）に彼岸が出現する（**図D－1**）。「こちら」と「あちら」というオリエンテーションは根源的なものであり、主体としての基本的な立ち位置を考えたとき、原理的な観点からすれば主体は「こちら」の領域に帰属するものとなる。「こちら」は「私」のいる場所、あるいは「私」が馴染んでそこに帰属している「われわれ」の領域であり、「あちら」は馴染みが薄く、「やつら」や見知らぬ他者がいる領域となる。しかし、このような視点が成立するのは、描き手が「大地に立つ視点」をもつ場合である。描き手が川に、とくにその水の世界に強く惹かれる視線をもつ場合は「あちら」も「こちら」も関係なく、その主体は川の中にその立ち位置を求めていくだろう。もっとも、そのような場合はそもそも描き手が描く川は、たとえば次節で取りあげる「此岸のない川」、すなわち画面の下側が全部水の世界であるような形をとるだろう。あるいは、他の項目を描く描線が川に「引きずられる」ような形態になったり（詳しくは後述する）、人や動物などの項目が川の中に描かれたりすることがある。

繰り返せば、川の描線を引いたときに、水の世界と大地の世界とが分節化する。その際、描き手の視点が大地に立つものであることによって、水が流れる川は越えがたい境界としてその眼に映り、川の「こちら」を馴染み深い親和的な領域と感じ、逆に川向こうを違和的な「あちら」と感じる世界が現れる。この後に提示される各項目が、どのような形態をとって「こちら」に配置されるか「あちら」に配置されるかが重要な注目点であることもすでに指摘したとおりである。この世界を二分する川の細かなヴァリエーションに関しては次の此岸のない川の検討を経由してからの方が理解しやすいと思われるので、その後に検討することにしよう。

2 此岸のない川：水の中にいる主体

此岸のない川とは**図D-2**に示したように、画面に（多くの場合、斜めではなく）横に一本描線が引かれてその下側が川となっているものである。川とは本来的にその両側を大地に挟まれていることによって水の運動が限定されている。両側からの限定がなければ川の「流れ」は生じない。大地からの限定を水の運動が超えれば洪水となり、片側だけの限定であれば、その逆側は歯止めがなく水が拡散していく。この状態はす

図D−2

でに川というよりも海に近い。この意味では、此岸のない川は海に近い水の世界であり、水の強度が高い。これは、既述した「水の世界に惹かれる視線」が優位な場合に描かれる川の典型例だといえる。

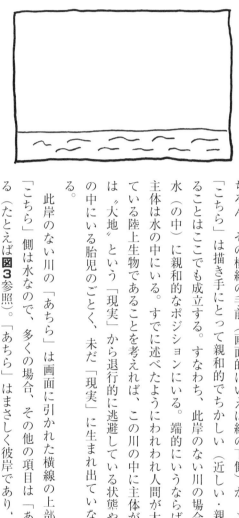

画面に横線を一本引いたときにも「こちら」と「あちら」は出現する。もちろん、その横線の手前（画面的にいえば線の下側）が「こちら」である。「こちら」は描き手にとって親和的でちかしい（近しい・親しい）領域であることはここでも成立する。すなわち、此岸のない川の場合、描き手は川の水（の中）に親和的なポジションにいる。端的にいうならば、この川を描く主体は水の中にいる。すでに述べたようにわれわれ人間が大地の上で生活している陸上生物であることを考えれば、この川の中に主体がいるポジションは〝大地〟という「現実」から退行的に逃避している状態や、さらには羊水の中にいる胎児のごとく、未だ「現実」に生まれ出ていない状態だといえる。

此岸のない川の「あちら」は画面に引かれた横線の上部になる。手前の「こちら」側は水なので、多くの場合、その他の項目は「あちら」に描かれる（たとえば**図3**参照）。「あちら」はまさしく彼岸であり、家や田があり人もいる世界が仮に描かれているにせよ、あくまで主体は水の中にいるため、その世界は主体から遠い、「あの世」的な未だ「現実」とはなっていないものとしてある。つまり、水の中にいる主体はその世界にコミットしていないのである。さらに水の世界の強度が高い場合は、家や人や魚などの一部の項目が水中に描かれたり、あるいはすべての項目が水の中にある風景が描かれることもある。

少し異なる観点から此岸のない川を考えてみよう。川を表現する輪郭線は通常二本の線分によってできているが、此岸のない川の場合は画面に横に引かれた一本の線で川が描かれる。描画がすべて終わったあとに川の流れの向きなどを質問した際に、描き手が「ここに川があって……」と画面に引かれた横線と画用紙に描かれている枠線の下辺を指でなぞることが非常にしばしばある。つまり、この川も二本の線分で形成されており、しかしそのうちの一本は枠線なのである。「枠」の項で詳細に論じることになるが、ここにはコンタミネーション（混淆）が生じている。枠線そのものは枠の内側で描かれる描線とは水準を異にしている。だから川の輪郭線の一部が枠線でできあがっているのは論理階型（ロジカル・タイピング）において混乱が生じているわけである。ここでは簡単に述べるにとどめるが、論理階型とは動物というグループの名前とそのメンバーである犬や猫、ウサギなどとの論理学的な区別である。グループとメンバーはその水準を異にしているということだ。グループはメンバーに対して〝メタ〟のレベルに立つ。逆にメンバーはグループに対して下位のレベル（オブジェクト・レベルという）に属することになる。この区別が混淆されると「犬くんと猫さんがお話ししていると動物くんがやってきました」というような論理構成が破綻しているシュール（超現実的）なお話になってしまう。描画において枠を形成する線分と枠の中に描かれる線分も同様に論理階型が異なっている。枠線は枠内の線分に対して〝メタ〟なのである。それゆえ、「此岸のない川」において、川を形成する線分が枠線と重なっている場合も、論理的にはその両者を区別しなければならないところを混淆してしまっているわけである。

あるいは、このように言うこともできるだろう。此岸のない川は、川を表現しようと画面に横線を引き、さらに川の下側の線分も引こうとしたときに、枠線の下辺がもつ「引力」に引きずられて下側の線分が枠線と同化してしまい、その描線を引くことが省略されたのだ、と。この「線分がもつ引力」という概念を描画

図D−3

図D−4

の解釈の際に重要な指針となるものとして提示しておきたい。ここでは、枠線が枠内と枠外を明確に分けて差異化するものとしてしっかりとは機能しておらず、そのため、いわば枠線の下辺そのものが主体がそこによって立つ「こちら」の領域となっている。より精確に述べれば、ここでは線分なので領域というよりは、基準線とでもいうべきであろう。幼児の描く絵に下から積み重なっていくような描画がよくあるが（**図D−3**）、ここでは枠線の下辺（ないしは画用紙の一番下の辺）が基準線となっている。さらには、此岸のない川によくみられる、川の輪郭線の上に人や家や木が立っている構図（**図D−4**）も混淆の一種であり、その輪郭線のもつ「引力」によってそれがまさしく重力が働いている大地と化したがゆえに、その線の上に家や人が立つことができるわけである。つまり、ここでは、本来川を表象する輪郭線である線分と大地としての地平線が混淆されている。

ベイトソンは、よく使用されるにもかかわらずその意味や語用はかなり印象論的で曖昧に使用されている言葉である「自我の弱さ」を定義して、「あるメッセージがいかなる種類のメッセージであるのかを告げるはずの信号を見分け、解釈する上で、支障をきたすこと」だとしている。(1) これは、すなわち、「論理階型を区別する力」が弱いこと、すなわち論理的に異なる水準にあるものを混淆してしまうことにほかならない。統合失調症などにおいてはこの意味で「自我が弱く」、論理階型に混淆が生じるので妄想などの症状が生じてくるというわけである。もちろん、此岸のない川や川の描線上に人や家が立っている描画だからといって、それが即座に描き手が精神病であることを示しているわけではない。しかし、この論理階型の区別がしっかりしていることと人間としての「現実」を生きることは深く関連しており、その意味では枠線の一部をもって形成されている此岸のない川は、論理階型の区別という「現実」の枠組みがしっかりしておらず、曖昧でゆるやかであることを示唆している。この意味においても描き手の主体（視点）は分節がゆるやかな水の中にいるのである。

3　此岸が立ち現れてくる川：主体の始まりと空白の「こちら」領域

ここでいう、「此岸が立ち現れてくる川」とは**図D-5**にみられるように、川が枠線と平行に横に流れ、その川の下部に狭い此岸があり、そこにはなにも項目が描かれないという構図である。川が斜めになり、此岸が比較的大きな領域となってそこに多くの項目が配置されるとそれは「画面を二分し斜めに流れる川」ですでに検討した構図となる。

前節2で「此岸のない川」の場合、主体（視点）は水の中にいることを指摘したが、「此岸が立ち現れてくる川」はまさしく、水の中から外へと主体がその姿を少し見せ始めた構図だといえる。生まれたばかりの主体ということもでき、それゆえ、その世界はまだなにも項目が存在しない空白地帯であることはその表現

図D−5

としてふさわしい。主体の基本的な立ち位置である「こちら」は存在するがそれは空白であり、多くの項目で構成される現実的な世界はあの世（彼岸）としての「あちら」にある。このように、「現実」が主体にとって未だ遠いところにあることは「此岸のない川」における主体のあり方と類似している。

当然、このような「此岸が立ち現れてくる川」の構図において、此岸に一つないし少数の何らかの項目が描かれる場合は重要な注目点となる。その項目がもつ象徴的意味によってどのような主体がどのような契機でどのような形で立ち上がりつつあるのかが推測できるからである。その項目が石や花である場合に関しては、前章最後の「石」のところで少し触れた。もちろん、その他の項目が置かれる場合もさまざまな意味が考えられるが、筆者の経験からいえば、此岸の領域が狭く、そこに一つないし少数の項目が描かれるのは、川が横に流れる描画ではなく、圧倒的に川が斜めに流れる描画が多いように思われる。そこで、わずかなスペースの此岸に描かれる少数の項目を考察するためにも、横に流れる川と斜めに流れる川との違いをまず先に検討しておこう。

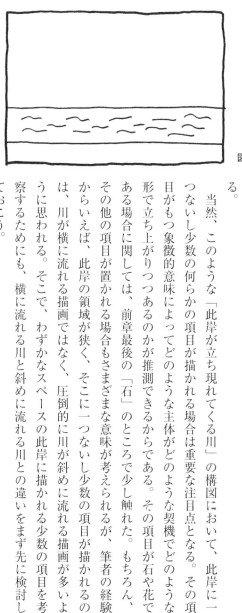

a　横に流れる川

「此岸のない川」を検討したとき、枠線の下辺が基準線となっていることを指摘した。ここでいう基準線とはその線分が〝定点〟のごとき世界の中心になっているということであり、その意味ではその線分そのものが〝主体〟となっている。それ（ここでは枠線の下辺）が世界の中心であるため、それが有する「引力」に引きずられて川を表現する輪郭線の下側の線分が枠線と同化しているものが「此岸のない川」であった。

さて、**図22**は生まれた赤ん坊に対してうまくこの子は育つのか、自分の養育の仕方がまちがっているのではないかという強い不安にさいなまれていた育児不安をもつ30歳代の女性の描画である。この絵にみられるような「横に流れる川」は二本の線分で形成されており、枠線との同化はみられない。しかし、その二本の線分は枠線の下辺と平行する線である。ある線分（a）がある線分（b）と平行するということは、その線（b）がもつ方向性に共鳴・同調することであり、それは重なり合ってはいないけれどもその線分（b）の引力圏にいることを示している。この意味において、「横に流れる川」を形成する線分（a）は枠の下辺の線分（b）に完全に捕まって同化していることからは逃れているが、その引力圏からは離脱していない。さきに枠線が枠内の線に対してその論理階型を異にすること、〝メタ〟のレベルに立っていることを指摘した。「此岸のない川」はこの区別が明確にできておらず、二つのレベルがくっついているとみなせる。「横に流れる川」はそれを形成する線分が枠線と同化していない点では両レベルの差違が成立していること、しかし、両者の線分が平行している点では、未だ両レベルの差違が完全に区別されているのではないことを示している。これは、「横に流れる川」を描く主体が「此岸のない川」のように水の中にいるのではなく、また、完全に水の外に出て大地の上に立つ主体でもなく、その中間領域にいる段階、すなわち、まさしく「主体が立ち現れてくる」状態に相応していよう。狭い此岸が空白であるのはこの状態にふさわしい表現である。

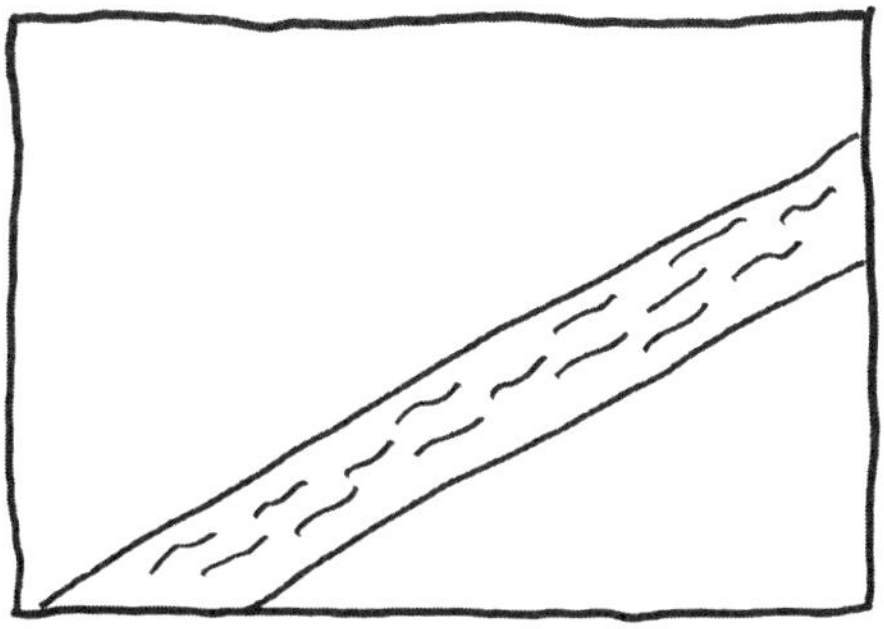
図D－6

b　斜めに流れる川

図D－6で示すような画面を斜めに流れる川に関して、画面が二分されて「こちら」と「あちら」が生じることに関してはすでに詳述した。ここでは、枠線のもつ「引力」の観点から斜めに流れる川を検討しよう。（i）でみてきたように、その輪郭線（の一部）が枠線と重なっている川や平行している川は、枠線が有する「引力」に引きずられているとみなすことができる。この観点からいえば、画面を斜めに流れる川は枠線の引力からとは無縁な状態だといえる。

枠線の引力からフリーということは、枠の（メタ）レベルと川を形成する描線の（オブジェクト）レベルが異なるものとしてその区別がある程度成立しているということであり、この（斜めに流れる）川は枠内という〝世界〟の中に位置づけられたものとしてあるということである。それゆえ、「此岸のない川」では水の中に主体があり、また「横に流れる川」では狭い此岸に未だ空白としての主体があることに対して、「斜めに流れる川」では枠内という〝世界〟の中に位置づけられた川があり、その川の「こちら」側の領域が主体の立ち位置となる。それゆえ、「こちら」には主体にとって親和的な項目が配置され、「あちら」には違和的な項目が配置されるのが基本型であることはすでに検討してきたとおりである。

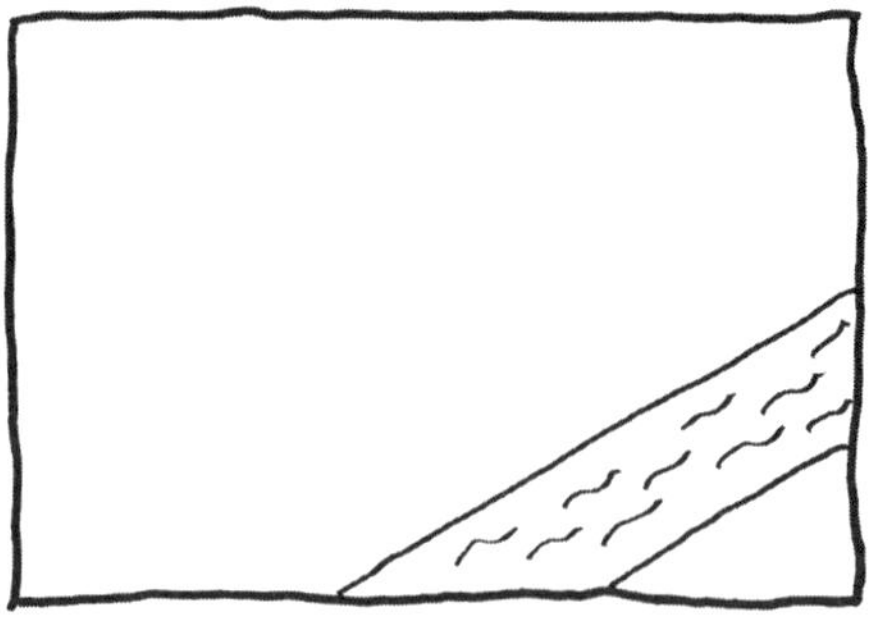
図D−7

c　川の「こちら」が空白の領域

画面を斜めに川が流れることで生じた「こちら（此岸）」の領域が狭く、空白ないしは項目数が貧しい場合がある（**図D−7**）。この構図は基本的には「此岸が立ち現れてくる川」と同型である。「此岸が立ち現れてくる川」においては、水の中に埋没していた主体が水の外に現れ出てきたことと対応して、狭い此岸が空白地帯となっているという理解が可能であった。生まれ出てきたばかりであるから、まだ何もないということだ。しかし、「斜めに流れる川」の場合、既述したように川を形成する描線は枠線の引力からフリーであり、このことは枠という〝メタ〟が機能しているがゆえに枠内という世界がある程度成立していることを示している。逆にいえば、そのような世界を構成している主体がそこにはあることが示唆されている。次項や「枠」の項目で詳しく検討するが、枠というメタレベルが機能しているということは、メタレベルとオブジェクトレベルとの差違を区別できるレベルでの主体が少なくともある程度は成立しているわけである。この主体は水の中にどっぷりつかっている主体やレベルの違いを混淆している主体に比して〝高度〟なレベルにある主体だといえる。それゆえ、「斜めに流れる川」における「こちら」の領域が狭く、空白であることの意味は、「此岸が立ち現れてくる川」の場合のように「主体が生まれ出てきたばかりであるので空白となっている」という意味とは異なっているはずである。ここでの主体は生まれたばかりではなく、すでにあるレベルをもって存在しているからである。では、このような主体であるにもかかわらず、その立ち位置である「こちら」の領域が幅が狭く空白であるのはなぜなのか。

この問いに対する筆者の見解はある意味文字通りで、端的に述べれば次のようになる。それは、あるレベルで成立している主体ではあるが、その〝主体性〟は幅が狭く空白なのだ、と。例を挙げて検討してみよう。**図17**は30歳代のアルコール依存症の女性の描画である。画面の大半を占めるのは川向こうの「あちら」の領域で、そこでは田で働く人を含めて、木、花、動物以外のすべての項目が配置されている。「あちら」の領域が大きく、またそこに多くの項目が描かれているので、この絵は一見これらの世界が遠くにあるようには感じられないかもしれない。しかし、「あちら」-「こちら」軸は強力なものであり、ここでもそれは機能していると考えられる。そうであるならば、ここに描かれている世界はやはり〝遠く〟、主体はそこにコミットしていないのである。そんなことはない、ちゃんと人も田で働いているではないかという反論があるかもしれない。しかし、それは描き手の〝弱さ〟に由来する表現であると思われる。基本形（**図1**）でみてきたように、主体が「こちら」にいて、受け入れがたいもの（ここでは「田」）は「あちら」に遠ざけるというのはある意味とても納得しやすい構図である。このように嫌なものを遠ざけられるというのは力があるともいえる。このアルコール依存症の女性の絵では田は「あちら」に排除されているのだが、「人」が提示されると即座にその遠ざけたはずの嫌なところに関わってしまう。嫌なものを遠ざけるというのは主体はこちらにとどまっていることを前提としてはじめて成立する図式であるが、それがここでは成立していない。「人」がひゅーっと嫌なもの（田）に引っぱられていく印象である。〝弱さ〟というのはそのような意味においてである。実際、アルコール依存症の人には、たのまれると断れない〝善人〟が多いことは治療者の間でよく話題になる。「あの人たちは天使のような人たちだから、汚いこの世にいるのが耐えがたく、酒でも飲まなければやってられないんやと思いますね」とは河合隼雄の言である。(2)

田で「人」は働いてはいるけれど、この「人」の〝主体性〟は薄く、極端にいえば〝魂〟がそこには入っていないのである。このことは、項目提示の順を追って検討していくとよくわかる。「人」が提示されると人は田に関わり、そこで働く人として描かれた。その後、「動物」が提示されると描き手は狭い此岸に彼岸を眺めているかのような猫を描き、それから田のところに案山子《かかし》を描き加えた。すでに少し触れ、また「動物」の項で詳しく検討するが、今検討しているような構図（川が斜めに流れ、此岸が狭く空白）において、川の「あちら」に人が描かれ、「こちら」に動物が描かれる場合、魂の容器としての「人」と魂としての「動物」が分離しているという見方が相当に通用すると思われる。すなわち、魂は動物の形をとって「こちら」にいるために、世界は遠いものとして「あちら」に展開しており、その世界に人も関わってはいるがそれは魂の入っていないある種の抜け殻的な存在となる。**図17**においては、猫が描かれた直後に田に案山子が描かれたことが、このことをよく示している。「動物」が提示されたときに描き手の心の中に〝本質としての〟〝私〟、〝魂〟といった意味がヒットし、それが猫として「こちら」に描かれる。それを描いたことで今まで「あちら」に描いていた世界が実は〝魂〟の抜けた遠い世界であったことがうっすらと意識に上りはじめる。このことに呼応して、田で働く人が実は魂の入っていないレプリカとしての人なのだというイメージが生じてくる。そのイメージが案山子という形をとって田に置かれることになったと考えられる。案山子のこのようなイメージは、『オズの魔法使い』によく示されていよう。

「川が斜めに流れ、此岸が狭く空白」である構図は、その此岸に描かれる項目が何であるかによってもちろんその意味はデリケートに変わってくるが、その基本的な意味は主体が空白的であること、主体が空白的であるにもかかわらず世界に関わろうとしていること、その結果、主体にとって世界はある種の〝レプリカ〟的な現実性の稀薄なものとなり、またそこに関わっている主体も同じく〝レプリカ〟的で空虚な存在になっていることを示唆している。このような構図は、例に挙げたアルコール依存症の心性や、優等生的ないわゆる「良い子ちゃん」の心性と類似的である。「良い子ちゃん」は誰かに何かを頼まれたり期待されると過剰適応気味にそれに応えようとするが、そこに真の主体性はなく魂はコミットしていない。それゆえ、描画においては此岸は狭く空白になったり、そこに真の主体性（魂）としての「動物」が彼岸でかいがいしく働く「人」とは分裂した形で描かれることになる（**図17**参照）。

あるいは、それが展開し現実化していくとこれまでの描き手の世界を大幅に変えてしまうような新たな可能性が描き手の中に生まれてきている場合も、「川が斜めに流れ、此岸が狭く空白」である構図が描かれうる。その可能性は自身の中から出てきてはいるのだが、未だはっきりとはつかめないため、此岸が空白となる。また、その可能性によって世界がうっすらと今までとは異なるものとなりはじめているため、世界が川の向こう（彼岸）へと押し上げられる形で〝遠く〟なるという言い方もできるだろう。具体的には思春期の人などが考えられよう。この場合、たとえば此岸に「動物」が描かれるならばそれは性的なものと関連していないかという視点でまずは吟味されることになるだろう。

もちろん、何か新しい可能性が生じてきて、これまでの世界が変わっていくことは思春期にかぎらず、人生においていろいろな状況の中でありえることだし、また統合失調症の発病の際などの場合も考えられる。その弁別やその内的な構造、治療的可能性などに関しては個々の描画を精密に読んでいくことによって吟味していくことになる。

4　奥行きのある川：二重化する主体

奥行きのある川とは**図D-8**で示したように、川幅が画面手前は広く、奥に行くに従って狭くなっている川である。この構図はもちろん〝奥行き〟の表現となっている。ちなみに、**図D-11**のような川も奥行きを

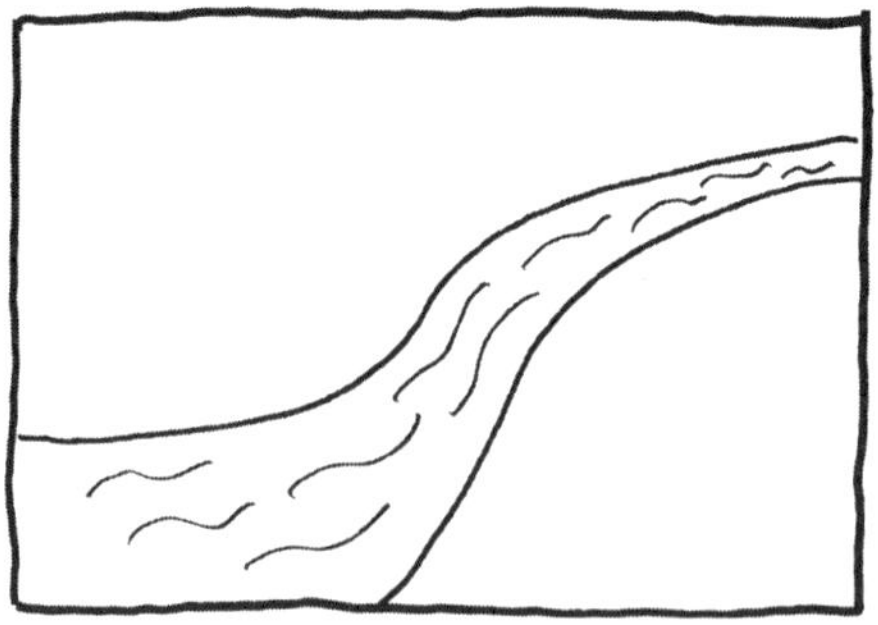

図D-8

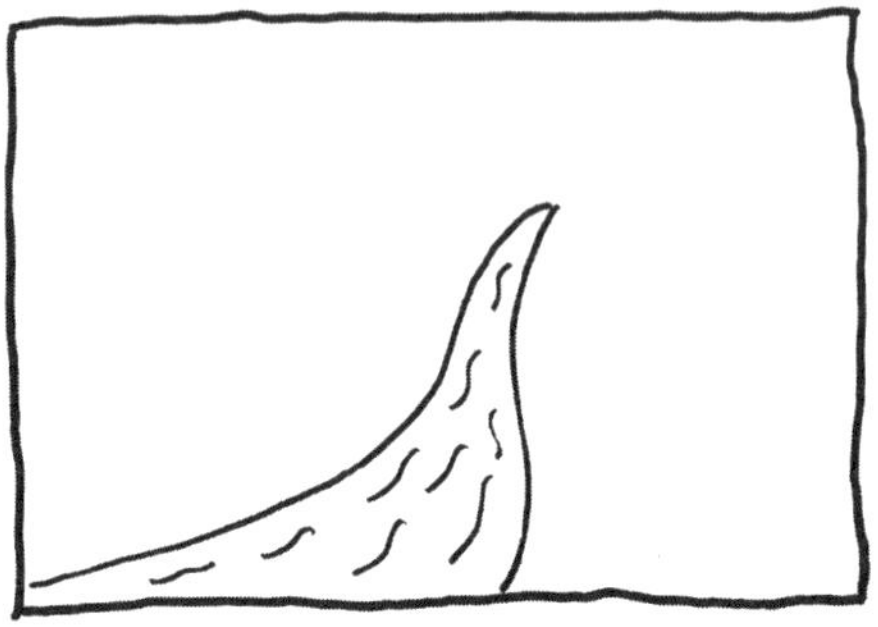

図D-11

もっているが、これは「源流をもつ川」でもあるため、そちらで取りあげる。

この項で扱う奥行きのある川は基本的に斜めに流れる川である。それゆえ、「斜めに流れる川」の項で検討したことはここでも当てはまる。その要点を繰り返せば、「斜めに流れる川」は枠の〝引力〟からフリーであること、つまりは枠というメタレベルと枠内の描線というオブジェクトレベルとの差違をある程度区別できる主体に相応する構図だということである。では、同じ斜めに流れる川でも、奥行きをもった川とそうでない川とでは何が異なっているのか。それは、厳密ではないにせよ、遠近法に近い視点（主体）の構図となっているか、そうでないかだといえる。

さきに検討したように、遠近法的な視点（主体）とは「全体の場から離脱した超越的な位置から世界をながめる」ものであり、「奥行き」をもった構図はこれに対応している。逆に、奥行きがない川は「世界の中に埋没し、世界に包まれている」視点（主体）に近似している。誤解がないようただちに付け加えるが、ここでいう「超越」と「埋没」は白か黒かといった明瞭な二項対立をなすものではない。両者を両極とするグラデーション的な帯を思い浮かべてもらい、ある構図がそのどこかにだいたい位置するという程度に考えていただくとよいだろう。実際、一般的に描かれる「奥行きをもった川」は厳密な意味での遠近法（一点透視図法）では描かれていないことが圧倒的に多く、また奥行きのない、つまり平行線で形成されている川も必ずしも完全に世界に埋没した構図になっているとはかぎらない。とくに「斜めに流れる川」は枠が枠としてある程度成立しており、その意味で描かれた世界に埋没しているのではなく、すでにある程度そこから離脱・超越した視点をもっていることはさきに指摘したとおりである。「奥行きのある川」はこの離脱・超越がさらに展開した視点（主体）に対応している構図である。さきに、枠線に平行する川を描く主体に比して、斜めに流れる川を描く主体の方が〝高度〟と述べたが、その意味では「奥行きのある川」を描く主体はさらに〝高度〟ということになる。ただ、ここでもただちに付け加えるが、遠近法を少し論じたところで、英語と日本語のどちらが優れているかという問いはナンセンスだと述べたように、この〝高度〟ということばも単にその抽象度がより高いという意味で使用しているだけであって、価値観フリーである。世界に埋没している主体に比べて、そこから離脱・超越している主体がことさら偉いわけでも優れているわけでもない。それは主体のあり方が異なっているだけである。

ちなみに、ここでいう〝高度〟とは枠そのもの（メタレベル）と枠内の世界（オブジェクトレベル）との区別が明確に成立していることを指している。さて、少々話がややこしくなるが、このメタとオブジェクトの区別を成立させつつ、これらが同一のものであると〝錯覚〟している（できる）のが近代自我をもった主体である。このことを詳しく論じると煩雑になりすぎるので詳細は成書を参考していただくことにして[3]、ここでは次のような会話の例を取りあげて、最小限の検討のみをしておこう。

「私が今日会社に行ったら、こんなことがあってね」という普段われわれがよくしそうな会話を取りあげよう。ここには、「会社に行った私」と「それを話している私」という二つの〝私〟が存在している。この二つの私を発話内行為の主体と発話の主体といってもよい。いずれにせよ、ここでは私は二つに分裂しつつ、当事者の意識にとってはこの二つの私は一つのものとなっている。この〝私〟の二重化の構造は、会社に行ったという経験をした私（A）をもう一つの私（B）が眺め語っているというものである。ここで、会話を示す記号である括弧（「　」）はまさしく私（B）が私（A）を眺めて語る〝枠〟にほかならず、私（B）が私（A）に対してメタレベルの位置にあることを指し示している。この互いに異なるレベルでありながら、当事者の意識にはそれが同一の「私」とみなされている構造は、反省意識や内面というものの構造とまったく同型である。反省意識とは「あー、あんなことをしでかしてしまった私って、なんてバカなんだろう」というようなもので、ここには、やはりある行為をした私（A）を批判的にながめている私（B）がいる。この反省を内面における内省といってもよい。すなわち、内面とは私（B）が私（A）に関係する自己関係をその成立の基盤とするのである。近代的主体とは内面をもった主体にほかならないが、その根本的な構造は自己関係する私の二重性にほかならない。

近代的主体は遠近法的な視点をもつ主体でもある。それは、世界の中にいる私から離脱・超越してもうひとつの私がメタの位置に立つことにとどまらず、そこから折り返して世界の中にいる私と自身を同一のものとみなす複雑なあり方をしている。私がいる世界から超越して上昇するのだが、そこから折り返して世界内にいる私に重なり二重化するわけである。この意味でこの主体を〝高度〟と呼んだのだが、みてきたようにこれは抽象度が高いという意味であって、繰り返すがそこに偉いとか優れているという価値的な意味はない。ましてや、それが成立していないことが直ちに病理と結びついているわけでもない（遠近法的な視点をもつ主体の病理ももちろんある。それこそが神経症である）。

さて、会話を示す記号である括弧（「　」）という枠は、「　」内の私（A）の経験や出来事とそれを語っている私（B）が異なるレベルであることを明確に示す記号であることはすでに指摘した。このような主体、つまり、ある経験をした私（A）とそれをメタのレベルから眺めている私（B）が存在し、かつその二つの私を同一のものとみなしている主体、さらにいえば内面をもった主体が〝外界〟をながめたとき、その主体の眼にどのように外界は映るだろうか。それはまさしく、「　」という枠を通して見る外界の姿となり、その姿は厳密な意味での遠近法（一点透視図法）的なものと一致する。実際、遠近法的による絵画とは部屋の中から窓という枠越しに外を眺めるとき、その窓を切り取ってそのまま絵にした構図にほかならない[4]。ここでは部屋が〝内面〟であり、窓はさきほどの「　」と構造的に完全に同型なものとなっている。また、風景構成法で描かれた描画が厳密な一点透視図法的な遠近法に近づくにつれ、その画用紙に描かれた枠は「　」の構造に接近してゆく。この場合、描画にある枠はすでに繰り返し論じてきた二重性をもった私、つまり近代自我的な主体と同時成立的に機能するものとなる。

話を奥行きのある川に戻そう。奥行きのある川は多くの場合、厳密な遠近法によって描かれてはいないけれども、奥行きをもつ点で遠近法に近似している。その近似の程度と、上記のような（ひとつの私に対してメタの私が関係しつつ、かつその両方の私が同一視されるような）主体の成立の度合いとがある程度対応していると考えることができる。つまり、奥行きのある川を精査することで、その描き手の主体のあり方を相当に推測することができる。また、描かれた川と「川」以降に描かれる諸項目の形態や配置と川の構図を照らし合わせることで、何の項目がどのように描き手の主体のあり方と整合しないのかも把握することができる。たとえば、奥行きのある川を描いているにもかかわらず、「田」は真四角で上方から見たような構図である場合などがその例である（たとえば、**図7**を参照）。

以上、「奥行きのある川」が描かれることで浮かび上がってくる主体の特徴を検討してさた。そこでの主

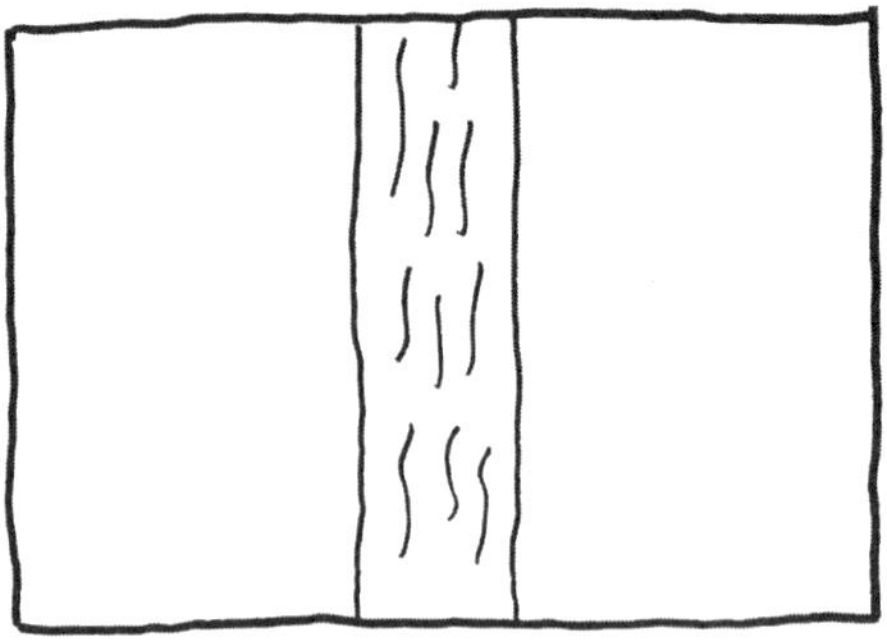

図D−9

体は、私が世界に埋没・内在している状態から離脱・超越し、さらにそこから折り返して世界内にいる私に同一化するというものであった。「此岸のない川」や「横に流れる川」が世界に埋没・内在している状態に近似しており、「奥行きのある川」が折り返して同一化する二重化された主体の状態と近似しているとすれば、この両者の中間段階にある「離脱・超越している状態」に対応するのが次に検討する、いわゆる「立つ川」である。

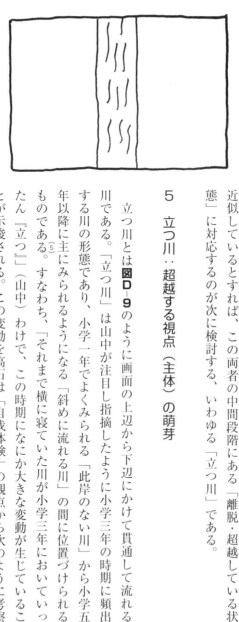

5　立つ川：超越する視点（主体）の萌芽

立つ川とは**図D−9**のように画面の上辺から下辺にかけて貫通して流れる川である。「立つ川」は山中が注目し指摘したように小学三年の時期に頻出する川の形態であり、小学一年でよくみられる「此岸のない川」から小学五年以降に主にみられるようになる「斜めに流れる川」の間に位置づけられるものである。[5] すなわち、「それまで横に寝ていた川が小学三年においていったん『立つ』」（山中）わけで、この時期になにか大きな変動が生じていることが示唆される。この変動を高石は「自我体験」の観点から次のように考察している。[6][7]

高石の研究では「立つ川」は小学四年の児童にピークがみられる。「川」の提示によって川を描いたあとに次の「山」が提示されると、描き手はすでに描いている川とこれから新たに描く山を統合するように構成しなければならないわけだが、「立つ川」を描いていた場合、その統合が困難になる。それゆえ、彼ら（小学四年の高石の被験者）の何割かは「画用紙を縦向きに九十度回転させてみたり……して、平面統合のⅣ型（筆者注：「此岸のない川」はこの型に分類される）を維持しようと試みる。また、「より多くの子どもはそのまま、貫通する川の両側に、それぞれ別のまとまりをもった風景を描く。山の配置された側はⅣ型に相当する構成で、反対側は……鳥瞰図的な、また立体的表現を取り入れた新しい構成になっていることが多い」。すなわち、「川によって区切られた左右の世界で、正面と真上という、（絵を構成する）視点の分裂」が生じることになる。

この「視点の分裂」は興味深い。高石のいう「自我体験」とは「あるとき突然、〈私は……と考えている この〈私〉って何なのだろう〉と気づき、世界を見る方向が突然ぽんと逆転する、その瞬間が意識に刻まれた体験のことを指し」ている。これは、本論の文脈でいえば、前項において「私が今日会社に行ったら、こんなことがあってね」という会話から考察していった、内省する近代自我の構造である「自己関係する私の二重性」の出現にほかならない。既述したように、「私の二重性」とは何かの行為をしている私（Ａ）をもう一つの私（Ｂ）がメタレベルにおいて見ているという構造であった。前者（Ａ）は行為がなされている場に属しており、その場に埋没している主体であり、後者（Ｂ）は場から超越している主体である。高石が例に挙げているさきの描画では、川の左右で異なる視点がみられるが、この両者はそれぞれ、主体（Ａ）と主体（Ｂ）とに対応している。すなわち、川の左に描かれた「正面の視点」は「此岸のない川」の構図に近く、平面的な「積み上げ遠近法」(8)で描かれており、ここでの主体はその世界の中に埋没している主体（Ａ）である。一方、川の右側は鳥瞰図的な真上からみた視点であり、ここでの主体はその世界から分離・超越した主体（Ｂ）となっている。

つまり、川の両岸で主体（視点）のあり方が異なるような「川が立つ」描画は、「奥行きのある川」で示されたような「私の二重性」には未だ至っていない、しかし、その萌芽は現れてきていると考えられる。既述したように、「私の二重性」とは行為している主体（その場に埋没している主体、主体〈A〉）を分離・超越している主体（メタのレベルから見る主体、主体〈B〉）が眺めつつ、この両者が同一のものであると〝錯覚〟するものであった。「川が立つ」描画では、この両者が同一のものとはみなされておらず、川の左右で「分裂」しているわけである。

要約的に述べれば以下のようになる。「此岸のない川」は世界の中に包まれ、埋没している主体（A）のあり方に対応している構図であり、「川が立つ」では新たに世界から分離・超越する主体（B）が萌芽として出現しはじめているが、主体（A）と主体（B）は同一のものとしては二重化しておらず、分裂状態にある。「奥行きのある川」では、主体（A）と主体（B）が二重化しつつ同一の主体とみなされ、その主体が構成し視る世界は奥行きをもった「遠近法的」世界に近似したものとなる。[9] このような主体こそが近代的な主体、すなわち、「内面をもった主体」なのである。

さて、高石の報告では鳥瞰図の出現が一番多いのが小学四年であり、「立つ川」の出現ピークと時期が重なっていることも興味深い。鳥瞰図とは文字通り高い空を飛んでいる鳥の視点で地上を眺める構図であり、ここには世界から離脱・超越する視点が端的に表現されていよう。[10] 鳥瞰図の出現のピークと「立つ川」のピークが小学四年で重なることを傍証とするならば、「立つ川」の形態について以下のような見方が可能になるかと思われる。これらの見方はそれぞれ異なる観点から出てくるものであるが、意味的には互いに矛盾するものではなく、いずれも離脱・超越する主体（視点）の萌芽とそれによる世界の激変を示唆している。

（ⅰ）「立つ川」という形態そのものが鳥瞰図的に空高い視点から下に流れる川を見ることによって形作られている。すなわち、ここでは視点は画用紙という平面から離脱・超越し、垂直方向のはるか上方

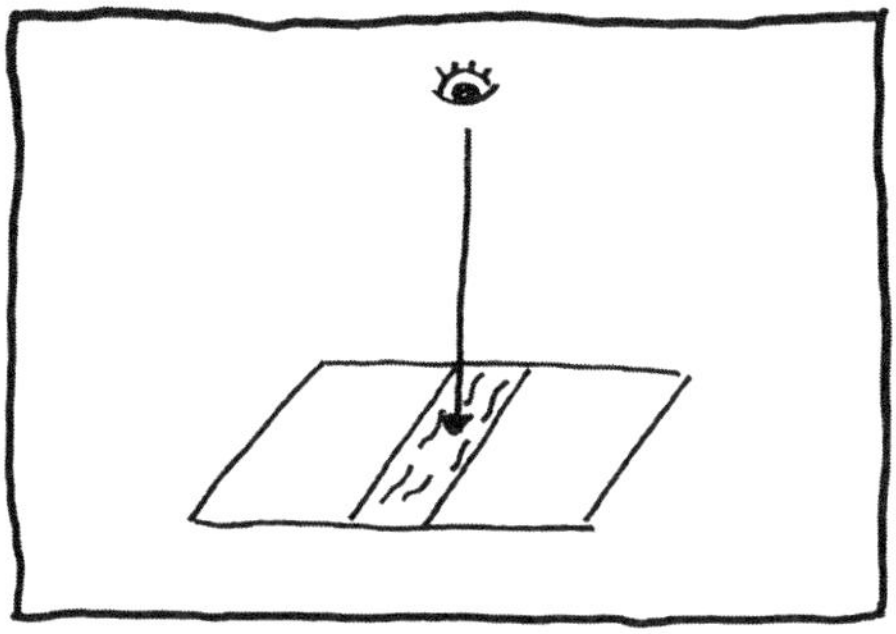

図D－10

にある（**図D－10**）。さきに「立つ川」には世界に埋没している状態から分離・超越する主体（B）が萌芽的に現れ出てきている契機がみられると述べた。萌芽というのは、今までは存在しなかったものの芽吹きであり、それは一方ではほんのわずかなものではあるけれど、他方では無（これまでなかった）から有（新たなものの出現）への変化であるため、世界の激変となる。それはいわば、0と0.001の違いであり、量的な観点からみればほとんど違いがないともいえるが、無（ない）と有（ある）という質的な観点からすれば、前者と後者は無限大の開きがある差違となる。[11] この無限大に離れた位置から元の世界にある川をみた景観が「立つ川」にほかならない。

（ⅱ）さきに枠線（とくに下辺の枠線）が基準線となり、その引力に引っ張られるという観点から「此岸のない川」や「横に流れる川」を考察した。そこでは、下辺枠線の引力の影響を受けることで川を形作る輪郭線は枠線と平行するものとなる。これに対して「立つ川」では川は枠線と平行せず、その引力圏から離脱するがごとく、下辺枠線に対して直角をなし、上辺に向かって上昇していく。つまり、この観点からすれば、「立つ川」は画用紙平面の中において、下辺枠線がもつ引力に抗して（画面の中での）垂直上方向に離脱・超越する形態だということができる。[12]

（ⅲ）「立つ川」の形態と配置は世界を縦に分割する。その左右の世界において視点が異なる構図に関しては高石が挙げた例に沿ってすでに検討してきたとおりだが、左右で違いがない場合も含めて、世界が縦に割れるという構図自体が基本的に「世界の激変」を意味していると思われる。割れた左右の世界が異なる場合は、ひとつに統合しきれないものが顕在化しはじめていることが示唆されようし、左右の世界が同じ、あるいは類似している場合は〝シンメトリー〟な構図になるわけで、これは何か新たなものが出現しはじめていることを示している。たとえば、**図10**は「考えの覗き魔」を訴える統合失調症の女性が描いた二枚目の絵である。ここでは川は立っていないが、シンメトリーな構図を検討するために取りあげよう。最初の描画（**図9**）が混沌としているのに比べ、この描画にみられるシンメトリーな構図を通して、以降の一連の絵（**図11〜図16**）が徐々に落ち着いて安定していく様子が絵からも感じ取られるかと思う。箱庭でときに表現される「マンダラ」もそうだが、このようなシンメトリーな構図はいわば前後で曲線のあり方が激変する〝変曲点〟の時期に出現することが多い（ということは状態がよい方向に向かうこともあれば、逆に悪化する方向に向かうこともある）。このシンメトリーの構図に関しては、ここでは以下の点だけを指摘しておく。

シンメトリー（とくに左右の）は双子イメージである。それはほとんど同じものが二つある状態である。ここで深層心理学的な観点から述べれば、何か（x）を意識するとはその何か（x）とその何か以外のもの（y）とを区別することにほかならない。つまり、意識するということはxとyという〝二〟つのものの差違が生じることと同時成立的な事態なのである。逆にいえば、差違のない〝一〟なるものは意識することができない状態、つまり無意識的である。ユングは、「一なる世界」は潜在可能性であり、「一はしかし未だ数ではない。二が最初の数であり、二をもって多数は、したがって現実は始まる」と指摘している。[13]深層心理的な観点からいえば、一は無意識に、二は意識に対応する数である。ここで双子イメージ（シンメトリー）をもってくるならば、それは「一に限りなく近い二」となる。意識はxとyとの差違を創りだす〝二〟に対応すると述べたが、双子というのは見分けがつかないほど似ているが（xとx'）、しかし、〝一〟ではなく〝二〟である存在なのである。さきに（・i）で無と有の萌芽を0と0.001の違いに喩えたが、この数の比喩を使うならば双子とは1と1.001というような対である。そこでは何かが意識されかかっている（〝二〟）が、それは未だごくわずかな差違でしかないために明確には意識に上ってこない。しかし、まったく違いがない（〝一〟）わけではない。それゆえ、白と黒とか、虎と龍などのような明瞭な対イメージではなく、双子的な形象をとって姿を現すわけである。すなわち、明確には把握できないがなにか新たなものが世界に入りかけている胎動の表現がシンメトリー・双子イメージであり、「立つ川」による世界の縦の分割はこの意味をもっている。

以上検討してきたように、「立つ川」は世界に埋没している視点から離脱・超越する視点が立ち現れはじめたことに対応する構図だといえる。この超越する視点が再び世界に戻ってきて、二重化された主体を造るときにそれに対応した構図として「奥行きのある川」が描かれることはすでに指摘した。ここで、超越した視点が一方では戻りきらず、しかし他方ではその戻りきらないというテーマが描画世界の中に描かれているものとしての「源流のある川」を次に検討しよう。

6　源流のある川：折り返さず〝超越性〟にとどまる主体

源流のある川とは**図D-11**のように、画面の中に川の始まりである源流が描かれているものである。「川」の項目が提示され、この川が描かれるとき、それは描き手の心の中にある「起源」にまつわる何かが刺激さ

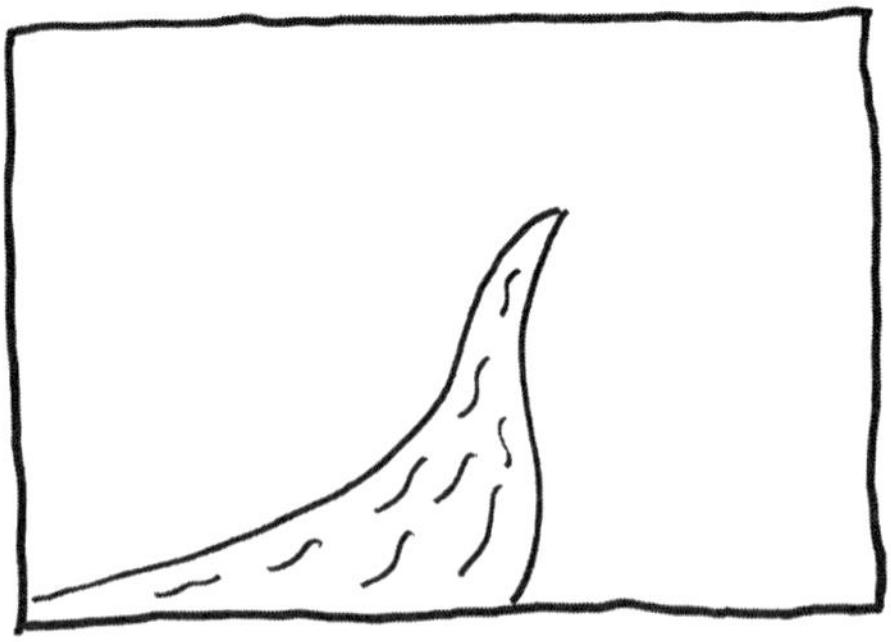

図D−11

れて表現されたことを示唆している。この意味で、「源流のある川」は「水の世界に魅惑される者」に属する視点が描く構図である。「源流のある川」は、川が流れることによって生じる「こちら」と「あちら」という大地の間の関係よりも、「この川はどこからきているのか」という水の流れを遡っていくような問題が優位になるような心情をもった描き手のあり方を示しているからである。端的にいえば、「私はどこからきたのか」、あるいは「ここにいる私の根拠（ルーツ）は何なのか」といった問いにそれは関連している。

すでに述べたように水の流れとしての川を描く際に同時に川の両岸に大地が描かれることになる。すなわち、不定形で本質的に拡散していく水とそれを制御する大地とのせめぎ合いの結果が形になったものが川なのだといえる。この水と大地の差違は、液体／固体、流動的／固定的、無分節／分節、生成変化／固い構造、といった対立項によって示される。主体は同一性（私はいつも変わりなく私である）という感覚を通常もっており、それは今示した対立項でいえば後者に関連する構造、すなわち分節的な固い構造と関連している。しかし、この同一性は本質的には揺らぎを孕んでおり、たえまなく変化するなかでバランスをとることで成立している姿である（動的平衡）。いわば、それは渦巻く水の表面に一瞬生じたひとつの泡のようなもので、その泡の同一性は無分節な生成変化の場である水からたまたま生じて、ある時間を経たあとにはまた水に溶解していきその同一性は消滅する。この意味で生成変化を象徴するものとしての水は、固い構造をもつものに対してそれを生みだす母胎であり、また最終的に還っていく場所でもある。

かような水のもつ象徴的な意味から、水の世界は描き手にとって自らがそこから生まれてきた母胎を暗示させるものとなる。この節の冒頭で水は異界であり、その世界に惹かれる視点というものがあることを指摘したが、これもこのことによっている。このような象徴的意味を水はもつため、水の流れである川の源流は、深い意味での――つまり自我同一性を超えた――主体の起源のイメージと重なるものとなる。わかりやすくいえば、「人生は川のごとし」であり、その川を遡って、私の生の起源・根源を問わなければならない課題・問題がある描き手が描く川の構図が「源流のある川」だといえる。

筆者の経験では、青年期などのいわゆる〝アイデンティティ〟が問題になる時期や、統合失調症者やスキゾタイプ的な人格の人にしばしば「源流のある川」がみられる印象がある。後者の人たちの場合、たぶんそれは彼らの超越志向によるものだと思われる。たとえば、**図9**〜**図16**は統合失調症の女性の描画である。かなり混沌とした印象を与える一枚目の描画（**図9**）を経たあと、二枚目（**図10**）、三枚目（**図11**）と川は「源流のある川」となり、四枚目（**図12**）以降は川は源流をもたない「斜めに流れる川」へと変化する。四枚目では画中の人が川と並行する道ではなく、連山を越える道を進んでいき、次の五枚目（**図13**）で連山を越えた視点から世界が描かれる。四枚目で描かれている構図は、水の世界である川から「人」が離れ、さらには連山を越え出てその向こう側に至るという大きな場の転換であるが、ここにおいてある意味この患者は川の源流（へのこだわり）から解放されたともいえよう。実際、治療者も四枚目から五枚目に至る時点でこの患者は寛解したように思うと述べている(14)。

「斜めに流れる川」が「こちら」と「あちら」を創り出し、この両岸の関係が大きなテーマとなることはすでに繰り返し指摘してきた。ここで、少し異なる観点から「斜めに流れる川」を検討するならば、この形態の川は源流を枠の外部に置く（**図D-12**）。それは、いわば、「源流はどこかにあるんだろうし、そこから

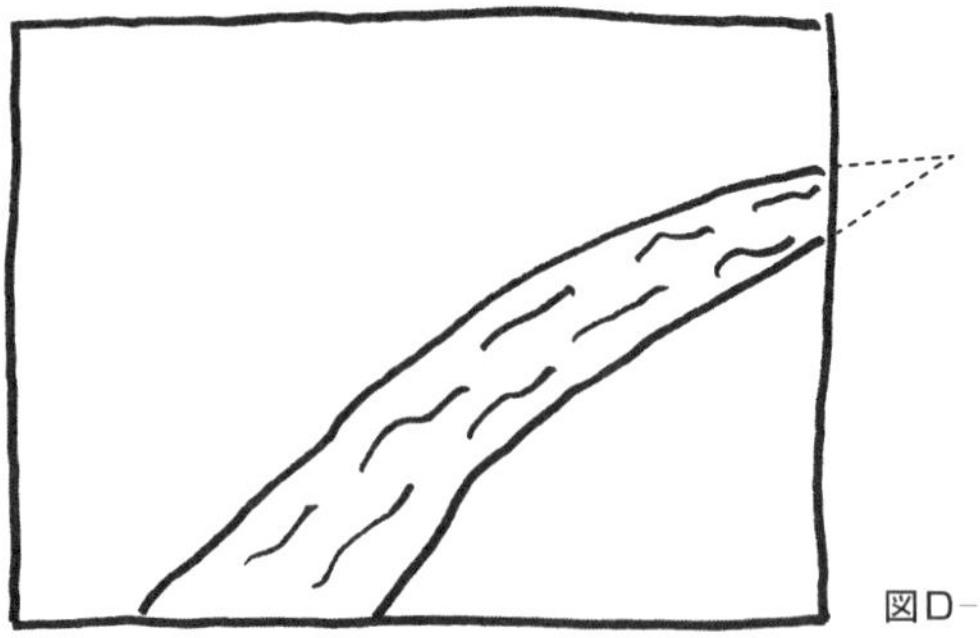

図D−12

この川は流れてきてるんだろうけど、とりあえず、そんなことより、〈あっち〉にいる奴の時給より〈こっち〉にいる私の時給がなぜ50円安いんだ。許せない！」というような心の構えに対応する構図である。この構えはもちろん〝神経症的〟な構えであり、「私はどこから来たのか」とか「私はなぜここにいるのか」というような超越的な問題を基本的には問題としない。自身の起源というものは〝超越的〟であり、原理的には自身が把握することは不可能で、それは神話的にしか語ることができない。さきほどのような「斜めに流れる川」という構図に対応する心性はよく言えば、そのような起源に対して信頼と安心感をもっているがゆえに、起源は問題にならず枠の外に置かれることになる。それは、「私は両親から生まれてきたに決まってるじゃない」というような信頼感である。

「源流のある川」を描く心性は、そのような起源に確信をもてない（原理的には確信をもてないことが真理なのではあるが。このあたりをいい意味で適当に信頼しているのが神経症圏である）。実際、自身が生まれてきたときの記憶はないわけで、たとえ自分だとされる赤ん坊を両親が抱っこしている写真があっても、それが本当に自分なのか、本当の両親なのかなどと疑い出せばきりがない。それゆえ、自身の起源を追求していくならば、その視点は今ここという経験世界を生きている現実からどんどんと離脱・超越していくことになる。この志向性は「立つ川」で論じた、（埋没している）場から離脱・超越する主体（B）と同型である。両者の違いは、主体（B）が画用紙という平面から外に超越して、垂直上方から見ている視点の位置にあるのに対して、「源流のある川」を描く主体は、画用紙の中でその超越している視点を表現していることにある。少々粗い言い方が許されるならば、「源流のある川」とは「立つ川」における超越的な視点を描画内に内在化し、それを表象として織り込んだ形の構図なのだといえる。

「立つ川」も「源流のある川」も離脱・超越する主体（B）に関連する構図だと述べたが、両者の違いに関してもう少し検討しよう。高石（1996）が指摘したように「立つ川」は小学四年の児童に多くみられ、この不安定な変動の時期を経たあとは「斜めに流れる川」に移行する。つまり、ここでの「立つ川」は「斜めに流れる川」への移行期間の心性に対応するものが表象された構図である。繰り返せば、移行前（横に流れる川）は「世界に埋没している主体」であり、移行中（立つ川）は「離脱・超越する主体」が萌芽してくる状態、そして移行後（斜めに流れる川）は「離脱・超越する主体」が「世界に埋没している主体」に折り返して、二重化された主体となる、という図式であった。「源流のある川」はこの「斜めに流れる川」の一種である一方、〝源流〟という超越的なレベルを画中に内在化する川でもある。すなわち、「源流のある川」はこの移行期を（ある程度）経て、「斜めの川」へと（ある程度）至っているにもかかわらず、「離脱・超越する主体」が（画面の中に内在する形で）完全に〝折り返す〟ことなく、超越的な場にそのままとどまろうとする志向性をもつ構図だと考えられる。

「源流のある川」が奥行きをもっていることもその傍証のひとつになるだろう。奥行きのある構図と、「離脱・超越する主体」が「世界に埋没している主体」に折り返して、二重化された主体となることが対応していることはすでに述べた。この点からも、奥行きをもつ「源流のある川」の構図を描く主体は（ある程度）二重化された主体を成立させていながらも、〝源流〟という超越的なものを保持している点でその二重化が不完全である、あるいは〝崩れて〟いる可能性が示唆される。[15] ここでもしつこく、ただちに付け加えておくが、遠近法に触れた際に指摘したように、この二重化の不完全さが病理的であることと直結しているわけではない（もちろん、そういう場合もあるが）。ここでは、「源流のある川」の構図が不完全な主体の二重化と対応しているという純粋に主体の構造を指摘しているだけである。

以上みてきたように、「源流のある川」は心の中にある「起源」にまつわる何かが何らかの課題になるような描き手が表現する構図だといえる。また、この川は近代的な主体の特徴である二重性の構造が不完全であることを示唆するものでもあった。これらの特徴は、「源流」という超越的な場所が画中に描かれていることによるものであったが、それゆえ、この源流が画中のどこに置かれるかは重要なポイントとなる。もちろん、風景構成法においては、「川」が最初に提示されるため、そこで「源流」を描いた場合、その後に提示される項目によって、源流の場所が決まってくることも多い。たとえば、さきに例示した統合失調症の女性の描画では、源流が、木々が密集して森のようになった場所や花々で蔽い隠されているかのようである（**図10**、**図11**）。源流（起源）という超越的な場が本質的には直接捉えられない場であることはすでに指摘したが、この意味で源流が木や花で覆われ、曖昧になっているのは剥きだしの超越性に直接的に至ろうとする動きが和らいでいることを示しており、治療的だと思われる。実際、この患者は次の描画（**図12**）以降、源流を枠の外に置くようになる。このような源流の「落としどころ」としては、源流を木々や花々で蔽って隠す構図以外にも、源流を山中に配置したり、地平線に源流を配置して地平線の向こうから川が流れてきているようにする構図などがしばしばみられる。

第2節　「山」：高さをもった不動の場

山とは、人に比してはるかに巨大に大地が高く盛り上がった場所である。それゆえ、古来より山は畏怖すべき大自然であり、神霊の居所であった。とくに日本においては、その国土の70パーセント以上が丘陵や山地からなっており、山々に囲まれ抱かれた空間が人々の生活空間であった歴史は長い時を刻んですでに久しい[16]。狩猟民にとっては、山は「動植物を生成する生産の神」の居所であり、農耕民にとっては「農業の根幹にある水の源として崇拝」の対象であった[17]。とくに、定住する後者にとっては山々に抱かれた空間が日常を営む場所であった。

1　連山（＋地平線）：川による「あちら」／「こちら」の大地化

a　他界としての山

風景構成法ではまず「川」が提示され、その後に「山」が提示される。すでに指摘したように、水の流れである川の描線を描いた時点で同時成立的に大地が川の外側に出現する。しかし、この大地は未だ潜在的な大地である。なぜなら、そこにはまだ大地と空の区別がないからだ。「山」が提示された際に、画面左端から右端にかけて連山が描かれると、空と大地が明瞭に区別されこの両者が出現する（**図E–1**）。ここに至ってはじめて川は大地の上を走る水の流れとなる。

本稿で使用する「連山」ということばは、描画の枠線の左端から右端まで接している山の連なりを指す。

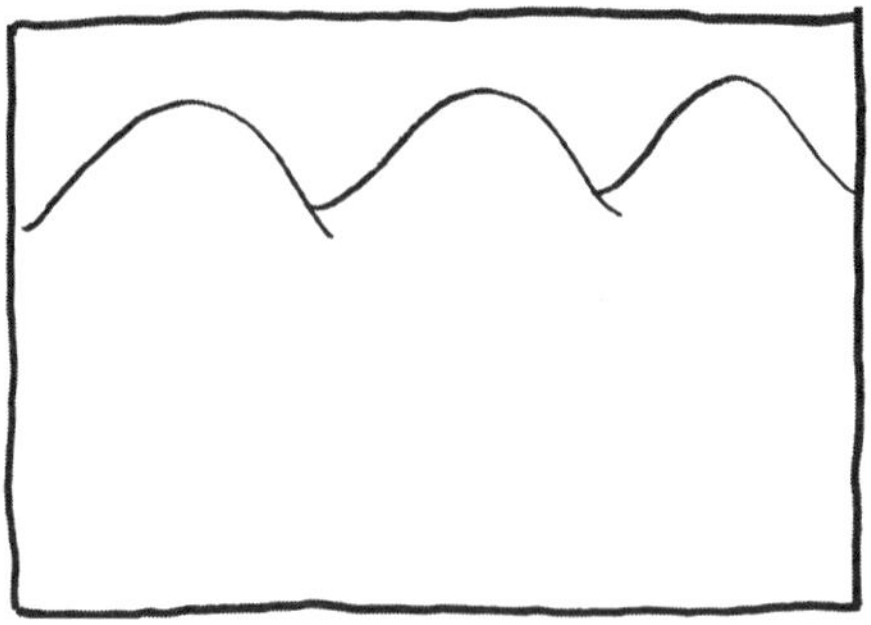

図E－1

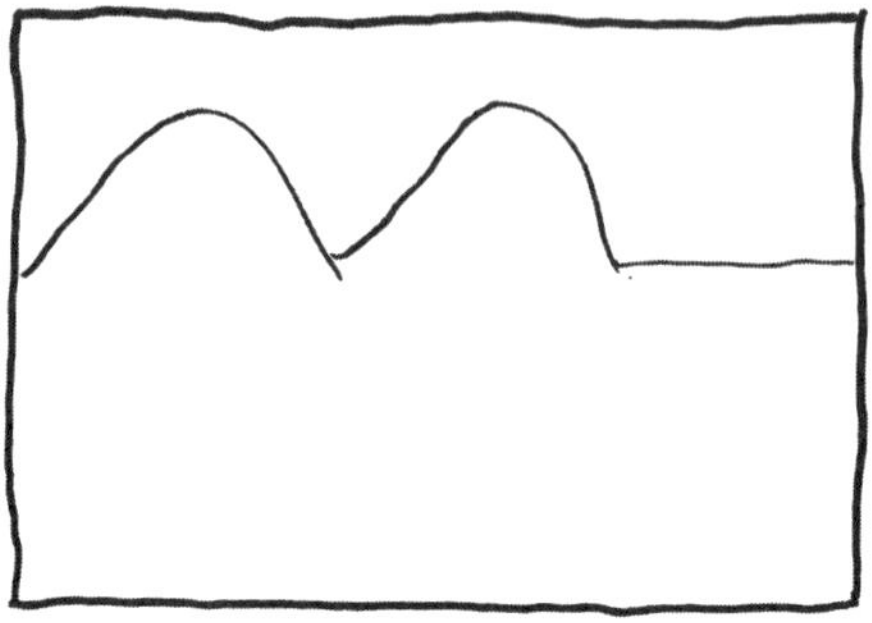

図E－2

ここには、山の一部が地平線になっているものも含まれる（**図E－2**）。この形の連山が描かれると、連山の手前側である「こちら」と向こう側である「あちら」が差異化される。「こちら」は大地となり、最初に描いた川は大地を走るものとなる。「あちら」は山を越えた向こう側の領域となるが、一般的に描かれる視点からはその「あちら」の領域は連山に隠されて見えず、連山の上部に広がる空のみを見ることになる（ということは、つまり、この形態の連山を描いた時点で視点は大地に近い高さにあるわけである）。

このように、連山を描くことによって生じる空と大地の差異化によって連山の「こちら」側の領域は完全な大地となり、さきに川によって出現した「こちら」と「あちら」もしっかりと大地の上に位置づけられることになる。最初に川が描かれることで白紙の画用紙が二つの領域（「こちら」と「あちら」）に分けられるわけだが、この意味ではこの二領域である「こちら」

と「あちら」は原初的でかつ根源的な二項対立だといえよう。次に連山が配置されると、この根源的な二項対立が大地の上に定位し、人の世界での二項対立となる。連山が描かれた時点からふり返ってみれば、最初の「川」の時点で現れた「あちら」(と「こちら」)は未だ大地と空の区別もない、〝純粋〟な「あちら」であることがわかる。連山が描かれることでこの〝純粋〟な「あちら」は大地化してこの世の領域となる。あるいはこのように言うこともできるだろう。川によって差異化された、「こちら」/「あちら」という対立軸は連山が描かれることで、連山を越えた向こう側である「あちら」に対しての「こちら」に属するものとなる。

さらに少し異なる観点から連山によって立ち現れる「あちら」と「こちら」を考えてみよう。民俗学的な観点からすれば、山は他界である。他界とは死者の霊魂が行く場所であり、その場所が山であるとされる「山中他界観」は少なくとも古墳時代中期からその萌芽をみせており、以降、日本列島において広く共有されていく。その結果「山」は、日本文化において重要な意味を担うようになった[18]。そのような山々に抱かれる形で村という共同体の中で人々は日常の生活を営んだ。人々が共同体の中で生活するにあたって、川や泉は単に飲料のために必要なものである以上に重要なものであり、それらは共同体そのものを成立させている〝起源〟に関わるものであった[19]。「共同体を成り立たせるのは、その土地が神(祖神)によって見いだされたものだという幻想」であり、「水源となっている川や泉のある場所が神によって見いだされた場所として語られ(うたわれ)た。その水源を含む森が、神のこもる場所となった」のである。「泉や川といった水源を含む氏神《うじがみ》や産土神《うぶすながみ》の森は、山や丘のふもとにあった。そこを境界として、背後にある山や丘は、家や田畑のある日常的な空間とは区別され」、「神がこもる場所(すなわち他界へとつながる場所)としての森から連続するとみなされた山や丘が、他界として立ち現われてきた」わけである[20]。

このように、日本において山は他界としての「あちら」に関わる場所であり、そのような山々を背後にし

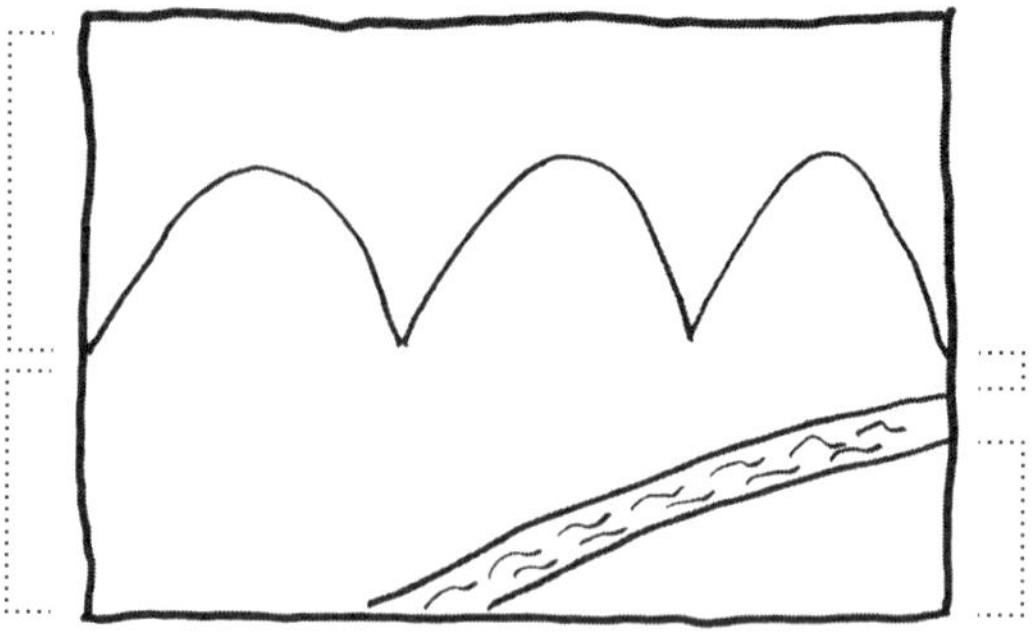

図E－3

それらに抱かれるようにわれわれが日々を暮らす共同体が「こちら」にあるという構図は長い歴史の中で深くわれわれの中に定着している。ここで、共同体成立の起源と関係する、川の水源（源流）を含む森が山の中にあることも風景構成法の「読み」に当たって重要な観点となる。この点に関しては「源流のある川」のところですでに触れた。

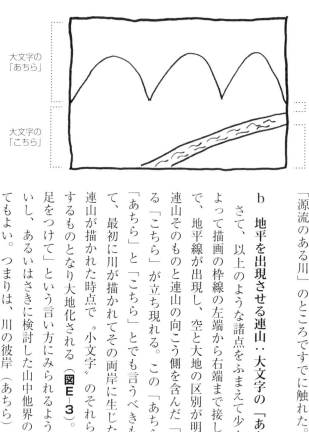

b　地平を出現させる連山：大文字の「あちら」と「こちら」

さて、以上のような諸点をふまえて少々要約的に述べるならば、連山によって描画の枠線の左端から右端まで接している山の連なりが描かれることで、地平線が出現し、空と大地の区別が明確なものとなる。それによって、連山そのものと連山の向こう側を含んだ「あちら」と連山の手前の領域である「こちら」が立ち現れる。この「あちら」と「こちら」は〝大文字〟の「あちら」と「こちら」とでも言うべきもので、この両者の差違化によって、最初に川が描かれてその両岸に生じた「あちら」と「こちら」（これは連山が描かれた時点で〝小文字〟のそれらとなる）は連山の「こちら」に属するものとなり大地化される（**図E–3**）。ここでいう大地化とは、「現実に足をつけて」という言い方にみられるような意味で現実化と言い換えてもよいし、あるいはさきに検討した山中他界の観点からいえば日常空間化といってもよい。つまりは、川の彼岸（あちら）は此岸（こちら）にいるわれわれからは馴染みの薄い領域ではあるけれど、しかしそれは現実的な日常空間に

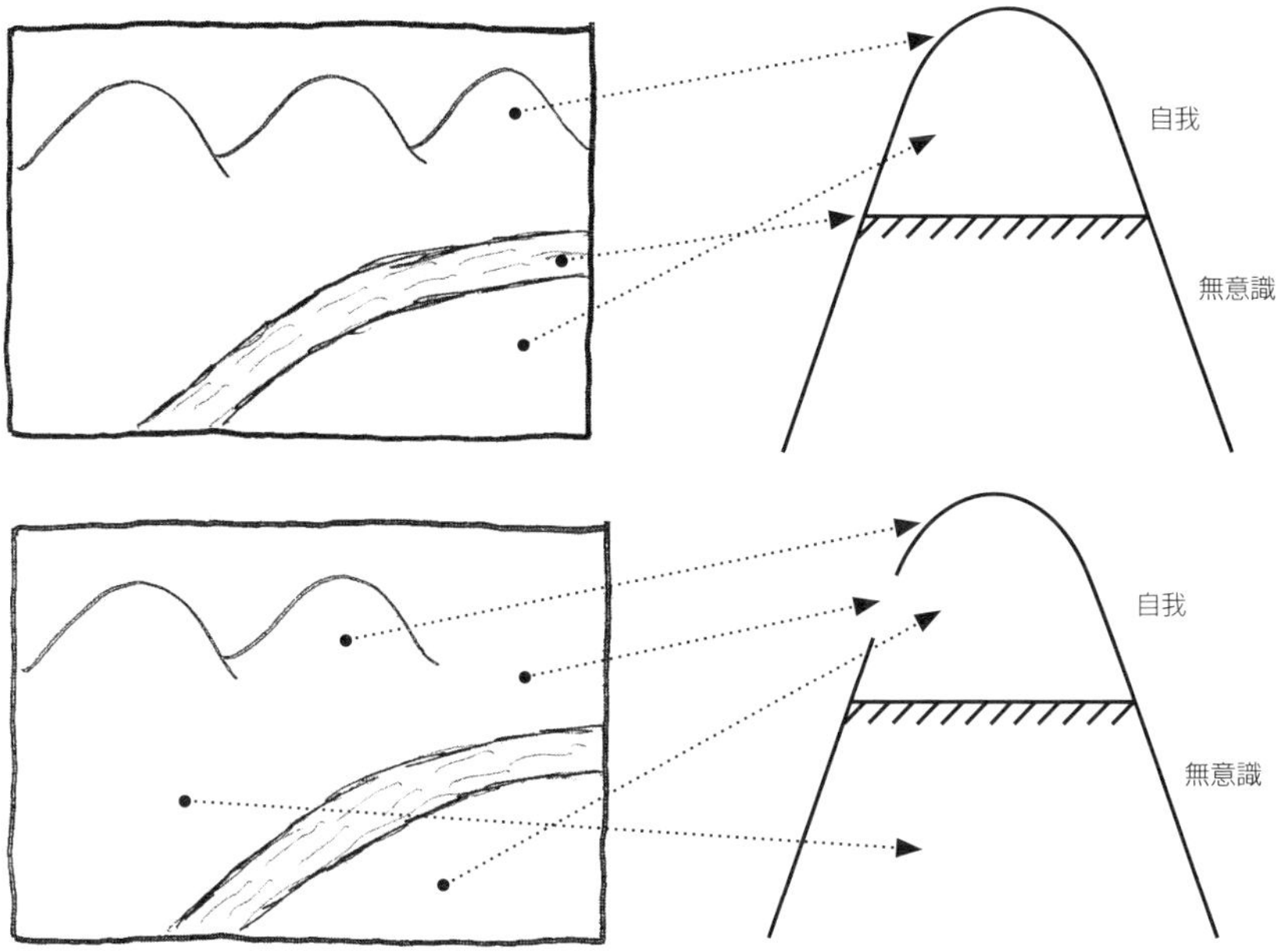

図E−4

属しているのであり、われわれがそこに行くことも可能であり、取り扱うことのできる領域になるということだ。この意味で、山及び山を越えた向こう側（大文字の「あちら」）はまさしく他界的な領域であり、現実的・日常的なレベルではわれわれが接触したり扱ったりすることがむずかしい場となる。

さきに箱庭療法を検討した際に、ウサギの団欒が置かれた領域を自我領域に、蜘蛛が置かれた領域を無意識領域に、それらを区分ける川を自我境界に対比させた（**図A−4**）。この図を再度使用しよう。風景構成法において「斜めに流れる川」の構図の場合、川の「こちら（此岸）」が自我領域に、「あちら（彼岸）」が無意識領域に、そして川は自我境界に対応する。[21] では、連山（含む地平線）は図のどこに対応するのか。筆者の考えでは、それは自我領域、自我境界、無意識領域をその内に包んでいる〝外枠〟に対応している（**図E−4**）。むろん、これは理解を助けるためのモデル的な粗描であるが、連山がもつ意味の〝レベル〟がどのようなものであるかを相当的確に示しえているものだと思われる。

今、〝レベル〟、〝外枠〟ということばを使ったが、すでに考察してきたように枠とは枠内に対してメタレベルに位置するものである。集合図でいえば、「ウサギ、馬、羊、犬……」といったメンバーをメタの位置からひとくくりにまとめて構造化しているクラスとしての「動物」と同じく、諸項目が描かれ構成された枠内の風景に対してそもそもその場を成立させている（画用紙に描かれた）枠線はメタの位置にある。この観点から述べれば、連山とはこのメタである枠線が枠内に織り込まれて内在化した表象だともいえる。これは「源流がある川」において、超越性という形式が内容として画中に表象されて「源流」として描かれることに相似である。つまり、論理階型的に述べれば、連山及び連山を越えた「あちら」は「こちら」に対して〝メタ〟レベルに位置する領域なのである。

c　一部分が欠如している連山

後にも確認するように、枠線の機能である、メタとオブジェの区別の成立が破綻していたり不確定であったりする場合にわれわれは描き手の病態水準や病理が重い可能性を吟味することになるが、同様に、連山の一部が欠如している場合も、それは枠線の破綻と同様な意味をもつことが示唆される。それは、**図E-4**でいえば、自我／無意識という構造をそもそも成立させている外枠（メタレベル）が破綻しているわけで、その構造の崩れが予想されるからである。民俗学的なイメージでいえば、連山が崩れたため、他界にいたはずの霊的なものに日常的な共同体が浸食されかかっている姿とでもいうべきか。論理階型的にいえば、メタがオブジェへ降下する気配の漂い（「猫くんと犬くんが会話しているのを木陰から「動物」くんがじっと見ている」という童話の一場面を想像しよう）、あるいは主体の成立という観点からいえば、「奥行きのある川」で論じた主体の二重化が不十分にしか成立していない形ということもできるだろう。

具体例をみていこう。**図17**はアルコール依存症の女性の描画である。この絵では連山が左右の枠線まで届いておらず、両側の一部が欠如している。その結果、その欠如している空間は空に属するのか大地に属するのかが決定できない、曖昧な領域となっている。これは「地に足をつける」べき大地から浮き上がっているということ以前に、そもそもこの領域が大地なのかどうかが不明瞭だという点で深刻な水準を示唆している。いわば、この空間は「どこでもない場所」なのである。それゆえ、このような領域に配置された項目――この描画では「田」と「家」――は注目に値する。その項目がもつ象徴的意味を描き手が自身の中で定位できないことをそれは示しているからである。この定位できなさは、たとえば、基本型として提示した女性の描画（**図1**）で、田を川向こうの隅に遠ざけたようなあり方とは質的に異なっている。この場合は、川を挟んで「こちら」と同一次元での「あちら」に田を追いやったわけであるが、今回取りあげている描画のように連山の一部が欠けたところにある項目（「田」と「家」）は、次元の狭間をさ迷っているがごとくの定位できなさである。

川、山以外の項目に関してはまた後に詳しく検討するが、この描画では、「田」が提示されたとき、その象徴的意味がもつ影響（「田ショック」）に耐えきれなかったのであろう、次の項目である「道」は山に向かって延び、そのまま山の向こう側に越え出ている。すでに指摘したように、民俗学的には山及び山の向こうは「他界」であり、その意味で、この描き手は「田」を提示されたときにそれを川の「あちら」に置いたが、次の「道」で「あなたは、どこからどこに向かうのか」が問われた際に、道は田の引力圏につかまりつつ、山を越えて「（大文字の）あちら」に出て行く。これはまさしく、「田」に対しての現実逃避である。その直後に提示される「家」はアットホーム的な「安心の基盤」を刺激する象徴価をもつものであり、しばしば「田ショック」を補償する形で描かれる（たとえば**図1**）が、**図17**の描画ではそのような意味での「家」が成立していないことがその配置から伺われる。

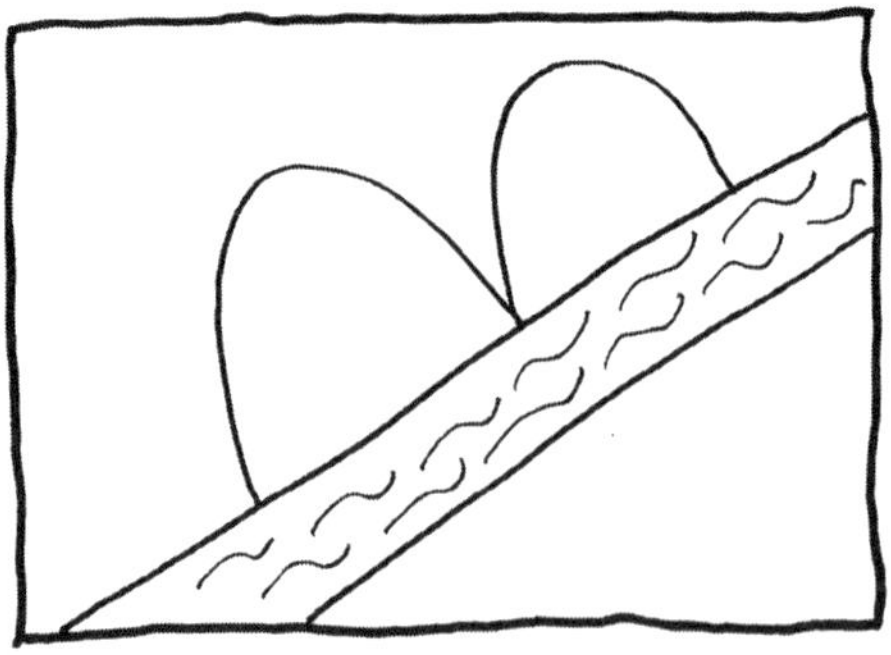

図E−5

蛇足ながらつけ加えておけば、「山」が提示されて、それを描いている時点で連山や地平線の一部が欠けたような形になっていることはよくみられる。しかし、後に提示される項目（たとえば、田や家など）がこの欠けた領域に配置された場合、どこかの時点で連山や地平線が延長されて〝閉じ〟なければ、これらの項目は宙に浮いたものとなる。それゆえ、連山の一部が欠けて描かれた場合は、いつの時点でその線分が延長されて〝閉じ〟るのか、最後まで〝閉じ〟ないのかに注目しておくことは大事である。

d　川にくっつく山

（連）山を描いたときにその描線が川に接する構図がみられることがある。たとえば、**図E−5**のような場合は連山の描線が完全に川の輪郭線に接している。この構図は、山を描く際にすでに描かれている川の上辺部の描線の引力に引きずられた形である。「此岸のない川」ですでに指摘したように、このような構図においては、本来、川を表象する輪郭線である線分と連山がよって立つものとしての地平線が混淆していることが示唆される。すなわち、ここではメタとオブジェの区別の弱さ、つまりは近代的主体としての成立が脆弱である可能性が示されている。

あるいは、**図E−6**のような形で連山が川に接する構図もある。たとえば、連山の右端の描線を川の描線に触れる前に留めて、そこから横に地平線を引けば、川も連山の「こちら」側に収まり、大地の上を走るものとなる

図E-6

図E-7

（**図E-7**）。しかるに、連山の輪郭線が止まらずに川の輪郭線にまで至り接するのがこの構図である。この構図にも混淆がみられるわけだが、先の**図E-5**と異なるのは、最初に連山を描き始めたときにはその輪郭線が川の描線に接することなく、連山は独立する形を保つことができていることである。しかし、連山を形成する線分を描きつづけていくうちに、川の描線が眼に入るとそこに吸い込まれるように山の描線が接触してしまう。つまり、最初は山を形作るものとしての線分を保っていたのが、いつのまにか眼に入った線分（眼に入ったときには、たぶんこの線分を川の輪郭線とは認識していない）の引力につかまってしまい、そこに接触してしまうことで混淆が生じることになる。

具体例を参照しよう。**図20**はある男性に対しストーキング行為を繰り返していた恋愛妄想をもつ女性の描画である。指摘したように、この描画では、左側の山を描き始めたときは山は川から距離がとれていたが――それゆえ、川と山のあいだに「あちら」の領域ができている——、右の山を描いているうちに、川の描線が眼に入りそこに山の描線が同化するように着地している。つまり、途中から山の描線の独立性を保ちきれず、混淆が生じてしまう。ここから、ある程度の自我の強さはもっているが、ややもするとメタとオブジェの区別が混乱し、現実からずれた観念や言動が生じる可能性があること、また、そのような状態になると現れた対象にしがみつくように接触することが示唆される。ちなみに、川には橋がかかっているが、この橋は川を描いたときに描かれている。斜めに流れる川は「こちら」と「あちら」を差異化し、それらの領域を生じさせることはさきに指摘したが、このように「川」が提示されたときに描かれる橋はその差異化に対する逆方向の動きであり、差異化という分離に対してなんらかの抵抗があるために即座に分けたものをくっつけてしまう動きだと解釈できる。ここにおいても、この描き手の「くっつく」傾向が見受けられよう。

繰り返しになるが、この「くっつき」は紙と紙が糊によって接着されるといったシンプルなものではなく、レベルの異なるもの（メタとオブジェ）の混淆である。さきに検討した「一部分が欠如している連山」では、連山や地平線が欠如しているがゆえにその領域は空と大地の区別がない空間となり、そこに置かれる項目は描き手にとって位置づけることが困難なものであることを指摘した。ある意味ではこれと対比的に、「川にくっつく山」では欠如のままにして手つかずにするのではなく、異なる水準にある描線を強引にくっつけることで世界の中に混淆した領域が発生する。このような構図が現れる理由としては、その背後に「一部分が欠如している連山」と同様の困難さがあると思われる。しかし、「一部分が欠如している連山」ではその困難さゆえに手をつけられず欠如するという形をとるのに対して、「川にくっつく山」ではそのような欠如を埋めるために強引に描線が走り、結果混淆した領域が世界の中に生じてくる。それゆえに、現象としてはたとえば妄想というような形をとってその混淆が現れる可能性が示唆される。

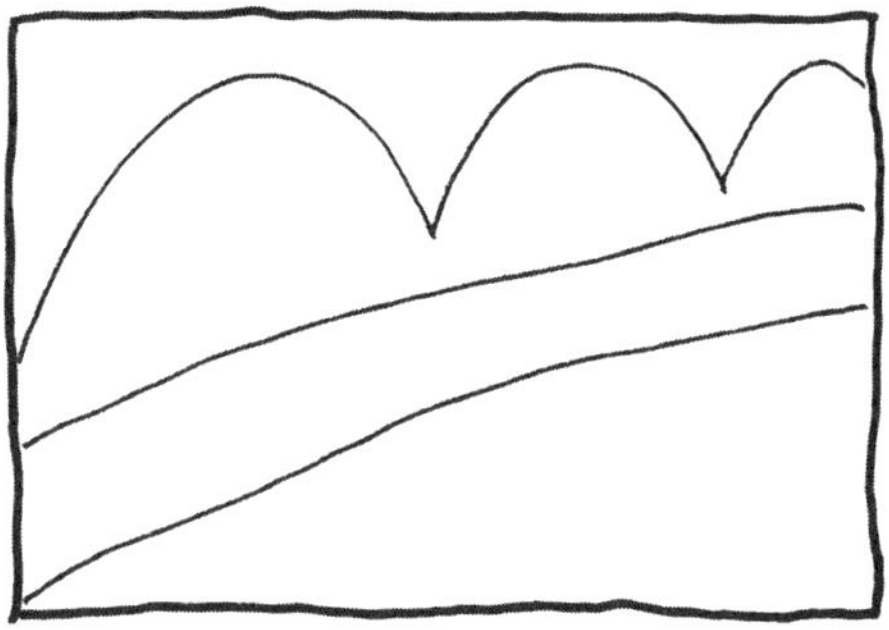

図E−8

e　川と距離の近い連山

これは**図E−8**のような構図である。連山の配置が川に近いため、川の彼岸と連山との間の領域が非常に狭いのが特徴である。連山が川の描線に完全に接触すると**図E−6**に、山の一部が川に触れると**図E−7**になるわけで、「川と距離の近い連山」はそれらのヴァリエーションのひとつだともいえる。もちろん、描線が接触「する」のと「しない」のとでは〝1〟と〝0〟との違いのように質的にまったく異なっている。しかし、これらの構図を描くと連山の「こちら」側と川の「あちら」側で挟まれた領域がまったくなくなるか、あるいは非常に狭いものとなる。つまり、片方は〝0〟、もう一方はいわば〝0.1〟であり、領域の狭さという観点からみれば、これらをひとつのカテゴリーにくることができよう。恋愛妄想をもつ女性の絵（**図20**）もこの領域がとても狭い。

横ないし斜めに流れる川によって形成される此岸（こちら）と彼岸（あちら）は、連山が描かれることによって連山の「こちら」側の領域に属するものとなる。この領域は日常的な俗界であり、連山の向こう側（あちら）は他界とみなされることもすでに指摘したとおりである。その意味で、連山の「あちら」を「大文字のあちら」、連山の「こちら」を「大文字のこちら」と呼ぶことを提案した。われわれが日常を営む俗界は「大文字のこちら」に属しており、その中を川が流れている。川の此岸は「こちら」であるが、連山との関係からはこの領域を「小文字のこちら」ということができよう。川の彼岸領域は「小文字のあちら」である。

さて、「川と距離の近い連山」の構図においては、川の彼岸領域がないか、あっても狭隘なものとなる。その結果、「小文字のあちら」が「大文字のあちら」とほとんど区別なく重なるようになる。たとえば、**図20**は恋愛妄想をもつ女性の描画だが、ここでは彼岸に描かれた田や家がほぼ山中にある配置となっている。連山が描かれることで彼岸領域が小文字としての「あちら」になることで、此岸領域を立ち位置とする主体がその領域を取り扱うことができるようになることをさきに考察したが、この構図では川の彼岸が他界（大文字のあちら）と直結してしまい、そこに配置された項目（たとえば田や家）はいわば他界にあるものとなり、それらを主体が現実的な次元で扱うことが困難となることが示唆される。「川」を検討した際に「水の世界に魅惑される者の視点」というべきものがあることを指摘したが、それにならっていえば、この構図は「山（他界）の世界に魅惑される者の視点」に関係しているといえる。実際、この絵では山中に道が走り、人々が連なって山の中に入っていっている。

意味の次元としては連山は枠線と等価であり、そのような連山によって成立する（はず）の「大文字のあちら」と「大文字のこちら」とはその水準を異にしている。前者がメタであり、後者がオブジェである。この後者の中に位置づけられる（はずの）川の彼岸という「小文字のあちら」がこの構図では「大文字のあちら」と同化する。つまり、ここでも混淆が生じているわけであり、そこに配置された項目が描き手にとって扱いがたいものであること、さらにはその扱いがたいものの処理の仕方が病理的に重い可能性があることを確認することができる。

2 「こちら」の領域が山中である山

「こちら」の領域が山中である山とは、連山の手前（こちら側）の領域がすべて山の中であるような構図や画面の手前に大きな山を描く構図を指す。まず、前者からみていこう。

a 連山の「こちら」側が山中

図2は痴漢に遭った後にチックが激しくなった女児の描画である。人々が住んでいるであろう家々が連山を越えた向こう（あちら）に配置されており、ここから連山の手前が山中であることがうかがわれる。実際、描き手も「ここは山とか川とか自然の中だから、人とか動物は描きづらい」と述べている。つまり、画面の手前である「こちら」が山中にあり、主体（視点）は他界にあることが示唆される。圧倒的に多くの場合、家は連山の「こちら」側に描かれる。安心の基盤としての家や家々が象徴する人々が集団で生活を営んでいる社会に通常われわれは属しているからである。しかし、この女児の「人々が住む社会」としての家々は山の向こうにある。この描画では「人」は「描けない」とリジェクトされているが、人々が生活している俗世が山の「あちら」にあることを思えばこのリジェクトも納得がいく。ちなみに「田」「人」「動物」もリジェクトされているが、これに関しては次節の「田」で検討する。

図12は統合失調症の女性の描画である。ここでも連山の向こう側に家々があり、主体の視点は連山のこちら側が他界としてある山中にあることがわかる。連山を越え出る道の上に人が二人歩いており、この次の描画（**図13**）を見るとこの二人が山を越えて人が住む領域に参入したことがわかる。実際、この時点でこの女性が寛解したと治療者も感じている。すなわち、連山のこちら側が山中（他界）であるような領域にいた主

体が、連山という境界を越えて人々の住む俗界にイニシエートされていったことがよく理解できる。つまり、手前に山がある構図は、主体（視点）が山中という他界にあることを示唆しており、それは人々が人間関係を営みつつ、現実的な生活をしている日常から主体が隔離されていることが示唆されている。次に挙げるような画面の手前に山そのものが配置される構図は端的にそれを意味する。

b　画面手前に配置される山

図19は、周囲に対して過剰適応的な言動をしてしまうことを主訴とする20歳代の女性の描画である。この女性は男性に対して恐怖心を抱いていないながらも、行動としては逆転して不特定多数の男性と性的関係をもっていた人である。最初に「山」を提示されたときには画面中央奥の方に連山（右端はこの時点では開いている）を描くが、たぶん次節で考察する「田ショック」が生じたのであろう、その次に提示された「道」は連山を越え出て行くような道が描かれる。そして、「木」が提示されたときに、画面手前に隆起した土地の描線を描いて、そこを山とし、そこに大木が描かれる。この大木は自身がよってたつ安定感を補償する意味をもっていると思われるが、そのような大木が描かれる際にその木は山中に生えるものとなってしまう。大地にしっかりと根付いて成長していくものの象徴としての大木が表象されるが、そこに抵抗感が働いて、それは現実に根ざすものではなく、山中という他界にあるものとする動きが心の中に生じたことが推測される。この大木の側にたたずむ人が輪郭だけで中身がなく抜け殻的な印象を与える表現になっているのは、さきのチックの女児の「ここは山とか……自然の中だから……人……はいない」という言葉と呼応していよう。安定感を補償する木ではあるが、それを描こうとすると山中に配置せざるをえない心的構えをこの描き手はもっているため、木のその安定感に接触しようとする人も抜け殻のように表象されることになる。

もうひとつ例を挙げよう。**図21**は解離性障害のある20歳代の女性の描画である。この女性は男性が苦手で極力避ける傾向にあったが、別人格が現れると派手な異性交遊を繰り返し、元の人格に戻ってその痕跡がわかるとひどく落ち込むことを繰り返していた人である。二股に分かれる川が描かれたあと、(22)「山」が提示されると、その川を含み込むように画面手前に大きな山が描かれる。ここでも主体（視点）のポジションである「こちら」の領域がこの時点で山中と化している。つけ加えるに、描き手が述べたところではこの山の山頂は画用紙の外にあり、見えないとのことで、全体像（統合された人格）を見渡す視点をもつことがむずかしいことがここからもうかがわれる。これは、川や道が分枝することや、同一の家の正面像と側面像が並列しているような二つの家が描かれることなどともパラレルであろう。次の項目である「田」は山の向こう側に遠ざけて配置される。これも「田ショック」と考えられ、描き手が男性（的なもの）と接触しそれを扱うことが困難であることを示していよう。それゆえ、田は山の「あちら」に遠ざけられ、主体（視点）は「こちら」である山中に隠者のように引きこもる。しかし、一方で田のそばには実を結実させた木々が配置されることなどから、単に引きこもって田を避けるだけではなく、統合されない形で田にも関わろうとする性的なものに関するベクトルが生じることがうかがわれる。

　このように、「画面手前に配置される山」は主体（視点）が山中という他界の中にいることを意味する。端的に述べるならば、「こちら」の山中化だといえる。これは、他界の定義からしても現実からの離脱であることはまちがいないが、右記の例で簡単に示したように、それが逃避なのかそもそもの描き手の個性なのか、また逃避であれば何からどのように逃避しているのかなどは他の項目の象徴的意味や配置のされ方を吟味して検討されなければならない。

3　そびえ立つ山：世界の中心としての宇宙山

風景構成法においてしばしば描かれる山の形態でもうひとつ重要なものを挙げておこう。それは、そびえ立つ山である。これは、連山の中でひときわ高い山が描かれる場合もあれば、単体で屹立する巨大な山が描かれる場合もある。後者の場合、日本においては圧倒的に富士山型の山になることが多いように思われる。いずれの場合も、その基本的な意味は、富士山が象徴的には日本の中心であるように、世界の中心である。[23]

山が霊魂の行き場所である聖なる他界であることはすでに述べたが、山は地上世界と天上世界の接点であり、エリアーデも指摘するように天地が相会う場所である高くそびえ立つ聖なる山は、古代よりさまざまな文化の中で世界の中心とみなされてきた。[24] すなわち、それは世界の中心としての宇宙山にほかならない。[25] 古代インドにおける須弥山《しゅみせん》や中国における崑崙《くんるん》が代表的であり、日本においては富士山である。

風景構成法の文脈に戻ろう。世界の中心としての宇宙山は、天と地をつなぐコスモロジカルな垂直軸であり、この軸を中心として世界が展開し成立する。宇宙山によって世界が創り出され、成立するという観点からいえば、それは〝メタ〟の次元にある。その意味では、「川」で検討した「源流」とその次元を同じくするものである。そこで考察したように、源流を描く（描かねばならない）人は神話的な次元でしか答えがえられない「私の起源」を問題にせざるをえない人であった。繰り返せば、神経症圏にある人のように、「私の起源」といった事柄に関して信頼感があり、その意味で安定している人はそもそも源流を描く必要がないわけである。同様に、世界の中心としての宇宙山的な山を描く人は、その人の〝世界〟の中心が不安定であり、それゆえに補償として宇宙山を描くことが示唆される。川の源流と同じく、世界の中心がしっかりしているならば、わざわざそれを描く必要はないからだ。とくに、「人」が宇宙山に直接的にコミットする構図は、危険な兆候を示唆する場合がある。具体例をとおして検討していこう。

図9は「考えの覗き魔が脳に入ってきて、自分の考えをすべて抜き取り外に伝えてしまう」と訴え錯乱状態にあった統合失調症の女性が入院したときに描いた最初の描画である。画面中央に源流のある大きな川が描かれ、その上部に富士山型の山がそびえ立つ。山頂の背後には赤く大きな太陽が輝いている。高き山は天と地をつなぎ、世界の中心となる垂直軸であるが、そこに根源的な起源を示す川の源流が重ねられ、さらにはコスモスの中心である太陽も山頂に配置されている。世界の中心を貫く垂直軸が強烈に強調されている構図である。このような構図が描かれる背後にあるのは、世界の中心の甚だしい不安定さであり、世界秩序が崩壊するがごとくの揺らぎである。そのような状況であるからこそ、補償的に中心性が強く現れてくると考えられる。本来、大地の上を水平方向に走る道が、この垂直軸によって断ち切られ分断されているかのようであるのも今述べた心的状況を反映していると思われる。

この描画では、人が山頂に釣り竿をもって立ち、遥か下にある川に釣り糸を垂らしている。ここには、見事なまでに世界の中心としての垂直軸に人が同一化していることがみてとれる。世界の中心は世界にとって最重要な場であり、しかしそうであるがゆえに、われわれ人間がその場に直接的に足を踏み入れること、ましてやそれに同一化することは端的に間違いであり、危険を伴うことだといえる。源流を無媒介に知ることは原理的にできず、しかし、確かにその源から流れ出ていく川として人が生きるように、あるいは、祖霊を含めた霊魂が在る他界としての山に抱かれて、山の麓で人が日常生活を営むように、中心によって世界が創られつつも、その周辺で生きていくのが人の生である。次のようにいうこともできるだろう。世界を創造する中心は世界に対して〝メタ〟の次元にある。世界そのものは下位のオブジェクトに位置する。その世界の中で生きる人間がメタとしての中心に直接的に接続しようとしたり、同一化することは端的に混淆した状態である。[26] それは自我インフレーションともいえ、人が生きる次元を逸脱している混乱した状態を示していると考えられる。**図9**の描画における宇宙山的な山、源流、太陽、山頂にいて釣り糸を垂直軸方向遥か下に垂らす人などはそのような状態を示唆していよう。一般的にいって、山、とくに宇宙山的な山に人が入ってゆき、山頂あるいは山の向こうを目指す配置は危うい兆候を指し示す。実際、この描画のシリーズでは、二枚目になると人が山から平地に降り（釣り竿は最後の描画に至るまで手放さないが）、以降の描画では空中に浮いていた「道」が大地に降り、「人」は連山を越えて人の住む俗界に出ていき、最後には釣り竿を持たない人が描かれるという、寛解へ向かう治療的な展開をみせている。

第3節　「田」：女性的なものへの男性的なものの侵犯

田の象徴的意味を筆者が考えるようになったのは、第五章でも取りあげているチック症状をもつ小学4年生の女児の事例を聴かせていただいたことがきっかけである[27]。5歳の頃からチックがあったこの女児は小学2年生のときに痴漢に遭い、その後、チックがひどくなり、腹や全身がぴくぴくするようになる。この女児は児童相談所で遊戯療法を受けることになり、症状が軽快していくが、治療中に数枚描いた風景構成法が**図2**～**図8**である。特徴的なことは、この女児が一貫して「田」を描けなかったことだ。最初の描画は手前の「こちら」側が山中であり、「田」や「人」、「動物」がリジェクトされている。二枚目以降はずっと「見たことがない」と言って「田」のみが描けない状態が続いていく。このような経過の中、17回目の面接時、六枚目の描画で彼女は「（田んぼ）見たことないなあ」と言った後、すぐに「見たことある！」と言い直して初めて田を描いたのであった（**図7**）。この事例に対するコメントを依頼された筆者にとって、この女児がなぜ田を描けないのかは当初難問であった。知的にも高そうなこの女児は、たぶん学校の授業などの課題で

「田を描いてみましょう」と言われればたぶんそれなりに描くことはできるのだろうと思われた。逆にいえば、彼女にとって田が描けない場である面接場面は真に治療的な空間であったことがわかる。彼女の心の世界を本当に表現できる場においては、田が描けないという「表現」こそがいわば彼女の『魂の表現』だからである。

それにしても、なぜ「田」が描けないのか。ある項目をリジェクトするということは、端的にその項目（がもつ象徴的意味）を自身の世界の中に位置づけることができないということである。では、「田」とは何なのか。さまざまな事例や文献に当たり、いろいろと考えていくなかで筆者の中で腑に落ちた考えは次のようなものであった。それは、田は「女性的なものに男性的なものが侵犯する」という象徴的意味をもっているということである。そのような意味をもっているがゆえに、痴漢に遭ったという体験をもつこの女児は（もちろん無意識的にではあるが）田を描けなかったのだと考えられる。さらには、「田」をそのような視点からみることができるようになると、この女児の事例のみならず、他の描画に関しても理解が進み、この視点が相当に普遍性をもっていると確信することができた。以下、解説していく。

1　農耕文化と狩猟採集文化

現代社会に生きるわれわれはややもすると田園風景をみて「自然がいっぱいで気持ちいいなぁ」などとつい言ってしまうが、もちろん田園はぜんぜん「自然」ではない。自然というのは森やジャングルのように、人間の手がまったく入っていない領域を指す。田畑はそれらとはまったく逆で、「自然」に人間のテクノロジーが介入することで初めて成立する、きわめて人為的に制御された領域である。人類の文化区別でいえば、農耕文化に比して狩猟採集文化の方がはるかに「自然」に密接している。(28) いうまでもなく、人類史的には狩猟採集文化がはるか過去から先行しており、その後に人類史上きわめて新しいものとして農耕文化が現れてくる。狩猟文化から農耕文化への移行や両者の間の差違に関しては夥しい数の研究、文献があるが、考古学的限界のため諸説紛糾している事柄も多く、未だ正確なところはわかっていないことも多いのが現状であることをまず認識しておこう。その上で、現時点でほぼ定説とされている前者から後者への移行の経緯を中心にごく簡単にまとめてみる(29)。

７００万年前に人類が誕生。２５０万年前に人類（ヒト属）は石器の使用をはじめる。この時点から人類は道具を使った狩猟採集文化に入る。少なくとも50万年前にはヨーロッパと中東でネアンデルタール人が存在していた。彼らは火を使い、病人の世話をし、死者を埋葬した証拠が残っている。4万年前にホモサピエンスがヨーロッパに登場する。彼らに駆逐されたのであろう、その数千年後にはネアンデルタール人は絶滅している(30)。そして、一部の地域で人類史上はじめての定住生活が出現する（定住革命(31)）。定住社会の出現により、植物の栽培と動物の家畜化を中心とする農業革命が起こる。これが1万2千年前である。この時点ではじまった農耕文化は、人類が道具を使用して狩猟採集していた２５０万年間だけとっても、さらにはそれ以前の人類発祥の７００万年間を含めた時間に照らせばなおのこと、歴史的にきわめて新しい文化であることがわかる。しかし、この農耕文化とそれ以前の狩猟採集文化との間には断絶とでもいうべき、巨大な差違が広がっている。

農耕に必然的に伴う定住生活は、出産の間隔を短くした。狩猟採集民の遊動生活では移動するために重量の大きな物は持ち運べない（死体もそうである。彼らは死者を埋葬はしても墓という概念をもたなかった）。「移動が遅く、世話が焼ける乳幼児は、放浪の狩猟採集民には重荷だった。そこで人々は子どもと子どもの間隔を三、四年置こうとした(32)」。農耕社会では出産間隔はおよそ2年で、狩猟採集民の半分である(33)。結果、人口が増加してゆくが、それを支えるだけの食料は農耕をすることで確保された。また、大規模な農耕には多くの人手が必要であり、狩猟採集民をはるかに上回る数の人間が集団的に定住をするようになる。「農耕民は、土地を耕し家畜を育てることによって、一エーカーあたり、狩猟採集民のほぼ十倍から百倍の人口を養うことができる」(34)。この食料増産と人口増加との間の正のフィードバック・ループによって農耕文化における人口は指数関数的に増えていく。

さらに、農耕文化では食料の貯蔵や蓄積が可能となるため、所有という概念や貧富の差が生まれてくる。狩猟採集民にとって食料の貯蔵・蓄積という観念は薄い。狩りや採集によって得られる食料は基本的に長期保存ができないからである。そのため、彼らの人口はそのような保存がきかない食料でまかなえるだけの数に制御されている。しかし、農耕文化では飛躍的な食料増産と貯蔵のおかげで、食料生産に関わらなければならない人口を遥かに超えた数の人間を養える量の食べ物をプールすることができる。その結果として、分業化が進み、食料生産に関わらない人間の集団、すなわち支配者層が現れてくる。権力の発生である。彼らは他人が生産した食料や農耕地を自分のものとして所有し、税金を課すようになる。さらには、彼ら支配者層は、同じく食料の余剰生産によって養うことができるようになった専業兵士たちを雇い、その圧倒的な兵力をもって近隣の狩猟採集民たちを殲滅し、領地を広げていった。また、そのような特権的な身分を保つために世襲制という制度も発明された。一方、狩猟採集民は「常勤の官僚や世襲制の王が存在しない比較的平等な社会」(35)を営んだ。現代の狩猟採集民、たとえばブッシュマンも「一日の労働時間はたかだか8時間で、多くの時間を木蔭の涼しいところで過ごしうる。持続的な権力者はなく、派閥的な闘争もない。獲物の配分は狩りに貢献した者本位にルールがあり、要するに複雑な権力組織を展開していない」(36)。

すなわち、所有や貧富の格差、支配‐被支配に関わる権力といった、なかなかに「あくの強い」生々しいこれらのものたちは農耕文化の特性から産み出されたのである。これら「あくの強い」ものたちは、現代社会においても継続されてその骨格を形作っている。もう少し、農耕文化にまつわる「あくの強い」ものをつけ加えておこう。「古代の狩猟採集民は子孫の農耕民よりも、飢えたり栄養不良になったりすることが少なく、一般に背が高くて健康だった」ことが発掘された人骨化石などからわかっている。狩猟採集民は日々変化に富む多様な食料を獲得することが多かったので、必要な栄養素を確実に取ることができたのに対して、農耕民は非常に限られた、バランスの悪い食事をする傾向にあったからである。[37] さらに、狩猟採集民は遊動することで、環境汚染から簡単にまぬがれることができた。一方、定住を選んだ農耕民は人口に比例する大量のゴミや排泄物による環境汚染に直面することになり、疫病の発生が問題となった。ちなみに、「天然痘や麻疹《はしか》、結核など、農耕社会や工業社会を苦しめてきた感染症のほとんどは家畜に由来し、農業革命以後になって初めて人類も感染し始めた。犬しか飼い慣らしていなかった古代の狩猟採集民は、そうした疫病を免れ」てきたのである。[38]

「狩猟採集民は自然の一部であるが、農耕民はすでに自然から外化され、自然と対立している」[39]ことはよく指摘される。実際、所有、貧富の差、権力、支配‐被支配に加えて上記のような、バランスを欠いた食生活による栄養失調、感染症の蔓延、さらには、過酷な長時間労働、子どもの死亡率の急上昇、加えて、血縁関係をはるかに越えた大人数によって構成された人間社会のなかで協働していく際の配慮・緊張による気疲れ等々、これらはすべて農耕文化の副産物であり、比較すれば、相対的に「無垢」な狩猟採集文化に対して農耕文化のもつ「あくの強さ」が際立つものとなる。この「あくの強さ」が風景構成法における「田」の象徴的意味にも伏流として影響を与えており、すぐ後にも検討する「田ショック」を引き起こす潜在的な要因になっていると考えられる。この理解をさらに深めるため、次節では宗教学的、文化人類学的観点から農耕文化における田畑の象徴的意味を検討しておこう。

2 農耕、女性、生贄

a 大地母神と穀母神

すでに指摘したように、「狩猟採集民は自然の一部であるが、農耕民はすでに自然から外化され、自然と対立している」。たとえば、ピグミーにとって「森は無限の贈与者であり両義性なく彼らを包んでくれる子宮のごときものである」ため、森を傷つけるということなど考えられないのに対して、同じ森が「山地農耕民にとっては敵対者であり、焼いて畑をつくるべきもの、しかし油断をすればただちに畑を再び浸食し蔽いつくすもので、恐る恐る外から眺めるおどろおどろしいもの」に映る。(40) 大地も同様である。農耕によって大地を耕すことを仲間に禁じたアメリカ先住民ウマティラ族の予言者は次のように語る。「あなたはわたしに大地を耕せというのか。わたしにナイフをもって母の胸を引きちぎってもよいというのか。わたしが死ぬとき、大地の母は決してその胸を憩いの場としてわたしに提供してはくれまい。……あなたはわたしに草を刈り、それを乾草に作り、それを売って白人のように金持ちになれというのか。しかしどうしてわたしはその母の髪の毛を刈り取ることを敢えてしよう(41)」。

ここでは大地は「母」であり、農耕は母を傷つける罪深い行為とみなされている。大地をそのように母(神)とみなす神話的観念は古代より、ほとんどすべての文化においてといってよいくらい普遍的にみられる(42)。この観念は、大地のもつ母性的な「多産の無尽蔵の力」によっている。この大地の母性性を示唆する風習は枚挙にいとまがないが、たとえば、多数の諸民族の間で行われている、生まれたばかりの「赤ん坊に産湯を使わせるとすぐに布にくるんで大地に置く」儀式がある。これは「子どもを……その子どもの実の母である大地母に捧げる」意味をもっている。あるいは、マヌの祭典にみられるように、成人の屍骸は火葬にされるが、幼い子どもが死んだ場合は土葬にするとする規定がある。死んだ子どもは「母なる大地のふところに帰り、のちに再び生まれかわる」からである。また、成人の屍体でもそれを「胎児の姿勢」にして埋葬する慣習は多くの文化においてみられる。ここでも、生が終わったときに、その生命を産み出した母なる大地に帰っていくという観念がみられる（「生はただ大地の胎内を離れることであり、死は「その家」に帰ることである」(43)）。

ここで注意しておかねばならないことは、かような「母なる大地」という観念はすべてがそこから産み出される「全場所」（エリアーデ）であり、それは男性という対立項をもたない、単性生殖としての産み出しを意味している。このような「母なる大地」は、時代が下るにつれ現れてきた農耕文化における穀母神とは区別されなければならない。ここでは便宜上、前者を大地母（神）、後者を穀母（神）と呼んでおこう。ギリシア神話でいえば、前者は地母神ガイアであり、後者は穀物の豊穣神デメーテルである。ガイアは天をも内包する世界そのもの（全場所）であり、すべてのものがそこから産み出され、あらゆることがその上で行われる根源的な土台である。対して、女性神デメーテルは天空を司る男性神ゼウスと対立項をなすものであり、ゼウスとまぐわうことで娘（ペルセポネー）をもうけている。農耕文化において、女性を鋤《す》きかえされた耕地と同一視し、男性を鋤《すき》や播かれる種と同一視することは世界各地の農耕文化において広範囲にみられる。すなわち、自然の大地は「女性」として表象され、それに鍬《くわ》を入れ、種を播くというテクノロジーの侵犯は「男性」として表象され、そのような農耕地は「男性に侵犯された女性」と表象されるわけである。こうして、農耕における農産物の豊かな実りは、女性と男性との生殖的な交合をメタファーとするものとなる（たとえば、「シナでは若者と少女が春、畑の上に共寝をする」、あるいは北部や中部ヨーロッパでも「畑の中で儀礼的に床入りの式をする例が」ある(44)。穀母神デメーテルの神話はこのメタファー圏に属するものであり、時代の推移とともに、大地母神ガイアは穀母神デメーテルにとってかわられるようになっていく）。

さて、前者から後者への推移は、単性生殖的にすべてのものをひとりで産み出す母なる女性から、男性という鋤によって耕され、種を播かれることで出産する女性への移行である。このプロセスはもちろん、農耕以前の文化から農耕文化への移行に対応している。さきにウマティラ族の予言者のことばを引用したが、この移行過程の中には「母を傷つける罪深い行為」という側面が含まれることになる。さらには、穀母神の殺害や生贄《いけにえ》、傷つきや殺害に対する怒り、その怒りを鎮めるための儀式などが現れてくることになる。この点に関して、日本神話を素材にした三浦の(45)「生贄（イケニヘ）」に関する論述が示唆に富んでいる。この論述を概観しつつ、日本における「田」の心理学的意味を検討していこう。

b　女性の殺害と生贄

イケニヘ譚はおおよそ二つの話型に分類できる。一つは、「暴れ川の堤防や橋が洪水のたびに流出して村人は困っている」。そのため村人は、「川の神の怒りを鎮めるためにイケニヘを捧げて橋桁《はしげた》や堤防の底に埋めようということになる。そこで村のために自ら志願したり、占いに当たったりしたヲトメや村長や通りがかった乞食の親子などが犠牲となって生き埋めになる。そのお陰で頑丈な橋や堤防や城を築くことができ、人々の苦しみは救われた」というような話である。(46)もう一つの話型は、山に恐ろしい魔物が棲《す》んでおり、毎年村に住むヲトメ（少女）をイケニヘとして要求していた。村人は長年、魔物のいいなりになっていたが、あるとき村を訪れた若者が魔物を退治し村を救う。若者はイケニヘから救出したヲトメと幸せな結婚をするというような話である。後者の代表的な話が、スサノヲのヤマタノヲロチ退治神話に登場するクシナダヒメである。

三浦の見解では、ヲロチは川を象徴しており、水の恵みをもたらしてくれるとともに洪水によって人に危害を加える二面性をもつもの、すなわち〈自然〉の象徴となる。一方、スサノヲは〈文化〉を象徴する神である。クシナダヒメの父である足ナヅチからすれば、「異境から訪れる者に娘を与えてしまうという点からみれば、ヲロチに喰われるのもスサノヲに与えるのも同じこと」であり、つまりは、「ヲロチからスサノヲに祭祀対象を移した」ことになる。[47] ちなみに、クシナダヒメのクシは「奇《く》し（=霊妙な力をもつ）」「イナダ=稲田」の女神、すなわち「農耕神を祀る巫女という性格をもっている」。一方、スサノヲはオホゲツヒメを殺すことによって五穀を誕生させた神であることからも示されているように農耕の起源、すなわち〈文化〉に関わっている神である。まさしく、文化（culture）は農耕（agriculture）であり、スサノヲの有するこの「〈文化〉こそ稲作をはじめた農耕の力であり、同様に彼のもつ罪や凶暴性もまた、農耕が始源的に抱え込まなければならなかった〈負性〉に発していた」[48]とみなされる。クシナダヒメの視点からすれば、スサノヲとの結婚は自身をイケニヘとして捧げる祭祀対象を自然神（ヲロチ）から文化神（スサノヲ）へと転換したことになる。この転換は前節で指摘した、大地母神から穀母神への移行とパラレルな構造をもっている。

「稲作は人々に文化をもたらした。そしてそれは、自然と対立し自然を破壊することによって成り立つものであった。ヲロチ……もその犠牲となって死んだ」。この意味では、「彼ら（ヲロチ）の死こそが、農耕の始まりにあたって要請されたイケニヘだった」と見なすことができよう。実際、稲作がイケニヘを要求するものであったことは広く知られている。これは、農耕ことに稲作が〈自然〉と対立しそれを破壊することではじめて成立することによっている。この〈自然〉はすでに農耕が成立したあとの〈文化〉側の視点からみれば異境としてその眼に映る。共同体にとって〈山〉が他界として立ち現れてくるように。すなわち、稲作は「神=異境への侵犯という根源的タブーを抱え込んで」おり、「それゆえに、自然に対する稲作は、自然（神）をどのように宥め、どのようにして自然の力を人間の側に引き入れるかということが問題となる」[49]。この問題の解決のひとつの方法が神への供え物であり、その中でももっとも神がよろこぶ極限値としての供え物がヲトメのイケニへである。「ヲトメたちの、神の妻から神の御馳走への変貌は、非農耕（狩猟採集）から農耕への過渡において生じたのである[50]」。

ここで、スサノヲのもう一つのエピソード、「オホゲツヒメ殺しという罪を犯すことによって〈文化〉としての稲作（農耕）をもたらす神となって地上に降臨した」という神話を検討しておこう。三浦によれば、オホゲツヒメ（保食神）とは「始まりの前に位置づけられた混沌であり、自然である。五穀のように栽培し生み出されるものではなくて、排泄されるもの・湧き出してくるもの」である。周知のように、オホゲツヒメは鼻や口、尻から食材を取り出すが、これは前節で指摘した「単性生殖的にすべてのものをひとりで産み出す母なる女性」にほかならない。このような自然現象は〈文化〉（スサノヲ）の側からみればおぞましいものとみなされ、結果、オホゲツヒメはスサノヲに殺害される。この殺害によって彼女の死体から五穀の種が生まれ、スサノヲはこの種を地上にもたらした。「だから、スサノヲはクシナダヒメ（奇し稲田ヒメ）と結婚することになった[51]」わけである。

以上みてきたように、稲作の始まりは〈自然〉の殺害やそれへの生贄をともなっている。それは、単性生殖的な――とは、男性と関わらない、より正確に述べれば未だ男性という観念のない――女性を男性（文化＝スサノヲ）が殺害することであり、そのことで傷つき怒りをもつ〈自然〉をなだめるために女性（ヲトメ）を生贄にするという儀礼的思考である。後者に関しては具体的な例が数多くあるが、ここでは、折口が挙げている、早処女（サヲトメ）を田の中へ生き埋めにする儀礼や早処女を泥田の中に深く転ばす行事だけを挙げておく[52]。

3　田の象徴的意味

これまで検討してきた諸点をふまえて要約的に述べれば、「田」のもつ象徴的意味は「女性的なものへの男性的なものの侵犯」である。ここでの、女性‐男性という対立項はこの両項が表象する、自然の一部としての狩猟採集文化‐自然と対立し制御する農耕文化、〈自然〉‐〈文化〉、母なる大地‐大地を傷つけるもの、（〝男性〟が存在しない）単性生殖的な大地母神‐穀母神とまぐわう男神（たとえばゼウス）、生贄となる乙女‐生贄を行うもの(53)、などさまざまなレベルの対立項を含んでいる。それゆえ、風景構成法において「田」は、セクシュアルな意味で男性を受け入れることが困難な女性性の課題や、森に抱かれる狩猟民族ピグミーのように母に包まれて無垢に過ごしている「子ども」のポジションから、権力や所有、格差、他者との人間関係といった「あくの強い」ものが渦巻く「現実」ないし「大人」のポジションへの移行にまつわる問題、またときには、無垢なものを殺害せねばならない男性性のテーマなどが絡む項目となる。

しばしば、「田」の意味として強迫性を表わしているとか労働につながることなどが指摘される。それはまちがいではないが、ここでの労働とは、農耕文化に特有のつきっきりでの農作物の世話、それをなすための定住による固定された（逃げられない）人間関係の孕む緊張、繰り返しの多いややもすれば単調で長時間の労働などを内包するものであり、一言でいえば強迫的な労働である。そして、その強迫性は農耕文化の始まりとともに保存可能となった穀物などの所有・蓄積から生じてきた心性であるわけで、その点からすれば、女性で表象される強迫とは無縁な〈自然〉に男性で表象される強迫的な〈（農耕）文化〉が侵犯する象徴的意味が、「田」の意味としてはやはり根源的であり第一義的であると考えられる。

このような意味を「田」はもっているため、描き手の中に抵抗を生じさせやすいものとなる。また、提示される順序として、「川」「山」という〈自然〉イメージを喚起する項目のあとに提示される「田」は、ことさらに〈アンチ自然〉を際立たせるものとなるため、この点においても抵抗を感じる描き手が多いように思われる。そのため、ロールシャッハテストにおける色彩ショックと類似的に「田ショック」という名称で括ることができるような反応を取り出すことができると思われる。以下、「田ショック」に関して検討しておく。

a　田ショックの諸形態

①リジェクト

ある項目が提示されて、描き手がその項目を「描けない」あるいは「描きたくない」というふうにリジェクトする場合、それはその項目にまつわる象徴的意味が描き手の世界の中に位置づけることができないことを端的に示している。この意味で、「田」がリジェクトされるのは「田ショック」のもっともわかりやすい形態だといえる。これまでの考察からすれば、「田」がリジェクトされるのはそれがもっている「女性的なものへの男性的なものの侵犯」という意味によって喚起される心の中の何かを描き手が保持することができないからである。それは、第一章で検討した箱庭療法でいえば、あるミニチュア（さきの例の場合は蜘蛛）が気になるのだが「置け」ないことと等価な現象だといえる。

この節の冒頭に紹介した、痴漢に遭うという事件のあとからチック症状が激しくなった女児の描画を再度取りあげよう。一枚目の描画（**図2**）では、「田」「人」「動物」がリジェクトされており、二枚目以降は延々と「田」のみがリジェクトされていく。この二枚目でも「人」は最初リジェクトされていたが、治療者の励ましもあって女児は女の子を描いた。しかし、それも上半身だけであり、下半身はなかなか描くことができなかった。人体の下半身は上半身に比して、動物本能的かつセクシュアリティに関連する場所であり（だから、一枚目では「動物」も描けなかったのだと思われる）、この女児が被害にあった事件の内容を思えばそれを描くことがむずかしかったことは理解するにたやすい。セクシュアリティを自分のものとすることは、成熟した大人の女性になるにあたって必要であり重要であるが、この女児にとってはそれがとても不適切な時期に不適切な形でもって生じたからである。

さて、この女児の描く「山」は「旗が刺さった山」という形を頻繁にとっている（**図4**、**図6**、**図7**、**図8**）。筆者が思うに、この旗が刺さっている山は「征服された処女峰」である。未だ誰も足を踏み入れることのなかった自然のままで手つかずの処女峰を征服したとき、人はその証として旗をそこに掲げる。棒状のものを処女地に刺すということ自体も性交のメタファーになっていると考えられるが、このような「旗が山頂に刺さった山」の頻出や女の子の下半身を描くことの困難さなどは、この女児が「田」をリジェクトするのは「女性的なものへの男性的なものの侵犯」という意味を定位できないことの傍証となるだろう。

②田を「あちら」に配置する

「田ショック」の別の現れ方としては、そのようなショックを与える意味価をもっている「田」を「あちら」に配置するという構図がある。扱いがたいものであるがゆえに遠ざけるわけである。この場合、田が置かれるのが、川の「あちら」か山の「あちら」かによってその意味合いが大きく異なることはすでに指摘したとおりである。さらには、「田」を「あちら」に配置することに伴って、「こちら」に何が描かれるか、あるいは、何も描かれない空白となるかは重要な指標となる。これらの諸形態を、以下に検討しよう。

α　川の「あちら」に田を配置する：川の「あちら」（彼岸）に田が配置される描画（たとえば、**図1**参照）については、第三章の「基本型となる風景構成法の描画の解釈」でも検討したように神経症的な構図だといえる。この構図は、しっかりと空と大地を区分けする連山があることによって、連山の「こちら」側に日常的な領域としての大地が広がっており、この領域の中に川が走り、その川によって「あちら」と「こちら」が区分される。この「あちら」の領域（小文字の「あちら」）に配置される「田」は遠ざけられつつも、それが日常の領域に属しており、扱うことが可能であることを示している。

β　山の「あちら」に田を配置する：山を越えた「あちら」に「田」が配置される構図は、川の「あちら」に配置される構図に比してそれがより扱いにくいものであることを示唆する。例を挙げよう。**図21**は「画面手前に配置される山」でも少し検討した、解離性障害のある20歳代の女性の描画である。この女性は男性が苦手で避けがちであったが、別人格が現れると派手な異性交遊を繰り返していた人である。「川」は二股に分かれる。次の「山」はその川を含むように画面手前に大きく描かれる。ここですでに川の両岸は山中にあることになり、小文字の「こちら」も「あちら」も大文字の「あちら」に属する領域となる。この構図から、この描き手の主体（視点）が「現実」の中に位置づけられることがなかなかに困難であることがうかがわれる。次に提示される「田」は山の向こう側に描かれる。「田」のもつ象徴的意味がこの描き手にとってきわめて扱いがたいものであることがわかる。にもかかわらず、その田には果物の実をつけた木がつけ加えられる。（果）実は受粉というセクシュアリティを連想させる過程を経た後、熟してできるものであり、また動物に「喰われる」ものであることから欲望の対象となるものでもある。これに関しては、「あの女はもう熟している」とか「女を喰う」などの言葉を思い浮かべていただくとよいだろう。この意味では木になった果実は、田ショックにみられる「女性的なものへの男性的なものの侵犯」への不安や怖れとは逆の方向性をもつものである。実際、さきの痴漢にあったチックの女児は、六枚目に田をはじめて描き、次回に最後となる描画で木から取った果実をもつ女の子を描いている（**図8**）。これは「田」に関連するセクシュアルなものを自身の世界に位置づけることができたあと、成熟した果実を手にすることが可能となったと理解することができよう。**図21**の解離性障害の女性の場合は、田が山の向こうに配置されることから「女性的なものへの男性的なものの侵犯」というイメージにまつわることがらを扱うことが極めて困難であり、それを忌避する志向性がみられると同時に、そこに果実のなる木が描かれることから、性的な誘因に対して即時的にそこにはまり込む傾向がみられる。これは「攻撃者への同一視」にも似て、性的なことがらをあまりに避けようとするため、それが反転して行動化（この患者の場合は、解離を伴って）するのだと考えられる。これらのことが、山の向こうに描かれた田に果実のなっている木が配置される構図によく示されている。ここでは、果実で表象される性的なことがらが現実の場（山の「こちら」）で成就せず、空回りしていることが示唆される。

③川の「こちら」に田を配置する

「田ショック」によって田が川の「こちら」（此岸）に配置されると考えられる構図がある。「田ショック」とは「田」のもつ象徴的意味（「女性的なものへの男性的なものの侵犯」）が描き手にとって扱いがたい何かを心的に喚起させることを指している。そのようなショックを与えるものを遠ざけて配置することは理解しやすい。では、逆に「こちら」という主体（視点）の近くにそのようなショッキングな「田」を配置してしまう構図とはなんなのか。「田ショック」がロールシャッハテストにおける「色彩ショック」と類似した面をもっていることはすでに指摘したが、色彩ショックによる反応の一つに、反応時間が短く形態水準が悪いというものがある。これは色彩によってショックが生じたため良質な形態水準が現れてくるまで時間がかかって反応時間が長くなるのとは逆に、ある種のパニック状態となって即座に色彩をもつ対象に飛びつく結果、形態水準の悪い反応が生じるわけである。「田ショック」がありながら、川の「こちら」側に田を配置する構図はこれと同型だと考えられる。嫌なものを遠ざけるのは主体が自分の足場を保ちながら嫌なものを排除できる「強さ」をもっているといえるが、この意味では、この構図では主体は足場を保てず、嫌なものに巻き込まれる形となっており、その「弱さ」が示唆される。

例として、過剰適応が問題となっていた中学生女子の描画をみてみよう（図23）。斜めに流れる川が描かれ、連山が描かれたあと、「田」は川の此岸（「こちら」）に配置される。この時点で、田が「こちら」に配置された意味は二つの異なる可能性が考えられる。ひとつは田がもつ象徴的意味である『女性的なものへの男性的なものの侵犯」やそこから派生する「現実に参与し、労働する」などに関して、描き手が成熟しており、それを十全に引き受けていることの表象として「こちら」に描くという可能性である。もうひとつは、さきに述べたようにむしろ描き手の「弱さ」ゆえに田を遠ざけることができずにそこに巻き込まれる傾向が示されている可能性である。両者の弁別にあたっては、諸項目がどのように描かれ、どこに配置されるかという一連の流れを詳細に吟味することが重要となるが、とくに注目しなければならないのは「田」以降に提示される項目の動的な連関である。この描画（図23）では次に提示された「道」に対して川の此岸から彼岸へと橋がかかり、そのまま道は山頂に向かって延びていく。これは「田ショック」による田からの逃走だと考えられよう。しかも、このエスケープの先は山中であり、現実的日常的な世界からの逃避であることが示唆される。次の項目である「家」が複数個山頂に描かれるのもこの考えを補強する。安心の基盤としての「家」が日常世界を離れて遠くにある印象である。この描き手は、「労働」や「男性」という本来自我違和的であるものの侵犯を喚起させる「田」が提示されると、その「弱さ」からそこに飛びつき巻き込まれる。しかし、それは主体的にそこ（田）にコミットしているのではなく、真の主体はそこからエスケープして日常から引きこもっていることが示されている。この過剰適応の女子中学生は面接の中でだんだんと自身の中にある空虚感を訴えだすのだが、この空虚感の中身がこの描画によく示されていると思われる。さきに、川の「こちら」が空白の領域となる構図を検討した際に、その構図はある種抜け殻的な主体のあり方を示していることを指摘した。それを踏まえて述べるならば、田が「こちら」にある構図は、主体が空白であるという「弱い」あり方をしているがゆえに、本来主体が立つ領域である「こちら」が田に憑依されてしまったかのような状態になっており、そのため、その主体の「魂」とも呼ぶべきものは「あちら」という遠い世界を漂っているわけである。この意味で、面接経過の中で過剰適応をしていた女生徒が自身がほんとうは空虚なあり方をしていたことが意識に上がっていっているのは治療的な展開だといえる。

もう一例挙げておこう。**図18**は、アルコール依存症の20歳代の女性の描画である。ここでは田が川の「こちら」に描かれたあと、道と石以外はすべての項目が川の「あちら」側に描かれ、「こちら」と分断され、隔離されたような小世界を形成している印象をなしている。この「道」の形態や配置は、どこかに向かう道ではなく、田と「あちら」の世界の分断を強化する境界としての道だと思われる。本来主体の立ち位置である「こちら」に実際には関わることが困難な「田」が場所を占領してしまうところにこの描き手の「弱さ」がうかがえる。このように、田に関わってしまう状態から逃避する形で、主体から遠い「あちら」に一見日常生活を送っているような人や家、動物がこぢんまりと世界を作っているが、「こちら」に主体の足場がない以上、そのような「あちら」にある世界は描き手にとって「現実」的なものとしては感じられていないと思われる。アルコールへの依存自体が現実逃避的な側面を強くもっていると考えられるが、この描画はその逃避の背後にある構造をよく示していると思われる。

何度か取りあげて検討してきた、痴漢に遭った後チック症状がひどくなった女児の描画で、はじめて「田」を描いた六枚目の絵（**図7**）も、川の「こちら」に田が配置されている。この女児の場合、田を描けたこと自体がとても大きな治療的意味をもっていることはもちろんであるが、それくらいの意味価をもっている項目であるがゆえ、描いたときにはそれに巻き込まれる形になったと思われる。無理もないことであり、それにもまして描けたことが重要ではあるが、田に対する主体の「弱さ」というならば、やはりそれはここにもみられる。この田は真四角で浮き上がってみえているが、この点に関しては次々項で取りあげよう。

④連山が欠如しているところに田を配置する

「田ショック」の現れのひとつとして、連山が一部分欠如しているところに田が置かれることがある。すでに検討したように、連山が一部分欠如しているところは、空に属しているのか大地に属しているのか曖昧な領域であり、さらには連山による「大文字のあちら」と「大文字のこちら」という重要な水準の差違を形成する境界が破綻しているところでもある。このような場所に配置される項目は、描き手にとってその項目がもつ象徴的意味が大地という現実に、さらには「大文字のこちら」という日常空間に位置づけることができないことを示している。それゆえ、この場所に田が描かれたならば、それは端的に「田ショック」によるものとみなすことができる。つまりは、「どこでもない場所」に田を遠ざけるわけである。この遠ざけ方は、川の彼岸に田を描く構図よりも病理的に深刻な可能性を示唆している。川の彼岸は「こちら」ではない「あちら」という場所であり、嫌なものを遠ざけて置く場所としてふさわしいが、連山の一部が欠如している空間はどこにも所属しない次元の狭間のような場所だからである。この場所に配置されるものは、それほどまでに扱うのが困難であることを示している。具体例としてはすでに取りあげたアルコール依存症の女性の絵（**図17**）などを参照されたい。

⑤田の四角性

a　強迫性、社会的現実性としての四角形：風景構成法で「田」が描かれる際、その形は四角形になることが圧倒的に多い。もちろん、農耕文化が始まってから初期の段階の田は四角形ではなく、大型家畜を用いての

耕起の効率化や田地の拡大に伴ってその形態が四角形に変化していったという経緯がある。しかし、四角形に変化したなにより大きな要因は、税に関わる農地面積の測量と農作物の収穫量を計算しやすくするためであった。中井も指摘するように、「五島列島を除いて、わが水田が四角形なのは貯水の自然に反しており、収穫の計算可能性を優先させたため[54]」である。ここには、支配者による税の徴収、貯蔵、所有される農作物、その厳密な計算などが示しているように、顕著に強迫性がみられる。この強迫性は農耕文化以降の社会における「現実」が要求する性質と言っても過言ではない。現代のわれわれが生きる社会も大きな枠組みの中ではこの文化圏に属している。農耕文化が強迫性に親和的であり、それゆえ、狩猟採集民のもつ認知特性を保っている統合失調症者が農耕文化圏において適応不全に陥りがちなのは、「分裂病者の社会〝復帰〟(はたして復帰であろうか加入であろうか)は多くの壁をのりこえねばならず、その最大の壁が「強迫的なるものを身につけること」の成否にあり、これはまことに彼らにとってヘラクレスの業である[55]」との中井の指摘からもうかがえよう。

このように、「田」の四角形は強迫性、および強迫性を基盤としている社会的現実性を表象するものとなる。強迫性を帯びる社会の現実が描き手の心にヒットした場合(これも「田ショック」である)、この「田」の四角性になんらかの「歪み」が生じる可能性がある。以下にその現れ方のいくつかをみていこう。

β パースペクティブからの浮き上がりと構成放棄:真四角に描かれる「田」がある。その構図が鳥瞰図的に空からの視点をとっており、田を含むすべての項目がこの視点から描かれていれば真四角の田も違和感は少ないが、ここで問題としている真四角な田は、田以外の項目がある程度奥行き感をもつパースペクティブの中で配置されているのに、田だけが異なる視点から見られているように「浮き上がった」ものとなっている構図である。例を挙げよう。**図7**は何度か取りあげている、痴漢に遭うという事件のあとからチック症状が激しくなった女児の描画で、ずっと「田」をリジェクトしてきた彼女がはじめて「田」を描いたときのものである。田は川の「こちら」に配置され、真四角に描かれている。そのため、この田は浮き上がり、他の項目が配置されているパースペクティブとは異なる視点から描かれている印象を与えるものとなっている。これは、基本型として取りあげた**図1**の田と比較してもらうと違いがよくわかるであろう。田は貯水のために水平でなければならず、奥行きのある構図においては大地に沿った形を取るのが自然である。**図1**の「田」はそうなっているが、この女児の「田」はそうなっておらず、その結果、全体から浮き上がるような形になっている。

「田」をずっと描くことができなかったこの女児にとってそれを描くことができたこの描画の意味はとても大きい。しかし、「田ショック」を乗り越えてはじめて田を描いたことにある意味ふさわしいのだが、この田はこの世界の中でしっくりと落ち着いたものにはまだなっていない。この田は川の此岸（「こちら」）に配置されるが、これはすでに検討してきたように、主体が足場を保てないまま、田に巻き込まれていることを示唆している。加えて、田が真四角で世界から浮き上がる。

他の項目があるパースペクティブの中である程度秩序だって配置されているのに対して、そこから浮き上がっているというのは、そのパースペクティブから「田」が独立している、換言すればそのパースペクティブに関係していないということである。このことの理解のために、それぞれの項目が互いに独立しており、関係しない極限を考えてみよう。それはいわゆる「構成放棄」と呼ばれる描画である。例を挙げれば**図F-1**のような描画である。

「立つ川」を検討した際に、世界から離脱・超越する視点に対比させて世界に埋没する視点を考察した。この離脱・超越する視点こそが、厳密な意味での遠近法でなくともある程度の奥行きをもった構図を創り出す視点であることはすでに指摘したとおりである。逆にいえば、埋没する視点は対象となる項目をあるパースペクティブの中に位置づけ構成するような距離をもたない。ある項目に対してどっぷりとそこに漬かるわ

図F−1

けである。構成放棄の描画とは、すべての項目に対してこの埋没する視点で反応する構図だといえる。たとえば、「川」が提示されるとそこに埋没した視点によって川が描かれる。次に「山」が提示されると、さきに描いた川はすでに眼中になく、それとは無関係に「山」に埋没した視点で山が描かれる。以下、すべての項目に関して同様なことが繰り返され、結果、各項目間を関係させ構成する視点（パースペクティブ）を感じさせない「構成放棄」と呼称される描画が完成することになる。(56) 繰り返しになるが、このような構図の描画が悪いとか劣っているということではない。「構成放棄」という構図で描き手の特徴がそこによく示されているわけであり、心理学的にはそこに価値があるのである。

さて以上のことがらを踏まえて、「浮き上がる田」に戻ろう。**図7**のように他の項目はあるパースペクティブの中に収められているのに「田」だけが浮き上がるような形態（四角）になっているのは、「田」が提示されたときに「田ショック」が起こり、「田」に対して距離がとれずそこに埋没してしまうからだと考えられる。つまり、「田」という項目のみにおいて「構成放棄」が生じているともいえよう。このような田に対する余裕のない関わり方は、川の此岸（こちら）に田を配置するあり方と整合している。

γ　輪郭が曲線の田、輪郭線のない田

風景構成法において「田」は圧倒的に四角形で描かれることが多いが、ときに輪郭線が曲線である田がみられる。極端な場合はまん丸の田がある。た

とえば、高橋（２００９）が報告している体重20キログラム台にまで到った拒食症の女性は一枚目の風景構成法において円の中に四つの小円が入っている「田」を描いている。[57]このような円形の田が描かれるのはかなり稀希で、筆者は今までにこの事例を含めて二回しか目にしたことはない。もう一つの丸い田も拒食症の女性が描いたものであった。このような丸い田に関する筆者の見解を以下に述べる。

古来さまざまな文化において、円を天上の原理、四角を地上の原理とみなすコスモロジー観がみられる。なかでも代表的なものが古代中国における「天円地方」という概念である。ここでは、天は円であり、地は方（四角）とする象徴的思考がみられる。詳細は成書に譲るが、[58]中国（漢族）のコスモロジーでは、「天帝のエネルギーは、天極から発する宇宙軸を伝導軸として地の中心に達します。地の中心に立って天のエネルギーを一身に受ける存在が、天帝の子としての天子です。このように「天円の中心」＝「地方の中心」という天地相応の関係で結ばれている」とされる。

ところで、円と四角の相応という観点から数学に眼を移してみれば、興味深いのは円積問題である。円積問題とは、古代より難問として知られていた「与えられた長さの半径を持つ円に対し、定規とコンパスによる有限回の操作でそれと面積の等しい正方形を作図することができるか」という問題である。１８８２年にリンデマンによって、πが超越数であることが証明され、円積問題は作図不能であるという形で数学上は決着が着くのだが、[59]心理学的な観点からは、この円積問題は円で示される天上の原理をいかにして四角で示される地上に変換して降ろしてくるかというコスモロジカルなテーマを数学的な対象に置き換えて取り組んでいたともいえよう。[60]

上記のような観点からすると、円形の田というのは「地上の原理」としての田の四角性の否定である。円積問題は作図不能であると数学的に証明されたことも暗示的だが、天（円）の原理を無媒介的に地（四角）に降ろすことはできない。にもかかわらず、四角（地）をそのまま円（天）化しているのが丸い田だといえる。ここで、四角＝地＝現実＝この世＝日常であり、円＝天＝観念＝あの世＝非日常と言い換えてもよい。円とは象徴的には「完全（perfect）」を意味しており、観念的（Ideal）な存在である。一方、四角（方）は不完全であり、ということは何かが欠落していたり、傷ついたり、限定されている存在、すなわち、現実的（Real）な存在である。拒食症の女性は身体という大地性を否定して、精神・観念的なところへ至ろうとする志向性があるように考えられるが、田の四角性の否定はこの構図によくフィットするものである。非物質的で無限定である観念とは異なり、身体は物質的で限定された存在である。それゆえ、身体は不完全で、何かが欠如しており、傷つくものである。丸い田は、このような身体性・現実性を否定しようとする表象である。このことに関連して、阿部の論考は示唆的である。

阿部によれば、「縄文時代のコスモスは円であり、死者はコスモスとしての「円」から離れる必要はなかった」。したがって、「縄文時代には、死者の霊魂が行く他界は明確には想定されていなかったと推測できる」。ところが、弥生時代になると稲作とともに大陸のコスモロジーの影響を受けて、天にある宇宙水が「方」の大地を取り巻いており、そこから外来魂（稲の精霊としての稲霊や死者の霊魂）が訪れるというコスモロジーが広まっていく。このことを示しているのが、弥生時代の方形の墳丘墓である。それは「〈方〉のコスモスの縮図であり、宇宙の秩序が表現された神聖な領域」であった。さらに、「古墳時代に入ると、天の象徴としての「円」と地の象徴としての「方」からなる前方後円墳が、天と地を結ぶものとして作られた」[61]。狩猟採集文化を中心とする縄文時代の「円」のコスモロジーが、農耕文化が本格化する弥生時代には「方（四角）」のコスモロジーに変化していくことは、「田」のもつ四角性を考察する上でも非常に興味深い。

総括的に述べれば、「田」の四角性は強迫性をベースとする社会や現実、観念的ではない（地に足をつけた）日常生活、現実的であるがゆえに欠落や傷をともなうことなどを象徴している。丸い（円形の）田はこのような四角性を否定する動きによって現れる形態だと考えられる。この否定はもちろん「田ショック」に

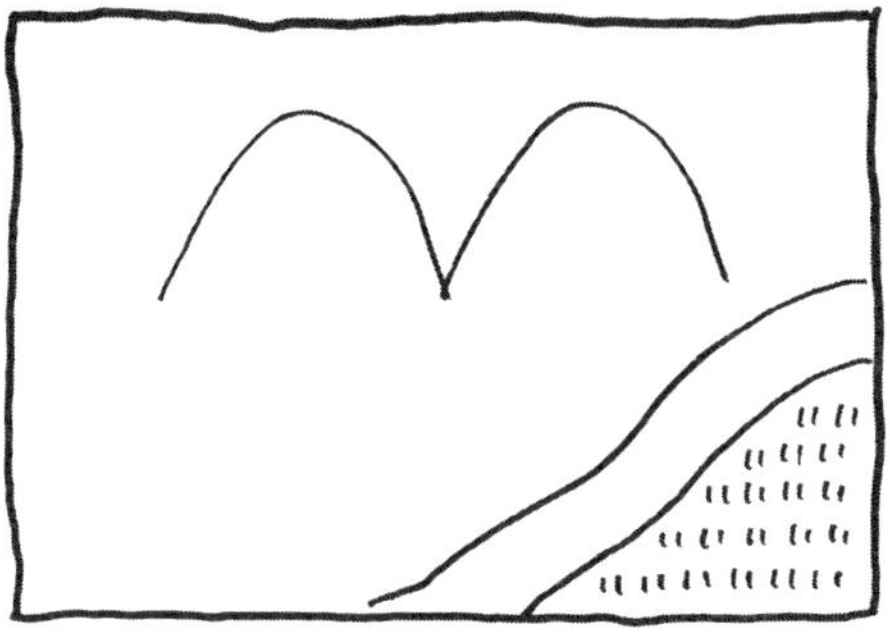
図F−2

よって発動するものである。このような「田」の四角性の否定は丸い田以外にも次のような形態がみられる。
ひとつは、完全な円形ではないにせよ、「田」の輪郭線が曲線で形成されているものである。たとえば、さきにも取りあげたアルコール依存症の女性が描いた絵（**図18**）をみてみよう。この田もその輪郭は曲線的なカーブを描いている。これは完全な円形という形態ほどではないが、やはり田の四角性の否定と考えられる。すでに指摘したとおり、この描画の構図は、描き手の「弱さ」によって田が「こちら」に描かれ、主体は「あちら」で一見日常生活を送っているようにみえるが、そこでの「現実」感は薄いことを示唆するものであったが、田の輪郭線が曲線を描くことにみられる、田の四角性（現実）の否定はこの見解を支持すると思われる。
さらには、「田」を描く際に田の輪郭を描くのではなく、すでに川と山を描く際に使った描線をもちいて田の輪郭とする場合がある（**図F−2**）。ここには、「田」以降に提示される項目を描いた描線をもって、あとで田をつけ加える場合も含めることができる。これらは、田の四角性の否定ということに加えて、輪郭線を描かないことで田を独立したものとして描かないという否定も含む形態だといえる。要するに、田に対してある種のデタッチがみられるわけである。このことが明瞭にみてとれる形態が「輪郭線のない田」である。「川にくっつく山」の節で検討した、ある男性に対しストーキング行為を繰り返していた恋愛妄想をもつ女性の描画（**図20**）の田などはその一例である。山の描線が川に接触することから、メタとオブジェの区別が混乱し現実からずれた妄想が生じる可能性が指摘されたが、田の輪郭を描かないという表現で示される現実性の否定（現実に直面する強さが脆弱）もその見解を裏打ちするものとなっている。耕作地は放置すればたちまち自然が覆い尽くすため、農耕民は強迫的に自然を去勢し、耕作地と自然との境界線を明確に引こうとする。この意味では、輪郭線のない田は田の自然化を志向している。それは、田のもつ象徴的意味である「男性による女性の侵犯」から「男性」を消去しようとする試みにほかならない。

第4節 「道」：目的、手段、意志をもって始点から終点に向かうベクトル

川が水と大地の差違によって形作られるのに対して、道は地と地の間の差違によって形成される。人が目的に向かうという意図をもって歩むこと、あるいは歩んできた歴史によって、道である地と道でない地との間に差違が刻まれ道ができる。川が水という液体の流れであることから、そこに人が入ると「流される」という主体性のない状態になるのに対して、道は地を走るものであるため、人はその上に立ち目的地に向かって「歩む」という主体性を発露する。

「あそこに行くためにはこの道を行かねばならない」ということばが表わすように、道は目的地である終点と出発点である始点を方向性をもった矢印（ベクトル）で結ぶものであり、終点に至るための通路、手段となる。それゆえ、風景構成法において「道」が提示されると描き手の心の中で、始点（今どこにいるのか）、目的（どこに向かうのか）、目的に至るための手段、意志、意図などにまつわるものが刺激されることになる。そのため、描画の中で「道」がどのような項目と項目を結んでいるかは重要な注目ポイントとな

る。

しかし、ここで注意すべきは、項目提示の順として「道」が提示されるときには画面に描かれている項目は、川と山と田しかないということである。だから、基本的には、この時点での「道」はこのすでに描かれている三つの項目のどれかに「関わる」形で描かれるか、「関わらない」形で描かれるかしかありえない。この場合、この三項目しか配置されていないことに加えて、「田」が田ショックを誘発するような強い意味価を内包しているがゆえに、描き手にとって「どこからどこにお前は向かうのか」を問うてくる「道」は田ショックの余波の影響を受けて、その形態や配置が決定されることが非常に多いように思われる。「道」を描けと提示されることは、「これまでに描かれた、川〈水の世界と地の世界という差違、此岸〈こちら〉と彼岸〈あちら〉との区別〉、山（この世とあの世）、大地（物質性・身体性）と空（非物質性、精神性）との差違、田（女性性に対して侵犯する男性性）によって構成された世界において、あなたはどこからどこへ向かうのか」と問われることだからだ。

もちろん、このあとに提示される項目（家、木、人……）が描かれ配置されたあとで、ある項目とある項目との間に道が描かれることもよくある。この場合、いつの時点でその道が描かれたか、つまり、どの項目の影響によって、どことどこが道によってつながったのかが大事な注目点となる。ここでは、途中でつけ加えられる道に関してはそれを指摘することにとどめ、「道」が提示されたときに描かれる道の構図を中心に考察していこう。

1　川と交差する道と橋

道が川と関わる構図の中でまず道と川が交差するものを検討しよう。通常、これは川によって此岸と彼岸

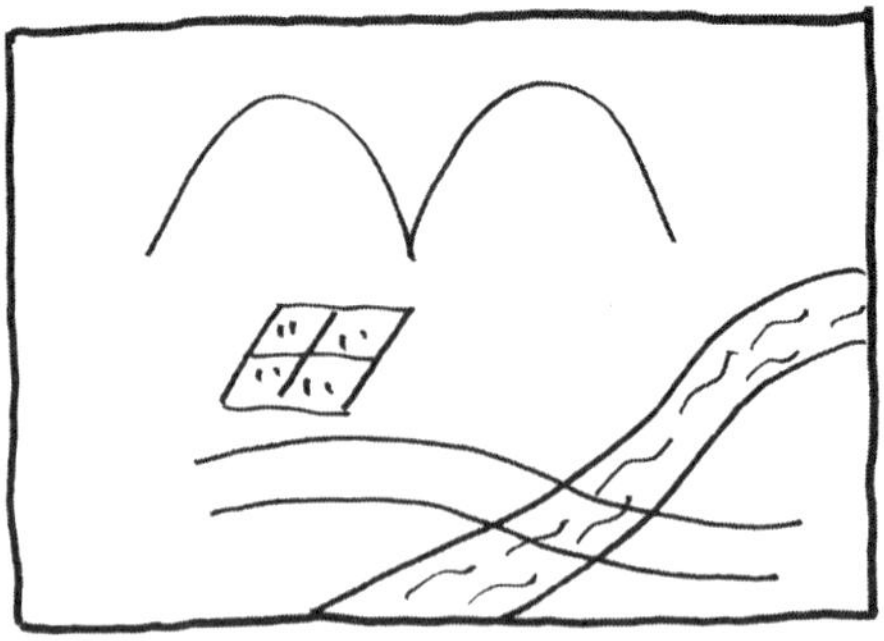

図G−1

が生じている構図の中で現れ、川には橋が架かることになる。基本的には、この構図は分離された彼岸と此岸とをもう一度関係づける動きが表出されたものとみなされる。すでに考察してきたように、原理的な観点からは此岸（こちら）が主体が帰属する領域となり、彼岸（あちら）は主体にとって馴染みの薄い領域となる。ここでは、「道」が提示されたときに描かれる「川と交差する道」を検討しているわけであるが、そうであれば、この時点ではすでに描かれているのは川、山、田だけである。川の両岸には此岸と彼岸があり、道が川と交差するかぎり、その道は此岸と彼岸とを橋渡しし、その両域を通ることになる。それゆえ、山と田がどのような形態でどこに配置されているかが重要な注目点となる。

a　田が彼岸にある場合

田が彼岸に配置されるのは、描き手にとって田のもつ象徴的意味が扱いにくいからであり（田ショック）、それゆえそれを遠ざける力動がはたらいたと考えられる。この次に提示された「道」が彼岸と此岸をつなぐものとして描かれるならば（**図G−1**）、基本的には、これは田を遠ざけたことに対する逆方向の動き、すなわち、彼岸（あちら）に遠ざけた田を此岸（こちら）と関係づけようとする力動がはたらいていることを示唆する。

ただし、田を彼岸に配置したあと、「道」によって此岸と遠ざけた田がつながる構図はさきに述べた逆方向への動きが即座に生じすぎている印象を与

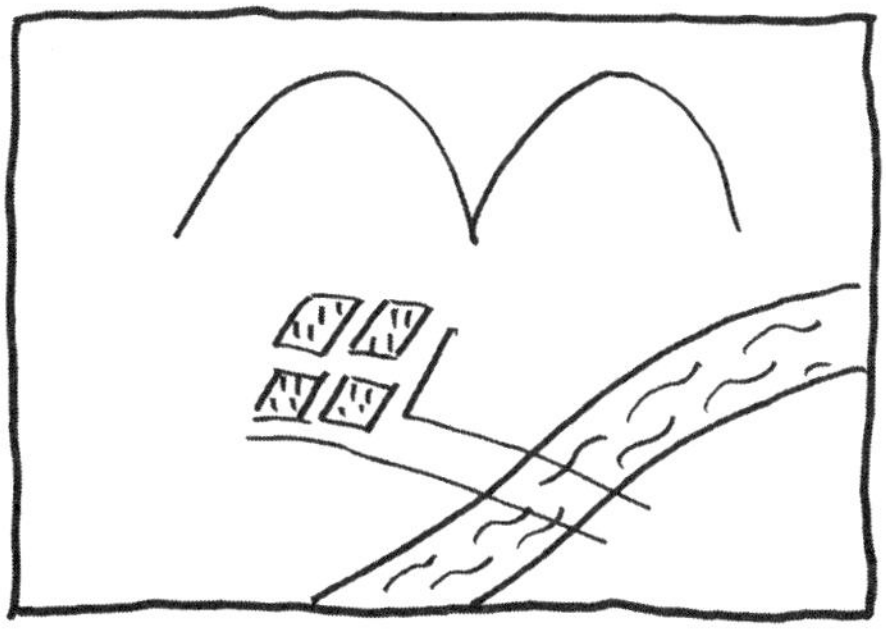
図G−2

える場合も多く、すぐ後で検討される「田が此岸にある場合」や「川を描いた時点で橋が架かる」における心の動きにも似て、「田ショック」の余波によってせっかく遠ざけた田に巻き込まれて飛びついてしまっている表象と考えられる場合もしばしばある。この辺りはデリケートな読みが要求されるところで、他の項目の形態や配置を吟味した上での整合性に照らさねばならない。とくに彼岸の田に道が一直線に向かっていったり、田にまとわりつくような印象を与えるあぜ道が描かれる場合（**図G−2**）はその可能性が高いといえる。

一般的に言って、「道」が提示された時点に川と道が交差する構図が描かれるのではなく、その後に提示された項目を描く際に川と交差する道がつけ加えられることの方が多いように思われる。また、このような経過の中で道が川と交差し、田と此岸や他の項目との間に関係ができてくる方が「田ショック」からの回復のプロセスとしては健康度が高いように思われる。「田」を彼岸に配置するのは、それを扱うのが困難だから遠ざけたわけで、そのような田と関係していくのはそれなりの手順と時間が普通は必要だからである。また、この際、どの項目のどのような効果・影響によって追加的に川と交差する道が描かれたのかを吟味することが大事である。たとえば、「木」が提示されたときに大きな木が此岸に描かれ、その後に彼岸にある田と此岸の間に道が追加されたなら、これは木のもつ「大地に根付く」という象徴的意味が描き手の内に喚起され、その安定感を土台として、遠ざけていた田と関係がもてるような動きが生じたことが推測される。

b　田が此岸にある場合

田が此岸に配置されるのは、ショックを引き起こす「田」を彼岸に遠ざけて此岸を守る「強さ」が脆弱であるがゆえに、パニック的に「田」を此岸という身近な領域に引き寄せてしまう可能性が考えられた。このあと、「道」が提示された際に川と交差する道が描かれるならば、この道は田から逃避していくという意味が強いものとなる。此岸（こちら）を主体の基本的な立ち位置とみなすならば、この構図は本来的な主体の位置が田に占められてしまい、主体の本性は遠い「あちら」に逃避し分離してしまっていることを示唆している。これは、過剰適応的に周囲の言いつけをよく守りお手伝いも熱心にするが、自身の主体性は実は脆弱である、いわゆる「良い子ちゃん」にしばしばみられる構図である（たとえば、**図23**を参照）。とくにこの構図で道が山中や山を越え出るような形態の場合は、「田」という「現実」からの逃避の強度が高いことが示されており、その病態水準の重さを他の項目の形態や配置から慎重に吟味する必要がある。

c　川を描いた時点で橋が架かる

「川」が提示されて、川が描かれたその時点で川に橋が架かることがある。この場合、道が走って川に至り橋が架かることもあれば、橋だけが川に架けられることもあるが、筆者の経験では後者の方が多いように思われる。たとえば、恋愛妄想をもちストーキング行為を繰り返していた女性の描画（**図20**）では、川が描かれた時点でそこに橋が架かっている。これは、川によって画面が二分割され彼岸と此岸が分離することに対する逆方向（カウンター）の動きだということがまず考えられる。「分離」するという動きは、何かと何かを「区別」することや何かから距離をとって自立することと関連しており、〝二〟を創り出す動きであ

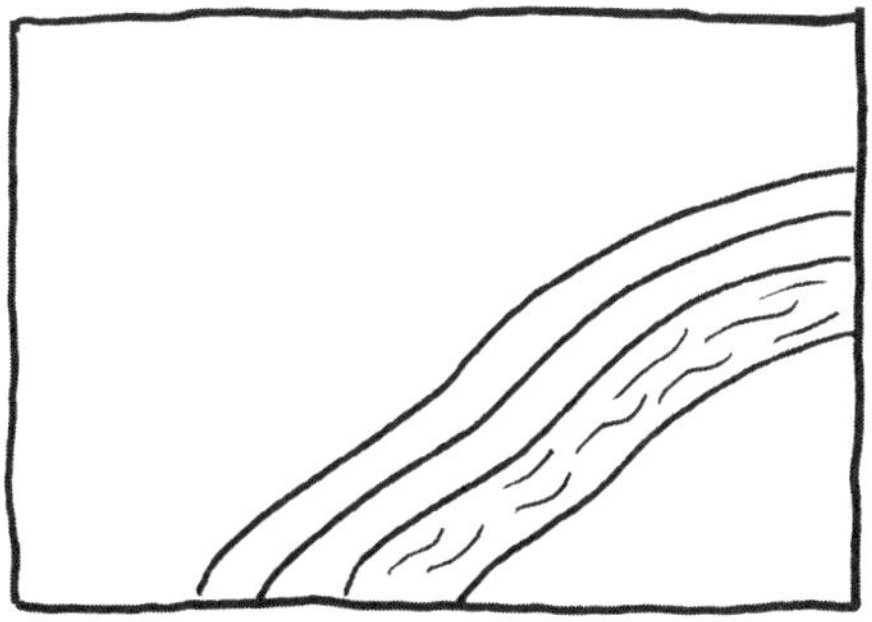

図G－3

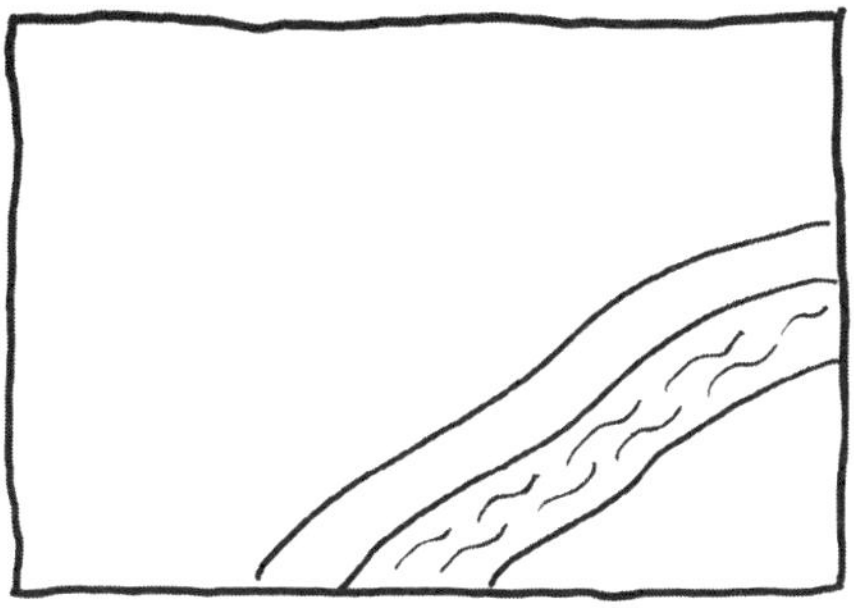

図G－4

る。この描き手の中で、そのような「分離」という〝二〟を生じさせる動きが出てくると、即座にそれを打ち消して元の〝一〟に戻ろうとする動きが生じることがうかがわれる。このような動きはこの描き手の山が川に「くっつく」構図や山中に「人」が入っていくことで示唆される現実検討の水準の混乱や対象へのしがみつきと整合性を示している。

2　川と並行する道

川と並行する道とは**図G－3**のような構図である。さらに道が川にくっつくような形になるものもある（**図G－4**）。既述したとおり、川は自然な水の流れであり、その中に人が入るならば「流される」という主体性を失う状態になるのと対比的に、道は目的、手段、意志などを伴って大地に足をつけて主体的に人が「歩む」ものである。かように対照的な川と道であるにもかかわらず、道が川に沿うように描かれる場合、道が川（のもつ象徴的意味）の引力圏に引っ張られていることが示唆される。枠線の下辺と並行する「横に流れる川」が、下辺の枠線がもつ引力に影響を受けているように、川と並行する道は川の引力圏にあり、川の流れと同化する傾向がみられる。この構図の意味としては、意志や主体性などの表象としての道がその状態を保てず、「流されるがまま」という主体性の乏しい状態に引きずられる傾向が考えられる。別の言い方をすれば、道で示される「大地を踏みしめて目的に向かって歩む」という姿勢が川という「水の世界」に魅惑されてそこに埋没する方向性をもっていると言ってもよいし、あるいは、「意志をもって自立した大人」に関連する諸々の心的なものが「母なる水」の流れとしての「川」に退行していく動きが生じているともいえよう。

図24は過剰適応が問題となったいわゆる「良い子ちゃん」の女子高生の描画である。画面を斜めに走る川が描かれ、「田」はかなりの面積を占めて彼岸に多くの田が配置される。そして、道は川に並行して沿う道が描かれる。これは「田ショック」が生じたことで、次に提示される「あなたはどこに向かうのか」という問いを喚起させる。「道」は田に向かうものではなく、川に同化するような形となったと推測される。田が自然（女性）に対する文化（男性）の侵犯という象徴的意味をもっていることはすでに検討したが、この道はそのような「田」に向かうのではなく、「自然」な流れをもつ川に並行同化するものとなっている。しかし、一方で彼岸に置かれた田は数が多くその面積のかなりを占めている。さらには「人」が提示されるとその田に多くの人々が入って働く姿が描かれている。このような、田を回避する傾向を示す一方で、同時に田に関わる傾向もあることがこの描き手の過剰適応の構造をよく表わしていると思われる。この両価的な傾向は空白の此岸にぽつんといる猫にも示されていよう。多くの田があり人はそこで働いているのだが、それは彼岸（あちら）にあり、主体としての此岸（こちら）は空虚である。そこに置かれた動物（猫）はこの描き手の「魂」ともいうべきもので、つまりは、田で働いてはいるがそこには「魂」は入っていないことがうか

がわれる。川に沿う道はこれらのこととパラレルであり整合している。主体を示す、意志としての道が「流れる（流される）」川と同化しているからである。

ちなみに、この描画では彩色段階のときに、素描のときに道としていたところに水色を塗り、川としていたところに茶色を塗っている。つまり、川と道が入れ替わったわけである。これは色彩による混淆（コンタミネーション）とも呼ぶべきものであり、道の川への同化傾向をさらによく示すものだと思われる[62]。

道が川と少し距離をおきつつ並行する構図（**図G-3**）は、川にぴったりとくっつく構図よりはその引力圏からの自由度が高いと思われる。しかし、いずれにせよ、「道」で示される、意志、目的などにからむ主体性が、「流れる（流される）」や「（母なる）水の世界」といった意味表象をもつ「川」の引力に取り込まれる傾向があることを示している。

3 どこも結ばない道

「どこも結ばない道」とは、道の始点や終点がどの項目とも関係しない道である。典型的なものは枠線から始まって別の枠線へと至る道である。たとえば、基本型で検討した**図1**の道がこれに当てはまる。そこでも考察したように、この描き手は田ショックによって田を川の彼岸（あちら）に遠ざける。この田のもつ「磁場」に引っ張られるがゆえに、次の「道」は田の近くを通るものとなる。しかし、田につながりそこから始まる道ではなく、道の始点は枠線（の外）にある形態となっている。この始点のあり方は、描き手の心が田のもつ象徴的意味に引っ張られつつ、一方ではそれを避けようとする動きが生じたためだと思われる。実際、一直線に道は田から遠ざかり、右側の枠線へと至っている。このように、「どこも結ばない道」はその始点と終点が枠内で完結しない道である。本来、「道」とは主体の立ち位置としての始点からある目的

（終点）に至ろうとする意志を反映した方向性をもっている。しかし、さきの**図1**では、道はその始点を田に置くことから避けて、始点を枠外に置き、さらに至るべき目的地（終点）も明確にならず、枠外に置かれる。この道は、どこからどこへと至る道ではなく、ただひたすら田から逃げることに重点がおかれている道となっている。

ちなみに、前項で検討した「川と並行する道」も始点と終点が枠線（外）にある「どこも結ばない道」の一種である。ここでの観点を取り入れるならば、川と並行する道は、①川の引力圏にあり、川の流れと同化する傾向、②道の輪郭線の一部が川の輪郭線と混淆（コンタミネート）している、③道の特性である始点から終点（目的）へという方向性を枠内という世界の中にもたない、というような諸特徴をもっている。これらはすべて、意志をもって主体的にある方向に進むという道のもつ象徴的意味に対して抵抗し否定する傾向をもつものである。

ここでどこも結ばない道（かつ川と並行する道）とどこかに至る道の対比がよくわかる例として**図12**を挙げよう。これは「考えの覗き魔が脳に入ってきて、自分の考えをすべて抜き取り外に伝えてしまう」と訴え錯乱状態にあった統合失調症の女性が描いた四枚目の描画である。この絵では、「道」は川と並行する道とそこから分離するように山を越える道が描かれている。すでに指摘したように、山中に入ったり山を越え出ていくのは通常は現実世界からの逃避だと考えられる。しかし、この描画では山の向こうに家々がみえており、そこが人間社会であることがわかる。つまり、この描画での連山の「こちら」は非日常的な「あの世」的な領域であり、主体はそこにいるわけである。それゆえ、川と並行する道から二股に分かれて川から分離した、山を越える道はとても重要な道である。その道は現実的で人々がいる社会集団に至る道だからだ。この道は川と並行する道と対比的で、それを否定するからこそ、そこから分枝し山越えに向かう道となったともいえよう。実際、さきに挙げた川と並行する道の三つの特徴をこの山越えの道はすべて否定する。つまり、①川の引力圏を脱し、川の流れとの同一化を解消し、道を主体的に歩む（実際、あとで「人」が道に立つことになる）、②道の輪郭線が川の線と混淆しない。すなわち、道が道として描かれる。③川から山越えへと始点と終点（目的）をもつ道、となっている。この川と並行する道から分離して山越えの道が生じていることは決定的に重要で、だからこの分枝する地点二ヶ所に花が置かれている。これに関しては「花」の項でまた詳細に検討しよう（そこでは、この二ヶ所の花以外に、なぜ水に頭を垂れる花や、川と並行する道と枠線との接点に花があるのかも検討される）。この描画の次の五枚目（**図13**）では、山を越えた「人」二人が人々が住む家々のある世界に参入したことがわかる。この時点で主治医である治療者も患者が寛解した印象をもっている。

最後にひとつつけ加えておけば、「どこも結ばない道」がまだ見えない可能性に向かって走る道という場合も考えられる。何かに向かって道は進んでいるのだが、それはまだ枠外にあってこの世界の中には現れてきていないという構図である。さきに山頂が枠外にあってみえないことに関して触れたが、そこでは二重人格の女性の全体像（統合された人格）を見渡す視点をもつことのむずかしさが検討された（**図21**参照）。山頂が枠外にあってみえない構図は、このように病理が重い場合にも生じるが、もっと一般的に思春期や青年期の描画にもよく現れる。この時期が成熟に向けての変動のときであることを思えば、この構図は納得がいくであろう。これと同じく、終点が枠外にあってみえない道が思春期や青年期に描かれることはある。しかし、この場合、始点は枠内にあることが多く（たとえば、家から始まる道）、終点は枠外となる構図が多いように思われる。

4　輪郭線を描かない道

輪郭線を描かない道とは、「道」が提示されたときに、すでに描かれている他項目の輪郭線の一部ないし全部を借用して道を表現する構図を指している。他の項目の輪郭線（の一部）を使って道を描く構図は、たとえば、四つの田が描かれたあと、「道」が提示されると、田の間を畦道《あぜ》だとする描画などである。ここでは、道は道としての輪郭線を引くことによって描かれてはいない。「輪郭線のない田」の箇所でも指摘したように、輪郭を描くことによってその項目は輪郭線の外側と明確に区別され、はっきりとその概念を表わす形をもつものとなる。逆に、そのような輪郭線を引かずに、その項目を表現しようとするのは、その項目がもつ象徴的意味がクリアに出現することに対して描き手の中に抵抗が生じているからだと考えられる。この抵抗の別の形として、その項目の概念を明確に表わすための輪郭線が、すでに引かれている他の項目の輪郭線に「絡め取られ」て同化してしまっていると言うこともできよう。これは、微弱な程度ではあるにせよ、混淆の一種だといえる。このような混淆は道にかぎらず他の項目間においてもみられることがあるが（たとえば、川の輪郭線と枠線との混淆（**図D-2**参照）。「道」の場合はその輪郭線が通常は単純な二本の線分で形成され、他の項目の輪郭線と重ね合わせやすいため生じやすいものとなる。このような道の輪郭線と他の項目の輪郭線が一部重ね合わされる構図は、山を形作る輪郭線がいつの間にか川の輪郭線と同化するような強い混淆（**図J-4**参照）ではなく、軽微な水準であるにせよ、そこにはある種の混淆が認められると思われる。とくに、「道」は主体的に意志をもって、ある目的地を目指すという方向性を象徴的な意味として内包している項目であるため、このような「道」が他の項目の輪郭線に引きずられて、同化するということ自体が「道」がもつ象徴的意味が崩されていることを示している。

それゆえ、どの項目が「道」に対してそのような影響を及ぼしたのかというところは重要な注目点となる。たとえば、さきほど例として挙げた描画（四つの田の間を畦道《あぜ》とした絵）では、「田」のもつ象徴的意味が強い引力圏を作り（田ショック）、次に提示された「道」が本来もつ主体的な意志という意味がなし崩しにされて、田に引きずられたことがわかる。あるいは、前項で検討した「川と並行する道」も同様で、この構図も道の輪郭線の一部が川を形成する輪郭線と同化している（**図24**）。これも直前に提示された「田」の影響によるものだと推測されるが、その田ショックによってこの場合は道が川と同化するものとなっている。このように、「道」がどの項目のどのような象徴的意味に刺激されて、どの項目に同化するのかによってその意味はもちろん異なってくるので、その吟味が必要となってくる。

何度か検討している、痴漢に遭うという事件のあとからチック症状が激しくなった女児の最初の描画の「道」も輪郭線を描かない道の一種である（**図2**）。彼女は「道」が提示されたとき、川に沿ったところを指さして「描いてないけどここからが道なの」と言う。この描画における、此岸のない川、手前が山中であること、「田」がリジェクトされることなどからみても、描き手が「人」の次元にコミットすることが困難で避けていることが理解できる。その上で提示される「道」は「そのような世界の中において、あなたはどこからどこに向かおうとするのか」を問うてくる、ある意味過酷な項目となる。それゆえ、この女児は道を川に沿う形態とし、なおかつ道の輪郭線を描かないという道に対するデタッチ、より精確に述べれば、田ショックが生じた上で「どこに向かうのか」と問うてくる問いに対してのデタッチを示したのだと思われる。

5　境界としての道

a　車道、線路

川が水と大地との間の差違によって分節されているのに対して、道は地と地との間の差違化であることはすでに指摘したとおりである。それゆえ、川という水の流れによって此岸と彼岸の間は簡単には行き来できないものとなる。つまり、川は越えがたい境界である。一方、道はある始点から目的地である終点に向かう方向性がその主な特徴であり、道によって区分されるその両側の領域間の関係は通常それほど前景に上がってくることはない。道そのものも、その両側の道以外の領域も、両者ともに地であるため、川のようにはその両側間が行き来しにくいことは通常ないからである。すなわち、道は境界としては「弱い境界」だといえる。

このように通常は境界としての側面があまり前面に出てこない道が「強い境界」として表現される場合がある。ひとつは、道が交通量の多い車道や電車の走る線路として描かれる場合である。とくにそのような道に信号機や横断歩道、踏切などが追加されると、道の両領域の間を自由に行き来できないものとなる。このような「強い境界」としての道と川との違いは次のように考えられる。川は水の流れという自然なものであり、そこに入ると「流される」という主体性を失ってしまう可能性が生じる。川を渡ろうとするときにそれが障壁的な境界となって立ちはだかるのは、渡ろうとする主体的な意志をもつ者の視線からは、川は主体性を消滅させる場として映るからである。ここには、意志をもつ主体vs水の流れによって主体を消滅させようとする場、あるいはより端的にいえば、自立する主体vs飲み込む〝母〟というようなせめぎ合いがみられる。ちなみにこれは、意志をもつ主体であるからこそ、川はそれに対する逆方向の動きとなり、川が障壁となって立ち現れるのであって、そもそも意志をもたない者の場合は川は境界ではなく、その中に入って心地よくたゆたうことのできる場として映るはずである。それゆえ、「渡河」とは、単なる空間の移動ではなく、意志によって川という境界を越える、非連続的な「ジャンプ」なのである。

このように境界としての川が主体を消滅させる「母」的なものと関係するのに対して、道が車道や線路として描かれた場合は「父」的なものがそこに関係してくる。信号機や踏切が端的に示しているように、ここでの境界の越えがたさは法的な「禁止」によるものであるからだ。それゆえ、信号機や踏切などを伴う道が描かれる場合、そこには「父的（言い換えれば超自我的）」な水準において「禁止される」「許可を求める」「己の欲望を制御する」などにまつわる描き手の心性が反映されているはずである。これらの表現が描き手の現在の心的なあり方を表象しているのか（たとえば、強迫神経症の場合などがこれに当てはまる）、あるいは描き手の心的あり方に対して治療的な意味で逆方向の動きとして現れてきたのか（たとえば、衝動のコントロールが弱い人などがこれに当てはまる）は、その他の項目の形態や配置を考慮して判断することとなる。

b　防御壁としての道

道が境界となるもうひとつの場合は、ある項目のもつ象徴的な意味の効果を制御し封じ込めるような形で道が描かれる場合である。具体的には、「田」の周囲を道で囲うような配置である。たとえば、アルコール依存症の女性の描画をみてみよう（**図18**）。田が川の「こちら」に描かれたあと、「道」はその田を囲うように描かれる。この道は田の近くを走り、始点と終点をもたない「どこも結ばない道」であり、この点ではさきに検討した基本型の描画（**図1**）と似た構図となっている。それゆえ、そのときの考察と同じく、この道をただひたすら田から逃げる道だと考えることも可能ではある。しかし、この道が田を取り囲むような配置になっているのは、「逃げる」という印象をあまり与えない。これはむしろ、田のもつ象徴的意味がこの世界に拡散しないように、それを封じ込めるための防壁のような印象を与えている。実際、田と道以外のすべての項目は川の彼岸に置かれ、隔離された小島のような世界を形成している。このことは、この道がどこかに向かう道ではなく、田と「あちら」の世界の分断を強化する境界としての道であることの傍証になるであろう。この描画の場合、田が此岸（こちら）に置かれるのは主体の立ち位置を保てない「弱さ」によるものだと思われる。主体は「こちら」を占めてしまった田から逃れるように「あちら」に（現実）逃避するわけであり、その逃避した先である「あちら」に作ったある種かりそめの世界に「田」の影響が及んでこないように「道」をもちいた防御壁で田を囲ったと推測される。おそらく、「田ショック」を受けたあとに「道」を提示され、この道を描いているとき、描き手にとって、どこかに向かうという方向性をもった道という意識は弱く、田の影響を遮断する線分（境界線）という感覚が強かったように思われる。「田ショック」によって動揺し、「道」をそれが意味する概念としてではなく、その形を形成する線分だけを素材として取りだして、それでもって田を柵で囲った印象をこの「道」は与える。あたかも、放射線物質が漏れ出すことを怖れて、パニックになりながらその物質をコンクリートで封じ込めようとしたかのごとく。最後に提示された「石」が道に沿って配置されるのも、田を封じ込めようとする動きを補強していると考えられる。

第5節　「家」：構築された内閉空間、安心の拠点

家とは人工的に構築された、人がその中に住まう内閉空間である。ここから家の象徴的意味として大きく分けると次の三つの意味が出てくるように思われる。それは、①家庭・家族イメージ、②人々が住まう共同

体、③内面をもった主体、である。以下、それぞれについて検討していく。ちなみに、家と木と人を描かせる、バック（Buck, J. K.）によるＨＴＰ（家・木・人物画）テストがあるが、その解釈法は参考になりはすれ、それに全面的に依拠することはできない。川から始まり、次々に提示される項目を描くという項目間の相互連関の中で表現される家、木、人と、個別にその項目を描かせる（あるいは、Ｓ‐ＨＴＰテストの場合は「家と木と人を描いてください」という教示によって一度に三項目を描かせる）テストとでは題材は同じでも表現されるものの意味がまったく異なるからである。バウムテストに関しても同一の被験者がそこで描く木と風景構成法で描く木の形態がほとんど関係しないことは中井が初期の研究ですでに指摘しているとおりである(63)。

1　安心の基盤・拠点としての家。家庭・家族イメージ

「家」がその象徴的意味として家庭や家族のイメージを示すということは理解しやすいと思われる。農耕文化の開始に先駆けて定住がはじまったことにより、人は家を中心とした生活を営むようになった。家は、朝起きるとそこから出かけ、仕事が終わるとそこに帰ってくる安心の基盤であり拠点である。家が内閉空間であるというのは、外界からある程度隔離された構造をもっているからであり、それによって雨露をしのげ、動物や他人からの侵入を防ぐことができ、夜は安心して眠ることができる。それゆえ、人は家の中にいると安心感を抱く。閉じた空間にいることで安心を感じるのはたぶん、狩猟民族における草木で簡便に作った移動可能なテント状の住居での生活や、さらに遡れば人の祖先である類人猿が葉が茂った樹木の下で生活していたときに感じていたはずの安心感に通じるものと思われる。

現実においてひとり暮らしをしている人も多いし、不幸な環境によってそうでないこともあろうが、一般

的には人は家族集団の中に生まれてくる。生まれてから、家を離れて独立するまでかなりの年月を人は両親を含めた家族がいる家の中で過ごす。それゆえ、「家」は自身が子どもであったときに住んでいた両親のいた実家イメージを強く含むことが多い。その場所は自身のルーツでもある。このルーツは両親や祖父母と自身との関係などを代表とする人としてのルーツであり、川の源流が示す超越的で根源的なルーツとはその水準を異にしている。

以上のようなことから、「家」は、現家族やあるいは両親を含む原家族がそこで生活を営む家庭イメージをその象徴的意味としてもつものとなり、それゆえ、外界に対して安心の拠点となるほっこりとした意味での内閉的な空間となる。もちろん、内閉は自閉とは異なり、外界や社会、他者に対して開かれている（だから、引きこもりでないかぎり、われわれは朝になると会社や学校に出かけていくし、ときに知り合いが家を訪ねてくる）。描画的にはその開かれは窓やドアの描写によって表現されることになる。

このような「安心の拠点」としての家は、風景構成法においては比較的大きく描かれた一軒の家によって表現されることが多いように思われる（小さな多くの家々に関しては次項で扱う）。このような家がどのような形態で描かれるか、どこに配置されるかを丁寧にみていくことで、本来的に「家」がもつ「安心の拠点」というイメージが描き手の中でどのようなあり方をしているのかを把握することができる。たとえば、家族構成や生育歴が相当に複雑でたいへんであったチック症状をもつ小学生男子の描画では、窓もドアもない家が描かれ、彩色段階では全部が灰色に塗られた。また、夫との性的関係を無意識的には拒絶していた40歳代の女性の描画では、家は連山の一部が欠けたところに配置されて、そのため、家が宙に浮いたような印象を与えるものとなっていた。以前に検討した、アルコール依存症の女性の描画（**図17**）でも、同じく家が連山の一部が欠けたところに配置されている。このような配置は、安心の拠点としての家を現実的な大地の上に定位することができない不安定さを示していると考えられる。

図Ｈ－１

さて、「家」が提示されるときに、すでに画面に描かれているのは川、山、田、道である。既述したように、川と山で構成された世界に田が配置されるとき、多くの場合に田ショックが生じる。その上で提示される「道」は、「そのようなショックを与える田が存在するこの世界において、あなたはどこ（始点）からどこ（終点・目的地）へ向かうのか」を問うものとなる。このような、始点から終点へ向かう方向性をもつ道であるが、原理的にはこの始点は主体（視点）が現在いる場所である。たとえば、さきの基本型の描画（**図1**）では、田のもつ磁場に引かれたために道は田の近くを走るが、田ショックによる抵抗があるためにその道の始点は田そのものとは一致せず、そこからずれて枠線外に置かれたとみなすことができる。つまり、ここでは田ショックによって、道の始点に立って終点を目指すといった主体の姿は見当たらないことがわかる。このように、道の始点がどのような形態と配置になっているかは描き手の主体（視点）のあり方を理解する上で重要なポイントとなる。

これらをふまえて、「家」が提示されるときにどのような心の動きが生じることになるかを考えよう。「家」が安心の拠点、自身のルーツという意味をもつことはすでに述べた。この意味で、「家」が主体の立ち位置である道の始点と一致する構図はわかりやすいものである。たとえば、基本型（**図1**）で仮に川の此岸の領域から道が延びていき、川に橋が架かってそれを越えて、彼岸に配置された田に達したと想像してみよう（**図Ｈ－１**）。そして、次の「家」の提示で、家が此岸に配置された、と。この構図はわかりやすい。此岸（こちら）という主体の立ち位置に「家」があり、そこから彼岸（あちら）に置かれた「田」に向かって「道」が延びていく。これは、通常、人が朝家を出て会社に働きに出ていき、仕事が終わると帰宅するという健全で現実的な動きとパラレルな構図である。原理的には道の始点が主体の立ち位置だと既述したが、同じく原理的には「家」もその始点に関わるものである。これを基準線にして、川、山、田、道という流れの中で「家」がどういう形態でどこに配置されたかを吟味していくと、描き手にとっての安心の拠点である家がどのような意味をもって世界の中に位置づけられているかが理解できるであろう。たとえば、通常「家」が示す拠点としての安心感を描き手がもっていない場合、終点に向かって歩み始めようとする道の始点に拠点としての「家」（ホーム）を配置することができないため、道の始点と家との関係がちぐはぐな印象を与えるものとなる場合がある。このような構図が描かれた場合、描き手の中では家が安心の拠点としての意味をもっていないことが推測される。あるいはまた、「家」からの自立がテーマになっているような描き手は、たとえば、家を始点とした道を描き、主体の立ち位置としては道の終点にある田にいるような構図を描くかもしれない。その一例としては、彼岸に家があり、そこから道が延びて川を越えて此岸にある田に達し、その後の「人」の提示で、田で働く人が描かれる場合などである。

「安心の拠点としての家」に加えて、次項の「人々が住まう共同体としての家々」や次々項の「内面をもった主体としての家」にも関連する一連の描画を取りあげよう。すでに何度か検討してきた、「考えの覗き魔が脳に入ってきて、自分の考えをすべて抜き取り外に伝えてしまう」と訴え錯乱状態にあった統合失調症の女性の描画である。「どこも結ばない道」の項で考察したように、この女性の四枚目の描画（**図12**）は手前が山中であり、そこから山を越える道が川と並行する道から分離して現れている。五枚目（**図13**）はちょうど連山を挟んで四枚目と鏡像のようになっている。つまり、四枚目で山越えをした結果、山の向こう側の領域からみた風景の視点となっている。そこは、四枚目では山の向こうにあった家々がある人々が住む世界である。これら、四枚目と五枚目で表現されている家に関しては次項と次々項で検討するが、この五枚目で患者は寛解し、人が社会生活を営む日常空間に参入したことがうかがわれる。このことの効果だと考えられるが、それまではずっと遠景だった構図が、六枚目（**図14**）以降は近景となる。遠景の構図は鳥瞰図的な空からの視点であり、世界から遠い視点である。近景はその視点が大地に近くなり、それゆえ、世界の中に参入している視点となる。ここからも、六枚目の描画において、描き手の主体（視点）は人々が生活を営む世界に参入していることがうかがえよう。これらのことに伴って、六枚目の描画ではかなり大きな「家」が一軒描かれる。この家は、意味的には描き手の主体が住まう家であり、川の源流といった超越的で根源的なルーツではなく、人としての次元でのルーツ、人の次元としての「安心の拠点」が相当に根付いてきたことが示唆されている。

2　人々が住まう共同体としての家々

「家」がもつ象徴的意味として、人々が住まう共同体というものが考えられる。それを「人間社会」と言い換えてもよい。この場合、描画では「家」はある程度の数をもって描かれることになる。もちろん、ここでいう「家」の集合によって表象される人間社会とは農耕文化に先だって成立した定住以降の社会を指しており、その意味で大きな枠組みでいえば、農耕文化に属する人間社会である。それゆえ、「田」の項で検討した農耕文化につきまとう「あくの強さ」がこの人間社会の基底音として流れている。しかし、われわれの「現実」はこの人間社会において営まれるのは事実であり、それゆえ、この社会の中に身を置くことに所属感と安住感を抱く側面と違和感、疎外感を抱く側面とが個々人の中でさまざまな比率で蠢《うごめ》くことになる。なかでも統合失調症者においては後者の比率が高くなる。「分裂病者の社会〝復帰〟（はたして復帰であろうか加入であろうか）は多くの壁をのりこえねばならず、その最大の壁が「強迫的なるものを身につけること」の成否にあり、これはまことに彼らにとってヘラクレスの業である」という中井の指摘は以前にも引用したが、逆照射的に彼らにとって参入することがたいへんな人間社会が風景構成法において「家」の集合として表象されることを事例を通して確認しておこう。

図12は幾度か取りあげている「考えの覗き魔」を主訴とする女性の四枚目の描画である。ここでは、家々が連山の向こうに隠れみえている。この家々は人々がそこで生活している「社会」を表象しており、それが山を越えた「あちら」にあることから、山の「こちら」が山中であり、ここでの主体は他界、すなわち人々のいる日常空間とは隔絶したところにいることが示唆されている。この構図は、痴漢に遭うという事件のあとからチック症状が激しくなった女児の最初の描画（**図2**）の構図に類似している。そこでも、家々は山の向こうに描かれ、山の「こちら」側に関して女児は「ここは山とか川とか自然の中だから、人とか動物は描きづらい」と言う。山の「こちら」はやはり山中で自然の中なのである。ある意味ここは人間のいない「処女地」である。このような処女地の人による征服を表象する「旗が刺さった山」がこの女児の描画に頻繁に現れること、田がそのような征服された処女地と等価な象徴的意味をもつこと、それゆえ、この女児はずっと田を描くことができなかったと推測されることはすでに検討した。彼女にとって、山の向こうにみえる家々は「人の住む世界」を示しており、そこは今の文脈でいえば、ピュアな自然そのものではなく人の手が入って処女地ではなくなった、ある意味では「あくの強い」世界であり、しかしそれは「大人の」あるいは「現実の」世界でもある。**図12**を描いた統合失調症の女性にとっても山の向こうの家々は同様の意味をもっていると考えられる。

遡《さかのぼ》って、この統合失調症の女性の三枚目の描画（**図11**）をみてみよう。そこでは、家々は「連山の一部が欠如」している空間に配置されている。すでに検討したように、この空間は空と大地の境界がない領域であり、いわばこの世界のどこにも所属しない「どこでもない場所」だといえる。この「どこでもない場所」は山中が意味する「あの世」とは質が異なっている。「あの世」は明確な境界線によって「この世」とは分け隔てられた領域である。たとえば、生/死の差違は明瞭であり、人は死ぬと「あの世」に行く。「どこでもない場所」はあの世でもこの世でもない、メビウスの輪的なわけのわからない空間である。三枚目では、このような空間に家々が配置されていたのだが、四枚目（**図12**）では連山の向こうに家々は配置される。連山の向こうは「あちら」であり、そこはもう「どこでもない場所」ではない。ここでは、「家々」で表象される人間社会が「こちら」とは異なる「あちら」に明確に配置されたことの反作用的な効果として、描き手の主体は家々が「ない」領域にいるのだという意識が生じてきていることが示唆される。このことはもちろん治療的な進展だといえる。「ない」ことが自覚されることで、「ある」方向につながっていくからだ。実際、次の五枚目の描画（**図13**）で、「人」は山を越えて、家々が「ある」領域に参入していくことになる。

3　内面をもった主体としての家

もうひとつ考えられる「家」の象徴的意味は「内面をもった主体」である。この象徴的意味は、描画よりもむしろ夢の中に現れる家で表象されることが多いかと思われる。たとえば、「私は自分の部屋の中にいる。ふと見ると、床に見覚えのないドアがある。〈あれ、こんなところにドアなどあったっけ?〉と思いつつ、ドアを開けると下方に向かって延びる長い階段がある。私はその階段を降りていく」というような夢である。このような夢においては、家の中の構造が夢見手の心の構造と対応しているとみなすことにあまり異論はないように思われる。実際、心理療法を開始した初期に来談者がこのような夢を見ることは経験上も多い。新たにみつかった下方に向かう階段を降りていくイメージは、まさしく心理分析の始まりにふさわしい。

家は人工的な建築物であり、材木の板や柱、鉄骨などのブロック（要素）が積み重ねられていくことで構築されていく。そのブロックは建築力学という論理に則って構築していかねばならず、でたらめな積み重ね方をすれば崩壊してしまう。つまり、建築とはテクノロジーであり、重力という自然との戦いである。このような建築の諸特徴がメタファーとして心の構造、とくに思考によって形成された「内面」と重なるものとなる。思考におけるブロックとは言語であり、分節化された数多くの言語を積み重ねて論理的に構築された場の中にそれぞれの人の精神は住んでいるとみなされる。その場をイデオロギーといってもよいし、その人の世界観、パーソナリティといってもよい。この「内面」はかなり堅固に構築されているのが普通であり、それゆえ、人の性格はそう簡単には変わらない。また、何か新しいものが現れても、すぐさまその建築力学的論理に取り込まれて、従来の構築物の一部となってしまう。そうでなければ、逆にその建築物はよほど柔軟な構造をもつものであるか、あるいはカメレオン的に周囲に呼応する不安定な構造をもっているものか、はたまたすでに一部が崩壊している状態かであるだろう。

このように「家」は心理的な「内面」を表象するイメージの側面をもっている。このイメージは基本的には精神としての主体が家（あるいは部屋）の中にいるという形をとる。風景構成法でいえば、家の中に人の姿が描かれている形がその代表的なものとなる。

ところで冒頭に述べたように、風景構成法において「家」が提示されたときに、内面（をもった主体）の表象としての家が描かれることは稀とまでは言わずとも、さほど多くはない。筆者の経験では、それは精神病圏の人や発達障害の人など病理的に重い場合、すなわち内面の形成が問題となる場合が多いように思われる。風景構成法において内面の表象として「家」が描かれることが少ない理由のひとつは、「内面」というものを直接的に表現しようとする場合、その形は圧倒的に内閉空間の中にいる主体が外界を見ているという表象になるからである。さきに挙げた夢はその形をとっている。実際、自分の部屋をその内側の視点から描くという「室内画」があるが、描き手の内面がどのようなあり方で成立しているかを詳細に吟味するには、室内画を描いてもらう方が実りが多いだろう(64)。それは、内面の成立と遠近法が深く関係しており、部屋の中にいる視点から描かれる室内画は遠近法とからみやすい視点で描かれる画だからである。一方、風景構成法の場合はよほど特殊な例を除いて、川、山、田、道と項目が提示されて構成されていく流れのなかで「家」が描かれることになるので、どうしても外側からみた家を描く形になりやすい。だから、そこで内面を表象する家を描く必然性が生じた場合は、家の中に人がいるという表現が多く用いられる。だからといって、もちろん、人が中にいる家が描かれた場合、それがすべて内面を表象しているわけではないので、このあたり他の項目を含めての整合性の吟味が必要となってくる。

具体的な例を検討してみよう。「考えの覗き魔」を主訴とする統合失調症の女性の五枚目の描画である(図13)。すでに検討したように、四枚目(図12)では連山の向こうに人々が社会生活を送る表象としての家々があり、そこに向かう道が延びて二人の人が山を越えて行こうとしていた。五枚目は、山を越え出た領域からの視点による構図となっており、連山を挟んで四枚目とは鏡像のように家々が手前にみられる。主体(視点)が「あの世」から「この世」に参入したことがわかる。ここで注目したいのが、一軒の家の中に人影がみえることである。このような家が「主体が内面をもつ」表象としての家である。山が描かれた後、「田」は田の輪郭線でもって地平線を作っているような、あるいは地平線から浮き上がっているような微妙な配置がなされる。これは次の道と家の配置で明確になるように、「山」が描かれたとき、この山は四枚目の山とは異なり、一般的な山の「こちら」に人が日常生活を営む共同体があるような山、つまり、山の「あちら」が他界であるような山であることを描き手の前意識は認識していたと思われる。すなわち、他界としての山の「あちら」側（図12）から「こちら」側（図13）へと主体（視点）が参入してきたことの余波として、厳しい現実を表象する「田」が浮き上がったものとなる。しかし、にもかかわらず、道は手前に延び、「人」は家々がある人間社会へと参入する。超越性を志向する統合失調症者にとって、このような「人の世界へ参入する」という心的イメージは、内面をもつ主体となるイメージとパラレルなものとなる。なぜなら、人間社会を構成する大多数の人間がこの「内面」という構造をもっているからだ。「立つ川」の項で「私の二重性」について検討してきたように、超越する主体（B）が埋没する主体（A）に折り返してきて、私が二重化することで主体は内面をもつものとなる。内面という内閉された空間を造るものこそ、この二重性にほかならない。（超越的な）私が（場に埋没している）私を見るというリフレクションの構造によって、私は内閉され、内面をもつものとなるのである。そのことの表象が家の中にいる人であり、この絵（図13）は、統合失調症者にとって、「人の世界に参入すること＝内面をもつ主体となる」ということがよく示されていると思われる。

傍証となる考えをさらに示そう。次に描かれた六枚目の描画（図14）は近景となる。「枠」の項で詳述するが、この描画における犬は前足を枠線にかけている。これは少々不思議な印象を見る人に与えるはずである。この不思議さはどこからくるかといえば、通常、枠（線）は枠の中にあるものにとって「メタ」の次元にあるので、触れられないはずであるにもかかわらず、この犬は触れているためである。下位（オブジェクト）のものが上位（メタ）に触れられないのは、三人称小説のナレーションに対して登場人物が触れることができないことを思い起こすとよい。つまり、この絵の犬は、メタとオブジェクトのレベルの区別が混淆していることを示している。この絵では、構図が近景となっており、主体がますます人間社会である「この世」に参入していくプロセスが進んでいることをうかがわせるが、この枠内に入り切らない犬を見るならば、まだそれは十全としたものにはなっていないことが示唆される。メタとはオブジェクトからすれば「超越的」であり、さきに述べた超越的なものの折り返しが未だ不十分であることをそれは示している。しかし、次の七枚目（**図15**）では犬が完全に枠内に入るようになる。この犬には六枚目の不思議な印象はすでにない。そして、これらのことと並行して、中に窓から外を眺めている人がいる家が描かれる。さらには、犬小屋の中にも犬がいることに注目しよう。これらは、内面をもった主体というあり方が相当に成立してきていることを示していると思われる。

「奥行きのある川」の項で、近代的主体は遠近法的な視点をもつ主体であること、遠近法的による絵画とは部屋の中から窓という枠越しに外を眺めるとき、その窓を切り取ってそのまま絵にした構図にほかならないこと、このように部屋の中から窓越しに外を眺める構図が内面をもった主体が外界に相対する構図とパラレルであることを検討した。**図15**における家の中から窓越しに外を眺めている人は、このような内面をもった近代的な主体が描き手の中に相当に根付いてきたことを示していると思われる。

以上検討してきたように、家（とくに人がその中にいる家）が内面をもった主体を象徴することがある。ただ、すでに述べたようにこの象徴的意味をもつ「家」は、そのような主体が成立することが問題になるような描き手の場合に、つまり病態水準的に重いとみなされる精神病圏や発達障害の人の場合によくみられるように思われる。もともと内面がある主体の場合は、わざわざそれを描かなくてもいいわけで、これは「源流のある川」の項で指摘したように、自身の起源に関して安心感のある人は源流をわざわざ描く必要がないので、それを枠外に置くのと似ていよう。いわば、内面をしっかりともつ主体の場合は、その内面を窓越しに外界に投影して、その結果、川の彼岸や此岸の区切り方や、それらの領域にどの項目がどのように置かれるかなどにその内面の特徴が反映するともいえるだろう。

第6節　「木」：大地に根付き、そこから上方に成長していくもの

木はコッホの述べるように、「伸び行くもの、芽を出し、葉を茂らせ、花を咲かせ、果を実らせるもの」であり、「生命的なるものの象徴」である。(65) 木がもつこれら「生命的なるもの」の諸特徴はすべて、木が大地に根をしっかり張ることではじめて展開してゆく。したがって、木の象徴的意味としては、大地への根付きとそれによって上方に向かって伸びていくということが第一義的なものとなり、そこから派生的に枝が伸び、葉が茂り、花咲き、果実をつけるという意味も生じるのだと考えられる。

さて、以前にも指摘したように、人の心の層構造として系統発生との類似性を考えることが可能である。風景構成法で提示される各項目がもつ象徴的意味が引き金となって、それぞれに応じた系統発生的なレベルに対応する心の層が刺激され反応することになる。「人」が提示されると人のレベルに応じた層が刺激され反応が生じ、「動物」ならば、動物のレベルに応じた層が、「木」ならば植物のレベルに応じた層が反応するわけである。系統発生的にはもちろん、人‐動物‐植物の順に早期に遡ることになり、これを心的構造に対応させるならば、後者になるほど「深い」層ということになる。「木」の属する層はこのように系統発生的にはかなり「深い」レベルと対応しており、バウムテストが描き手の基礎的で骨格的な人格構造を表わすとみなされるのはそれゆえだからである。このような深い層に属するものであり、またその象徴価として「大地への根付き」という意味をもつ「木」は、描き手がなんらかの「不安定さ」を抱えていた場合にそれを「深い」レベルから補償するものとして表象されやすい項目である。筆者の経験では、この補償は項目としては「家」と「人」に対して表現されることが多いように思われる。以下、検討していこう。

1　家を補償する木

「家」が安心の拠点、自身のルーツという意味をもつことはすでに述べた。この「ルーツ」は仕事が終わったあと、そこに帰ればほっと安心する家族が待っている家という意味合いの場合もあれば、自身が生まれ育った実家、あるいはさらに遡って自分を産んでくれた母親の実家（自分を産んだ者を産んだ者の家）といった家族的なルーツを示す場合もある。前者のように現在の家族という「横」に広がる関係にせよ、後者のように世代を遡る「縦」の家族関係にせよ、いずれにしても、「家」は家族という近親的な人間関係に関連するレベルでの帰属感、居場所感、安心感、拠点感などにまつわるものを表象するものとなる。このような意味での家族関係というレベルに関してなんらかの不安定さがある場合、非常にしばしば「木」がそれを補償するものとして描かれることがあるように思われる。これは、木の「大地への根付き感」によっている。「この場所に根を下ろす」ということばがあるように、根付くというのは他の場所へ移動せず定着することであり、「ここが私が根を張る場所だ」という感覚を伴う。この感覚を時間軸に映せば、「これが私のルーツ（root 根）だ」という感覚になり、空間軸に映せば、「ここが私の居場所だ」となる。さきに述べたように、「木」がもつこのような「根付き感」という象徴的意味は「家」がもつそれよりも「深い」レベルに属している。そのため、「家」に関してなんらかの不安定さがある場合、その不安定さに対して補償すべく、「木」が深いレベルから表象されると考えられる構図がある。以下、いくつかその構図の代表的なものをみていこう。

a　家のそばに立つ木

もっともシンプルな形は、家のすぐそばに立つ木である。基本型として検討した**図1**をみてみよう。ここでは、「木」が提示されると、家のそばに家と同じくらいの大きさの木が配置されている。すでに指摘したように、この「乙女」的な描き手は「田ショック」によって田を川の彼岸（あちら）に遠ざけた後、「道」は田から逃避するような形で描かれ、その後の「家」は川の此岸（こちら）に描かれた。この家は、プロポーズしてくる男性をシャットアウトするグリム童話のお姫さまが籠もっているお城と同型である。すなわち、この家は外界、とくに男性が接触してくることに対して「閉じて」いることを表象しているが、このような家のそばに配置された木は、家の安定感を深いレベルから補償することで、この家を外界・男性に対して「開く」可能性を高めるものであると思われる。「開く」ことは外にあるものと相互交流が生じることであり、それ相応の安定感がなければそれは侵入として感じられ、自身の足場が揺らぎ消滅するような不安を覚えるものとなる。安定感（しっかりと根付いた足場）があってはじめて、その交流によって新たなものが生まれてくることが可能となり、またそれを抱えることができるようになる。一連の描画の流れからみて、この描き手は若干この安定感が薄いことが示唆される。だから、家の安定感を補償したと考えられる木が描かれた意味は大きい。実際、この後の「人」では道の上に男性が描かれ、この世界に男性が登場することになる。

このように、「家」を補償するものとしての「木」は、その一番シンプルな配置としては家のそばに立つ構図となる。この場合、もちろん、「家」がどのような形態でもって描かれているかは重要な注目点となる。たとえば、ドアも窓もなく、後の彩色段階で全部灰色に塗りつぶされるような家であるのか、傾いた粗末な印象を与え、すぐにでも崩壊しそうな家なのか、あるいはしっかりとした安定感を与える家なのかなどである。さきほど検討した基本形の描画での家は安定感を与える印象のものである。それに加えて家が此岸（こちら）にあることから、家のそばの木は、この家が田（＝男性の侵犯）に対して開かれる動きが生じ始めたことで揺らいできたことに対する安定感の補償として機能しているように考えられた。つまり、外に開いていく動きが家に生じるとき、そこに揺れが生じるが、揺れても大丈夫なように、安定した土台を木が提供しているわけである。筆者の経験では、安定した印象を与える形態の家のそばに木が立つ場合は、このように、なにか新たなものが現れてくるときで、その動きを受け入れるためのさらなる安定感を増す意味合いがあるように思われる。すなわち、不安定になる状況に開かせるために、前提としての安定を強化するわけである。

もうひとつ例を挙げよう。**図7**は幾度か検討してきた、痴漢に遭った後チックがひどくなった女児がはじめて「田」を描いた六枚目の描画である。以前に指摘したように、この女児にとって田を描けたことは非常に治療的であり、しかし、それほどの意味価をもつ項目であるがゆえに田をこの世界に入れ込むということは彼女にとって激変ともいうべきことであったと思われる。それゆえ、田は真四角な形態をとり、他から浮き上がったパースペクティブとなり、またその位置も川の此岸（こちら）という本来主体の立ち位置であるべき領域が田に占められる配置となる。それと呼応するように、安心の拠点であるはずの「家」は彼岸に追いやられるように配置され、家の全体像は枠内に収まらないような形態で描かれている。これはさきの基本型の描画（**図1**）の家の形態と配置（川の此岸）と対比的である。そこでは、田に対して家が「開く」可能性が生じてきたため、その土台を強化すべく木が家のそばに配置されたと考察された。この女児の絵では、田をこの世界に入れ込むことはできたものの、それは世界の激変を伴うものであるがゆえに、基本型の構図とは田と家の位置が逆転している。さらには、家のそばに木が配置されるが、それは植木という形態で描かれる。この植木の意味として考えられるのは二点あり、ひとつは、田によって不安定になった「家」を補償するものとしてはその力量が不足している木だとみる考えである。もうひとつは、植木とは自然である大地に根をはる木ではなく、人工的な環境である鉢に植えられた木であることで、これは自然である大地（女性）に対する人間のテクノロジー（男性）の侵犯と同型である。つまり、「田」のもつ「女性に対する男性の侵犯」という象徴的意味の「磁場」が木の形態にも影響を与えていると考えられる。この観点からいえば、屋根が枠外にはみ出して見えず、四角い形となっているこの家も、田のもつ「四角性」の影響を受けている印象を与えるものである。

b　川を挟んで家と対置される木

家を補償する木の構図で、川を挟んで家と木が配置される場合がある。とくに、彼岸に安定感があまりない形態の家が描かれ、狭い此岸に木が配置される構図はしばしばみられる。たとえば、アルコール依存症の女性の描画（**図17**）をみてみよう。この絵では、弱々しくはかなげな描線で描かれた家が「連山が一部欠けた場所」に配置されている。この場所は「どこでもない場所」であり、ここに配置される項目は描き手にとって相当に扱うのが困難であることが示唆される。ちなみに、この家は田と重なっており、やはり田の「磁場」に引きずられている印象を与えている。斜めに流れる川において此岸が狭く、空白である構図は主体のあり方が空虚であることを示唆することはすでに指摘したとおりである。この空白の此岸に配置される、木や花、動物はそれぞれ固有の意味をもつものであるが、ここでは現在検討している描画に沿って木を取りあげよう。この木は不安定な家を補償していると考えられる。家のそばに立つ木の補償のあり方と異なるのは、この構図では家が彼岸（あちら）という遠い領域にあって（さらには「どこでもない場所」にあるわけだが）、家が表象する拠点としての安心感が遠く薄いことが示されている。これに対して此岸に配置される木は、空虚である「こちら」（主体）そのものの安定感、根付き感を補償する意味をもつ。このような補償のあり方は、さきほど検討した家のそばに立つ木がもつ補償作用とはその質が異なっている。

もう一例としてさきほどのチック症状をもつ女児の絵を取りあげよう。これは五枚目の描画（**図6**）である（この後の六枚目で彼女ははじめて田を描く）。ここでは、田がリジェクトされたあと、「道」は彼岸に幅広く短く描かれる。この女児が二本の輪郭線をもって「道」を描いたのはこの絵がはじめてである。はじめて、道で表象される主体としての「意志」を描画世界の中で表明したともいえるが、少し穿《うが》った見方をすれば、この道はかなり「四角性」を感じさせ、リジェクトはしたものの直前に提示された「田」の影響を受けていることが推測される。つまり、この「道」はかなり「田」と重なる意味価をもっているのではないかという見方である。このことの根拠のひとつは、旗の刺さった山（これは三枚目の絵でも描かれていた）に関して今回はっきりと「誰かが登っている山。山頂に旗があって、頂上に登ったという印なの」と語っていることである。これは処女峰の征服にほかならない。田のもつ象徴的意味（女性に対する男性の侵犯）が処女峰の征服と同型であることはいうまでもないが、これらの表象がもつ意味を相当に彼女が意識にあげられるようになっていることが示唆されるだろう。ちなみに、この旗の刺さった山は三枚目（**図4**）、五枚目（**図6**）、六枚目（**図7**）で描かれており、この山が描かれているときにはすべて「四角」いものが同時に描かれている。それは、三枚目（**図4**）では砂場であり、五枚目（**図6**）では道、六枚目（**図7**）では屋根が枠外にはみ出して見えないため、四角い部分だけがみえている家とはじめて描かれた田である。処女峰の征服イメージと「四角性」が連動していることが了解できるだろう。

さて、このような「田」に近い意味価の「道」が描かれたためであろう、次の「家」は遠い山の近くに非常に小さく描かれる。家が有する拠点としての安心感が揺らいだわけである。これらすべては彼岸で生じており、此岸は木が描かれるまでは狭く空白のままである。「道」の「四角性」によって「田」がもつ象徴的意味が展開していることがうかがわれるが、そうであるがゆえに、それは主体から遠ざけられた世界（彼岸）で動いている形となっている。主体はこのような「四角性」にまつわる動きに対して空虚化し，その動きにコミットしないように防衛する。ここで，此岸に置かれる「木」は「田」が展開しようとする動きに主体がコミットできる根付き感，安定感を補償しようとする土台作りの動きの表象だとみなすことができる。このあとの六枚目においてはじめて「田」が描かれたことも，五枚目の木によって主体の安定感が相当に補償されたことの傍証になるだろう。

このように，狭く空白の此岸に配置された木は，「家」が彼岸に置かれたことで示唆される「拠点としての安心感」のそもそもの脆弱さや，あるいは何か新たなものが動きだしているがゆえに揺らいでいる状態に対して，補償的に働き，土台の安定感を提供する表象を意味する。このような流れの中で，「拠点としての安心感」を超えて「存在としての安心感」とでもいうべきものの補償として，人との関連で木が描かれることがある。次に，それに関して考察する。

2　人を補償する木：空虚な人と世界の中心としての世界樹

項目順としては，「人」は「木」の後で提示されるので，ここでいう「人を補償する木」は「人」が描かれることによって遡って顕在化する「木」の意味のひとつである。木という大地に根付く安定化によって補償されなければならないということは，この場合の「人」はその中身が空虚で安定性を欠いているものとして表象されているわけである。具体例を通して検討しよう。

図19は，周囲に対して過剰適応的な言動をしてしまうことを主訴とする20歳代の女性の描画である。この女性は男性に対して恐怖心を抱いていながらも，行動としては逆転して不特定多数の男性と性的関係をもっていた人である。「田」が提示されたときに，たくさんの田が描かれ，この時点で田で働く人も描かれてい

る。「道」は田のそばを通って山を越え出る道であり、相当の「田ショック」が生じていることがうかがわれる。一方で、描き手にとってそのような意味をもつ田でありながら、すぐにそこで働く「人」が投入されるところが、この女性の過剰適応や異性に対する両価的な感情と関連するところであろう。「家」も多くの家々が田の付近に配置される。家々で表象される彼女にとっての「人間社会」が田の引力圏に強く引きずられていることがうかがわれる。人間社会から「道」が山の向こうという「あの世」に逃避していくのは、「人間社会」に効果を及ぼす「田」の「女性に対する男性の侵犯」という象徴的意味の要因が大きいと思われる。この文脈でいえば、彼女の過剰適応とは受け入れがたい侵犯をしてくる男性に協力してしまう傾向だといえる。

この描き手は、「木」が提示されたとき、此岸に緩やかな横線を引いて大きな山を描き、そこに大きな木を描いた。それによって、此岸は山中となり、この大木は山の中に生えるものとなる。狭く空白の此岸に大木（とは大地にしっかり根付いていることを示している）が配置されるのは、空虚な主体に安定感を与える補償的な意味があることをさきに考察した。この描画においても、それは妥当すると思われるが、このとき此岸が山中と化し、そこに根ざす木がいわば宙に浮くのは、大地への根付き感を自分のものにすることが相当に困難であることを示していると思われる。ここで大地とは現実であり、現実とは異性という他者がいる世界である。このような現実に降り立つことへの抵抗感は、此岸（こちら）を山中とすることで、田々や家々を眼下にみなす構図にしたことにも示されていよう。この眼下に広がる遠い世界では、田に関わる人が配置されており、「田」によって示される「男性の女性への侵犯」に対して「人」がコミットしている一方で、それが手前の山中にいる主体とは乖離していることが示唆されている。

この後提示された「人」はこの大木に背をつけて座る者として描かれる。この「人」は、空虚な主体性の安定感、土台感を大地に根ざす大木によって補償しようとしている試みだと感じられる。この「人」は自身のルーツ（根）につながることで、主体性をもとうとする人である。田のもつ「引力」に要請されてそこで働く人々で表象される「過剰適応する私」と山の上の大木にもたれて座る「私」が分裂しているわけであるが、この構図によって、田で働く「私」には魂が入っていない空虚な主体であることが明確になって意識に上ることが治療的であると思われる。事実、この「人」は輪郭線だけで描かれており抜け殻のようであり、それをさらに補償するのが人のそばにたたずむ「動物（猫）」である。

このように、此岸が狭く空白の領域として描かれたあと、そこに大木が配置される構図は、世界が彼岸という遠いところで展開しており、そこにコミットしていない空虚な主体性を補償する意味をもっている場合がある。さらにその大木のそばに「人」が描かれるときは、人がその大木に同一化して空虚な主体性を大地に根付いたものにしようとする補償的な動きが生じていると考えられる。この意味で、このような構図における大木は世界樹的である。世界樹とは神話的観念において、天、地、地下という三つの領域の中心を貫いて立つ木である。世界樹は宇宙軸であり、世界の秩序を創り出す中心にほかならない。**図19**の「人」はこの中心としての大木に自身を重ね、自身の内に中心をもつ主体を形成しようとしていることがうかがわれる。

3　果実のなる木

木に果実が描かれることがある。すべての項目と同様に、この場合も他の項目のどのような連関の中で、どのような果実が描かれ、その木がどこに配置されたかに注意を払うことがまず大事である。一般的にいえば、木に果実がなるのは、なんらかの「実り」という象徴的意味をもつ。さらには、「田ショック」の流れの中で木に果実が描かれる場合、その結実に性的な意味が含まれているとみなせることが多いように思われる。それは、果実に至るまでの受粉や、果実が動物の欲望の対象になることから表象される隠喩的な観点からくるものである。

たとえば、**図21**は、「山の〈あちら〉に田を配置する」の項でも検討した、男性が苦手だが、別人格が現れると乱雑に異性交遊を繰り返す解離性障害の女性の描画である。「田」は山の向こうに配置されることから、田がもつ象徴的意味（女性的なものへの男性的なものへの侵犯）を扱うことが相当に困難であることが示唆されている。にもかかわらず、「木」が提示されると、この描き手の心の中に果実が結実するイメージが浮かんだのであろう、そのような形態の木が田のすぐそばに配置される。この構図は、「田」を「こちら」に配置したり、「あちら」に遠ざけた田に「人」がすぐ関わったりする動きと似て、ある種の「弱さ」を示唆している。この場合の果実のなる木は、田がもつ「女性への男性の侵犯」という意味と同様の意味を担っていると思われ、それだからこそ、田と同じく、山の向こうという領域に遠ざけられる形で配置されることになる。しかし、一方で単に「木」と提示されたのに、生じるイメージは「果実のなる木」であることから、性的な事柄に関して能動的に動く心的な傾向があることもみてとれよう。

対照的な例として、**図8**をみてみよう。何度も検討しているチック症状をもつ女児の七枚目の描画である。六枚目（**図7**）ではじめて田を描いたのではあるが、この描画では田が此岸にあり、真四角で浮き上がったような構図であることや、安心の拠点としての「家」が対岸に追いやられたような配置になっていることから、未だ十全には田を自分のものとできてはいないことがうかがわれる。これが、次の最後の描画となった次の**図8**では、周囲に四角く川が流れ、全体が田になったともみえる印象の構図となる。この中に田以外のすべての項目が描かれ、木には果実がなり、女の子がそのひとつの果実を手に取っている。この構図における果実のなる木は、田を相当に自分の世界に統合しえたことと並行して、女児のセクシュアリティの成熟を物語っているように思われる。

4　隠す木々としての森：見ることを「否定」する森

木々は集まって林となり森となる。森は「田」の象徴的意味に対してカウンター的な意味をもつ。森はその中に未だ人の手が入っていない自然が保たれている表象である。また、森は多数の木々がこんもりと繁っているため、視界をさえぎる特徴をもっている。それゆえ外からは森の中に何があるのかはわからない。このような森からときどき、熊やキツネなどが出てくる構図が描かれる。これは、さきに検討した箱庭でいえば、蜘蛛がウサギの団欒の領域に入ってきたことと同型で、何か新しいものが現れてきたこと、あるいは深層心理学的にいえば、無意識内容が意識に浸透することを示しており、基本的には治療的な進展を示すものである。

さて、このように森の中から何かが出てくる場合は森の中に何がいたのかは明確となるが、未だなにも姿を現さずにたたずんでいる森も意味深い表象である。森がそれを見る者のまなざしのあり方によって両義的であることは、農耕に関して論述したときに指摘したとおりである。繰り返せば、ピグミーにとって「森は無限の贈与者であり両義性なく彼らを包んでくれる子宮のごときものである」ため、森を傷つけるということなど考えられないのに対して、同じ森が「山地農耕民にとっては敵対者であり、焼いて畑をつくるべきもの、しかし油断をすればただちに畑を再び浸食し蔽いつくすもので、恐る恐る外から眺めるおどろおどろしいもの」に映る。(66) 風景構成法で描かれた森が描き手のどちらのまなざしでもって森を見ているかは吟味に値するポイントとなるが、ここでは、そのことも含めた上で、森の中が外からは見えないことに焦点を絞って検討してみよう。

外側からは中が見えない森の意味として、次の二点が考えられる。ひとつは、その中になにか新しいものが蠢いている気配がするのだが、未だその正体ははっきりしないという表象である。この意味の森がよく配置されるのは、川の狭い此岸である。この「川の〈こちら〉が空白の領域」に関しては既述したとおりで、それは空虚な主体を示唆しており、この領域に置かれた項目は個々の意味においてその空虚感に対して動きを与えるものとなる。「木」が提示されたときに、この領域に木々が描かれ森となるならば、それは空虚な主体の中になにか動きが生じており、しかしそれはまだはっきりと意識化できないことを示していると考えられる。この森から、なにか（熊や狐、あるいはその他さまざまなものがありうる）が姿を現した場合、それがどのような項目の連関と配置の後に描かれたのかがポイントとなる。たとえば、「花」が家のそばに置かれたあとに、森から鳥が飛び立つ姿が描かれたり、あるいは、川に橋が描かれて彼岸と此岸の間が行き来できるようになったあとに、森から猫がとことこ歩いて出てきたりといった具合である。これらの場合は、もちろんこのような流れを詳細にたどることで、森から姿を見せたものの意味を考えなければならない。

中が見えない森のもうひとつの意味は、見させないようにすることである。つまり、「見る」あるいは「見える」ことを否定するものとしての森である。このような森の例として、**図14**をみてみよう。「考えの覗き魔」を訴える統合失調症の女性が描いた六枚目の描画である。ここでは、連山の一部が欠けていたところに、「木」が提示されたときに木々が並んで配置され、その結果一見連山の欠落した部分が目に見えなくなっている。以前に指摘したように、連山が「閉じる」ことで他界（あの世）としての連山の「あちら」の領域と連山の「こちら」の領域が明確に区別されるようになる。同時に、空と大地の区別もしっかりとなされる。この絵では最後までこの連山を「閉じる」線分は引かれない。代わりに木々がそこに置かれ、そのため、この欠如した部分はこちらからは見えなくなり、「閉じた」地平線があるのかどうかはっきりとはわからないが、少なくともあからさまに「開いて」いるのではないことがわかるような構図となる。これは、「（大文字の）こちら」をしっかりとは閉じず、「（大文字の）あちら」と地続きにしておきたい描き手の心性に呼応している構図だと思われ、白犬二匹が枠に前足を掛けていることの意味（詳しくは「枠」のところで扱う）ともパラレルである。この世とあの世との境界の切れ目をある程度保ったまま、しかしそれを見えなくする方法としての森の配置は、ある種の「ごまかし」だともいえようが、統合失調症の場合などでよくみられる超越性への直接的なコミットは危険であることはすでに指摘したとおりであり、その意味では、この描画での森は超越的なものに対して、間接的な距離を創り出す緩衝材の機能となっており、治療的意味があると思われる。この構図は、この後の描画である**図15**や**図16**でも続いて見られる。また、**図10**では木々が、**図11**では木ではないが花々が川の源流を隠すように配置されている。これらも同様に、超越的な場としての川の源流を直接見ないようにする意味をもっていると思われる。かように、「森」の表象として、その中や奥にあるものを見ることを「否定」する意味があると考えることが可能である。この場合、神経症圏においては、本来見なければならないものを見ないように防衛しているものとしての森となり、より病態水準が重い場合では、直接的・無媒介的に見ない方がよいもの――とは「超越的なもの」である――に対して「見る」ことを否定する表象としての森となる。前者の場合は、何かを見ないようにしていることが問題となっているということがこの森を描くことで認識できることが治療的であり、後者の場合はこの世で生きる人間としては直接見ない方がいいものを見ないようにしていることが治療的となる。

第7節　「人」：「人という次元」におけるコミット、「人ショック」

心の層構造と系統発生との類似性に関してはすでに指摘したとおりで、それに従えば、人、動物、植物、さらには石や水（川）や土（山）などはこの順序で後になるほど心的に「深い」層に属するものとなる。この意味でいえば、風景構成で提示される「人」は、心の層において「浅い」ところをヒットし、人がまさしく「私は人間だ」と同一視している位相を刺激する。むろん、この「私は人間だ」という同一視が「浅い」レベルにあるというのは簡単だとか楽だとかいう意味ではまったくなく、人がそこに所属せざるをえない人間社会を含むものであるがゆえ、その「所属」という要素の動き方次第で、孤立、しがらみ、軋轢《あつれき》といった苦悩を生み出す「地獄」ともなる。あるいは、「人間」という存在の成立過程そのものが「地獄」とも呼ぶべき側面をもっていることを認識させられるような「人」が描かれることもある。それゆえであろう、「人」はもっともリジェクトされやすい項目である。「田ショック」に加えて、「人ショック」という概念を提唱できるだけの意味内容を「人」はもっていると思われる。

さて、これも繰り返しになるが、「人」に至るまでの項目（川、山、田、道、家、木）は基本的には静的なもので、「動き」をほとんど喚起させない。もちろん、「川」には水の動きがある。しかし、これは「自然の運動」とも呼ぶべきもので、「人」がもつ動きとは質が異なる。人のもつ「動き」は意志や意図をもった能動性で示される。もちろん、人は常に合理的な意志でもって能動的に動いているのではなく、抑えがたい衝動にかられて動くことも多い。しかし、風景構成法においてはこのような衝動的な側面はむしろ「動物」に投影されることが多いように思われる。

「川」、「山」がそのような意味で「静的」だとすれば、「田」や「道」はその背景に人の動きを暗示させる項目ではある。しかし、基本的にはこれらの項目が描かれた時点では「人」は登場しておらず、その動きは潜在的な状態となっている。このような、静的な項目で構成された構図を前に、「人」が提示されたとき、描き手はそれに呼応する心の位相において能動性を喚起されて「あなたの心の中の人としての位相は、この構図のどこにどのようにコミットするのか」を問われることになる。「人」が提示されることで、この問いが問われるとき、すでにこれまでの項目によって世界はある程度構成されている。むろんのこと、その世界は描き手によって個々異なるものであるが、「人」との関わりに関してオーソドックスな項目の流れを確認しておこう。

「人」は基本的には、連山の「こちら」の領域で日常生活を営んでいる。「川」には水が流れており、「人」にとって非常に重要なものである。しかし、基本的に川の水は生活のために大事なのであり、「人」が提示されたときにいきなり川で泳ぐ人などが描かれるとそれはオーソドックスな人と川との関係ではないといえる（イコール異常だということではない。ここでは読みの基準を考察しているのである）。それゆえ、「人」が川の中に入る者として描かれるとき、労働という日常生活に対して対極的な水遊びをするというイメージが賦活した場合や、「水の世界に魅惑される」志向性が刺激された場合などが考えられる。後者の場合、川で泳ぐ魚が描かれてもよいわけで、川の水に「人」がコミットしたことをどう考えるかということがこの場合重要になる。精査するには、「川」から「人」に至るまでの間の項目がどのような形態でどこに配置されたかの連関を考慮しなければならないが、たとえば、恋愛妄想をもちストーキング行為を繰り返していた女性の描画（**図20**）における橋から川に飛び込んで泳ぐ人は、同じ絵での山中に入っていく人の意味と同様に、現実の領域からの逃避の意味を表象していると考えられる。

今述べたように、「山」もオーソドックスには直接に「人」が関わる領域ではない。山中や山越えの領域は他界であるからだ。それゆえ、「人」が山に関わって描かれるならば、それはある特徴を示すものとなる。さきのストーキング行為をする女性の絵（**図20**）の山中に入っていく人々や統合失調症の女性の一枚目の描画（**図9**）での山頂に立って遥か下に釣り糸を垂らしている人などは、日常的な現実空間からの逸脱を示唆している。

「田」はその「女性的なものへの男性的なものの侵犯」という象徴的意味から「田ショック」を引き起こすことが多い項目である。田そのものが人為によって作られるものであるため、「田」がもつ「人」に対するその磁場の影響は強い。それゆえ、「人」が提示されたときに、田で働く人が描かれる場合、「十全に田と関わることができるがゆえに田で働く人が描かれた」のか、「田に関わることを避けたいにもかかわらず、その弱さから田の引力に引きずられて働いてしまう人が描かれたのか」を項目の流れから吟味する必要がある。「田ショック」という概念を提唱することになったように、風景構成法においては一般的には「田」は避けられる傾向にあり、この場合、「人」がどのように「田（ショック）」から逃避し防衛するかに注意を払う必要がある。これらに関してはすでに検討してきた、チック症状をもつ女児（**図2**～**図8**）、アルコール依存症の女性（**図17**、**図18**）、二重人格症状をもつ女性（**図21**）、過剰適応の女性（**図23**、**図24**）などの描画を参照されたい。

「道」も人の関与を暗示させる項目である。「道」は主体が現在いる「ここ」から、目的（地）に向かって延びている通路であり、道の上にたつ者は意志をもって前に歩んでいくことになる。だからといって、「人」が提示されたときに必ずしも道の上を歩む人が描かれるわけではもちろんない。意志、目的、手段などを象徴的に意味する「道」であるが、人がそのような道の上に描かれると、意志、目的、手段などに対して描き手の「人としての心のレベル」がそこにコミットし、ある種それらが具現化し活性化することになるからである。どうにかして（手段）、ある目的へと意志をもって歩んでいくというのは相応に厳しいものであり、人が道にコミットするとその厳しさが浮き彫りになるわけである。もっとも、道に人がコミットすることがいつも強い意志をもって現実に立ち向かうことにはならない。基本型で示した「乙女」的な女性の描画（**図1**）では、人（男性）が道の上を歩いている姿が描かれるが、この人はすぐに画面の外に出て消えてしまう方向に歩いている。元々この道は具体的な項目を結ぶ道ではなく、田からエスケープする道であり、この人はこのエスケープを具現化しているともいえよう（より精確に述べれば、田からエスケープする道が描かれ、にもかかわらず「人」として男性がこの世界の中に入れ込まれることが可能となり、しかしやはりそれが耐えがたいため、すぐにこの世界の外に出る方向をもつ道の上にその男性は配置された、ということになる)。さらに、もっとエスケープする道に人がコミットする例として、ストーキング行為をする女性の絵(図20)を挙げよう。この絵における、山中に入っていく人々などは、現実からの逸脱としての「道」が「人」が歩むという配置をとることでより具現化していることが示唆される。ここでの道を歩む人は能動性を発揮しているというよりは、むしろ、(現実からの逃避的な)強い衝動に従って動いている印象を与えている。

「家」は、安心の拠点、人間社会、内面をもった主体などの象徴的意味をもっている。「家」がもつこれらそれぞれのどの側面と「人」がどのように関わっているのかが注目点となる。家と人が近い距離をもって親和的な関係をもっている場合、基本的には安心の拠点としての家に人がコミットしている表象となるだろうが、このことが逆に外界(家の外)に対して踏み出していくことができないことを示唆する場合もあるだろう。この辺りは、他の項目の連関の中でみていかなければならない。また、「家」に対して安心感があるがゆえに家のそばにいることもあれば、安心感があるからこそ外界へと出て行ける場合もある。あるいは、家のそばに人がいて、いかにもアットホームな印象を与えるような感じでありながら、それが小島を形成して現実から切り離されているような構図もある。たとえば、アルコール依存症の女性の描画(図18)などがその例である。人間社会を表象するものとしての「家」と「人」との関係ももちろんさまざまであるが、たとえば、そのような意味での家々からエスケープする例としては、過剰適応の女性の描画(図19)にみられるように、手前の山中に人が配置され、下界を見下ろすように下にある家々を眺めている構図などをさきに検討した。あるいは、同様に人間社会を避けている状態から、そこに参入する心の動きを示すものとして、統合失調症の女性の描画をさきに考察した。図12では連山の向こうに垣間見えた家々に人が向かっている。次の描画(図13)では、ちょうど視線が逆転し、山を越えた領域から見た構図となり、そこでは手前(こちら）に家々があり、向こうにある連山を越えて人がこちらの世界に入ってきたことが表現されている。

「木」と「人」との関係もさまざまな場合があるだろうが、代表的なものは「木」の項において取りあげた。少し繰り返せば、「木」のもつ大地に「根付く」という象徴的意味から、不安定だったり空虚感を抱いたりする主体を補償するものとして木の側に人が立ち、あるいは木に寄りかかる人が描かれることがしばしばある。「木」のもつ安定感は「家」よりも「深い」位相にあるものであり、「家」によって安定感が保てない場合などに「木」と「人」との関わりが表現されることが多いと思われる。

「人」以降の項目（花、動物、石）が提示されたときに、人が描かれてその項目と関係をもつことは多い。たとえば、「花」のときに花を摘もうとしている人が描かれたり、「動物」のときにすでに描かれていた人の近くに犬が描かれて、人が犬のリードを握る描写となる（たとえば、**図23**）等々である。これらにおいても、描き手の中の「人という次元」がその項目にコミットしたとみなすことができるだろう。逆に「人という次元」でのコミットに抵抗感がある場合、「人ショック」が生じるわけであるが、そのさまざまなあり方に関してもこれまで検討してきた。つけ加えるならば、いわゆる「スティック・フィギュア（棒人間）」などの記号的な人や、顔が空白でのっぺらぼう状態の人が描かれることも「人ショック」の一形態である可能性がある。

第8節　「花」：情緒的コミット

1　特定の場所に置かれる花

「花」の象徴的意味は情緒である。これは、花がもつ豊かな色彩性からきている。風景構成法において彩色段階に入る前は一般的に黒色のサインペンで描画がなされる。よって、そこは白黒の世界であるわけだが、にもかかわらず、「花」が提示されてどこかに配置されると、そこに色彩を感じる人は多いだろう。「色気」や「色男」、「色香」などのことばからもわかるように、色はエロスに関係している。エロスとは性愛的なものだけを指すのではなく、「生」そのものに関わるものであり、生きるパッションや生き生きとした情緒を意味している。「色事」は男女間の情事だし、「色をなす」は怒って顔色が変わることである。かように、色はエロスや情緒に関連している。また、次項で取りあげる「石」が無機的な不変性を象徴するのとは対比的に、花はある限られた時間に咲き誇る「一瞬の美」であり、この性質も限定された時間の中で輝く生（エロス）やうつろいやすい情緒と類比的なものとなる。

魚は水の生きた表象であり、鳥は空の生きた表象である。これにならっていえば、花は色彩の生きた表象である。色彩というものを活性化して生きたものとして表象したものこそ、花にほかならない。このような色彩の化身とでもいうべき「花」は人の情緒を反映するものとなる。実際、人が花を贈ったりどこかに置いたりするとき、そこには深い情緒がこもる。たとえば、愛しい人に贈る花、墓前に手向けられる花、痛ましい事件に巻きこまれて人が亡くなった現場に捧げられる花。これらの花と同様に、風景構成法における

「花」も情緒を表象するものであり、それゆえ、花が置かれた場所は、描き手の情緒がコミットしているとても重要な場所となる。

具体的にみていこう。図11は「考えの覗き魔」を訴えた統合失調症の女性が描いた三枚目の描画である。ここでは、花々は川の源流とその周辺に配置されている。この花々が示唆しているのは、描き手の源流に対する情緒的コミットであることはまちがいないが、より精確に述べれば、源流という超越的なものから描き手の主体が離れていく方向性が生じているがゆえの情緒的コミットであると思われる。つまりは、さびしくも源流から離れていく動きが生じており、それに対する手向けとしての花という印象である。実際、次の四枚目（図12）から以降、「川」は斜めに流れる川となって、源流は画面枠外にフェードアウトする。もちろん、これは結果論ではなく、その根拠を挙げるならば、まず、花々によって川の源流が隠される形になっていることが挙げられよう。この形態の意味に関してはすでに指摘した。二つ目は二枚目（図10）の構図が左右対称のシンメトリーの構図であり、そこでの山もシンメトリーで双子的な形であったのに対して、現在検討している三枚目（図11）における二つの山の片方がひしゃげていることを含めて、全体の構図がアシンメトリーとなっている点である。以前にも取りあげたユングの見解に従えば、「一なる世界」は潜在可能性であり、「一はしかし未だ数ではない。二が最初の数であり、二をもって多数は、したがって現実は始まる」。つまりは、「一」はたとえばAのみがある世界であり、それは「すべて」に等しく、他との差違をもたないため意識が生じることはない。それゆえ、「一」は無意識に対応している。「二」はAとBという具合に明確な差異がある世界である。「意識」とは差違を意識することであり、ゆえに数字としては「二」に対応している。双子イメージは、この中間に位置する。それは、AとA′という「一」卵性双生児のように似ている「二」であり、「一に限りなく近い二」である。これは否定的にいえば、未だ明瞭な「二」になっておらず不明瞭な意識状態を指している。しかし、肯定的にいえば、すでに「一」ではなく「二」であり、明確な差異をもつ「二」に向かって進展していく胎動を孕む状態を示唆している。一枚目（図10）から三枚目（図11）への変化は、双子イメージから「二」への進展である。これは、明瞭な意識をもつこと、現実に触れることと連動している。二股に分かれた「道」とその上に置かれた岩も今述べたこととパラレルであり、整合している。二枚目では空に浮いていた「道」が、三枚目では地上に降り現実化する。現実化するということは区別が生じるということであり、二股に分かれた道はそれを明確に表象している。ちなみに、二枚目の道のように空にあるものは、「観念」的であり、地上が意味する「現実」性をもたない潜在可能性である。三枚目（図11）における、道の二股に分かれたところに置かれた巨大な岩は、「二」に対する抵抗を示唆する。道はすでに地上にあり、また「二」股に分かれていることから、「あの世（＝超越性）」から「この世（＝現実世界）」に主体が移行している様子がうかがわれるが、岩で示されているようにそれに対する抵抗もみられる。これに対応して、川の源流という「超越性」がフェードアウトしていく動きが生じていることが推測される。源流に置かれた花々はそのことに対する哀しみを伴う情緒的コミットを示していると思われる。

さて、三枚目（図11）で予兆されていたとおり、四枚目（図12）からは川の源流がなくなり、斜めに流れる川となる。ここでは、山を越える道が描かれ、人は山の向こうにみえる家々がある領域に向かって歩いていく。この絵においては、手前が山中（あの世）であり、ここから山を越えて家々で表象される人間社会へと進んでいく動きがみてとれる。ここで「花」に注目しよう。花が配置されている場所は全部で六ヶ所ある。その中の二つは、川に並行する道から山越えとなる道が枝分かれするところである。この道は、人間社会に至ろうとする動きが心の中に生じ、それが具現化された道だと思われる。山越えを目指すこの道は、川と並行する道からあたかもメリメリと音をたてて分離して形成されたかのようだ。この山越えの道、すなわち人間社会を表象する家々に至ろうとする道の「誕生」は世界を激震させるほどの影響力をもつものであろう。この川に沿う道から山越えの道が分枝・分離する箇所に置かれた花々は、その「誕生」に対する情緒的コミットを示していると思われる。

さて、この山越えの道をちょうど川の方向に反転し、延長したところに花が一輪咲いている。この花は川辺に配置されており、その頭を水面に垂れている。この花は、人間社会に至ろうとする山越えの道の逆方向の動き（カウンター・ムーブメント）に対する情緒的コミットであると思われる。この花が頭を垂れるという形で暗示しているのは、人間社会とは逆の超越的な「水の世界」への傾斜である。この「水の世界」への傾斜は、最後の描画（**図16**）において川辺に咲く四つの花の中の一つがやはり水面に頭を垂れており、そこに引き継がれていることがわかる。

図12に戻ろう。残り三つの花は、川に沿う道と枠線との接点に配置されている。これは一見、不思議な花の置き所のように思われる。筆者の見解では、意志、目的、意識などを象徴的意味とする「道」が枠線という「メタ」の内に収まろうとする動きが生じているため、この変動のピンポイントの場所である枠線との接点に情緒的なコミットがなされ、花が置かれたのだと思われる。より、精確に述べれば次のようにいえるだろう。この描画においては、「水の世界」である川から道が延び、山を越えて人間社会に移行する動きが生じていることがみられる。すでに指摘してきたとおり、連山とは「メタ」である。この描画においては連山の「こちら」側が超越的な「あの世」であり、ここから山を越えて人間社会に参入していくということは、「内面をもつ主体」となることとパラレルであり、それは、超越する主体（B）が埋没する主体（A）に折り返してきて、私が二重化することにほかならない。この意味では、この描画において、山を越えようとしている二人の人は超越する主体（B）であり、山を越えた向こうにいる埋没する主体（A）に折り返して二重化された「内面をもつ主体」となるべく、移行している姿が描かれているともいえよう。連山は「メタ」である枠を枠内で表象したものであることはすでに検討した。この描画では、山越えというメタに関わる移行と連動して、さきほど述べたこととは逆照射的に描き手の中に「枠」が意識に上ったのだと思われる。そ

の結果、「枠」と道の描線との接点が際立つものとなり、そこに花を置くという形で描き手の情緒的コミットが示されたわけである（この枠内に入ることの変動の大きさは、**図14**の前足を枠に掛ける犬にも引き継がれることになる）。

次の五枚目（**図13**）は四枚目と視点が逆転した構図となり、連山の手前（こちら）は家々があり人々が日常生活を営む空間となる。ここは「人の世界」であり、ここに山を越えてきた二人の人は「人の世界」に参入したのである。それゆえ、「花」は人に配置される。描き手の情緒が「人」にコミットしていることがよくわかる。

2　花畑

ある特定の場所にではなく、広い領域に花々が描かれるならば、それは花畑となる。花畑は純真で無垢な乙女の象徴である。たとえば、ギリシア神話における女神コレー（ペルセポネー）は文字通り「乙女」という意味であるが、彼女は春、すなわち植物が芽吹く季節の女神であり、ニンフ（妖精）とともに花畑で花を摘む姿が定番のイメージである。植物が芽吹くという点からもコレーは（母なる）大地との関わりが強く、つまりは強い母‐娘結合がここにはみられる（コレーの母がデメーテルである）。コレーを無理矢理に強奪する者が冥府の神ハーデスにほかならないが、いわば彼によってお花畑が蹂躙されたわけである。強い母‐娘結合を壊すためにはハーデスくらいの強烈な男性性の侵犯が必要だともいえよう（このような象徴的意味価をもつ項目が「田」である）。この男性性の侵犯というイメージの対極的なイメージが花畑である。そこは、清廉で純白無垢な乙女という表象がフィットする場であり、他者や傷つき、穢れたものといったものは存在しないただただ美しい世界である。つまりは、花畑は「現実」から隔離された世界である。

箱庭療法の話になるが、参加者が箱庭を作成するある研修会に筆者は講師として招かれたことがあり、そこである男性が作成した箱庭が筆者の記憶に残っている。最初に彼は箱の中の手前の領域にどんどんと花を置いていき、花畑を作った。しばらくして、箱の中央あたりに横に流れる川を作る。筆者は「ああ、花畑との境界ができたなぁ」と思いながら見ていた。つぎに、彼は川の向こうの領域に一つ家を置き、川の真ん中あたりに橋をかける。筆者は「この人の世界は、手前（こちら）がお花畑だけど、『あちら』には現実的な世界があり、そこに出ていこうとしているのだな。この流れは悪くはないなぁ」と感じていた。研修会の構成上、この男性一人につきっきりで見ているわけにはいかず、筆者は同時並行的に箱庭を作っていた他の人たちの箱庭制作を見るためにその場を離れた。しばらくしてから、最初の男性の箱庭に戻ってきたとき、筆者の目は丸くなる。川の手前も向こうも全面がお花畑になっていたのだ。どうも、筆者が去ってから、家はどけられて、川の向こうの領域にも全面に花々が置かれたらしい。筆者はこの箱庭を見たとき、この男性が統合失調症歴があるだろうなと感じ、研修会の参加者の設定に関してもう少し情報を早く聞いておけばよかったと反省した。なるべく、あっさりと感想を述べてもらって終わろうと思ったのだが、その男性は「わたくしは、十年くらいずっと精神病院に入院をしておりまして……」と語りだされたので、慌てて止めたという苦い体験がある。

花畑があること自体が必ずしも否定的なこととはいえないが、この箱庭のように領域は川で二つに分かれていても、そのどちらにも全面花畑という構成は危ういものである。シンメトリー（双子イメージ）の構成に関してはすでに検討してきたが、それは差異化、分節化する意識の力の弱さを示している。最初は、花畑の領域と家がある領域という異なる領域（A／B）を作っていたのだが、花畑の磁場に影響を受けたのであろう、最終的には両岸とも花畑となる（A／A′）。川がぎりぎりに「二」を作り出す境界となっているが、ほとんど全面が花畑であり、この男性の世界が「現実」から遊離したものであることが示唆されていよう。

さて、風景構成法の場合、項目が順に提示されていくという流れの中で「花」が出てくるのと、一度描いた項目は消すのが困難であるため、さきの箱庭のように画面全面が花畑になるということはあまりない（発達障害の人が描いた風景構成法で、「花」が提示されたときに、枠外に桜の木が描かれそこから桜吹雪が舞って桜の花びらがびっしりと画面全体を覆った描画はあったが）。それゆえ、花畑が描かれたときには、どこの領域に描かれたのか、どのような項目の流れの中でそれが配置されたのかなどが注目点になる。たとえば、基本型として検討した「乙女」的な女性の描画（**図1**）では、「田ショック」を巡る項目連関の動きの中で、道の上に男性が登場した。このことによって描き手の中に不安が生じ、それを補償する形で安心の拠点としての「家」の周囲に花々が配置されたと考えられる。安心の拠点である家に情緒的にコミットしたことがその花に示されているのと同時に、このエリアは少し花畑的になる。これは「花」によって「こちら」の領域を花畑化することで、田や男性とは隔絶した領域を確保しようとする動きだと思われる。

第9節　「動物」：本能的側面のコミット、魂

幾度か確認してきた心の層構造と系統発生との類似性からみれば、動物としての層は人間としての層の下にあり、また木（植物）としての層の上に位置している。木（植物）との関係から動物を考えてみるならば、「動物のからだから腸管を一本引っこ抜いて、これをちょうど袖まくりするように、裏側にひっくり返し、ついで露出した腸の粘膜に開口する無数のくぼみを一つ残らず外に引っ張り出し、そうして出来た形が、すなわち植物である」と述べる三木[67]の見解は興味深い。引っ張り出された粘膜のくぼみが、植物の葉と根に対応している。葉と根は「太陽を心臓に、一方は天空から大地に向けて、もう一方は大地から天空に向

けて、果てしなく廻る巨大な循環路の、それはあたかも毛細管の部位に相当する」。このように、植物が「大自然と間断なく交流する、ひとつの開放型」であるのに比して、動物は閉鎖型の腸を体内にもつようになった。この腸は植物をくるりと裏返しにすることでできあがり、これを体内にもつことで動物は植物にはない移動性と能動性をもつことになった。ここから、象徴的意味としては、植物が受け身的に欲望の餌食になる無垢なものであるのに対して、草食動物は欲望をもって能動的に植物を喰らうものの表象となる。さらには、肉食動物は草食動物に対して欲望するものとなる。

かように、動物は欲望をもって移動する能動的生物である。風景構成法においては、このような欲望と能動性をもつ項目は「人」以外では「動物」のみである。もちろん、両者は同じではなく、「動物」がもつ欲望は本能的であり、「人」がもつ欲望は本能に対して「禁止」が入った上で成立している欲動的なものとなる。それゆえ、風景構成法においては、「人」が人というレベルで何かにコミットする表象として描かれるのに対して、「動物」はそのような「人」を補償し、その下層にある本能的な欲望をコミットさせるものとして表出されることが多々ある。換言すれば、欲望や能動性に関して「人」レベルと「動物」レベルが乖離しているということであり、この乖離が大きい場合は、「人」に内実がなく抜け殻的な形態で描かれ、真の欲望や魂の表象として「動物」が「人」に対置されることがある。代表的な構図としては、すでに検討してきた「川の此岸が狭い空白の領域」であり、彼岸のたとえば田に記号的で空虚な印象を与える「人」が働いているものなどが挙げられよう。この構図において「動物」が提示されたとき、空白の此岸に配置されることが多い（たとえば、**図17**、**図24**参照）。このような場合を含めて、どのような種類の動物がどのように描かれるのかはもちろん重要で、その象徴的意味に照らして考える必要がある。この種類は千差万別であり、かつ同じ種類の動物であってもそれに至るまでの項目の連関や、どのように描かれているかによって意味が異なるので簡単には述べることができないが、その中でもしばしば風景構成法で描かれる代表的な動物を以下に取りあげて、その基本的な意味を検討しておこう。

1 鳥

鳥は空の生きた象徴であり、空をアニメイト（animate）したもの、すなわち空に生命が吹き込まれたものの表象である。「鳥の魂は空で、空の身体は鳥」にほかならない(68)。古来、さまざまな文化において空を飛翔する鳥は精神や霊魂の表象とみなされた。大地がその意味空間に母、物質性、身体性などを含むのに対して、空は父、非物質性、精神性などを含む。精神性とは物質性の「否定」であり、たとえば精神性に属する言葉や概念は物質性をもたない（机は物質であるが、机という言葉は非物質である）。このような物質性の否定としての精神性の表象となる鳥は、「現実」としての大地から垂直方向に離脱してゆく超越性の表象とも重なる場合がある。「立つ川」が超越的な視点から川を見た構図であることはすでに指摘したが、この視点を鳥瞰図的な視点といってもよく、つまりは超越的な位置から下を見下ろす鳥の視点である。このような意味をもつ「鳥」の例として以下、具体例を検討しよう。

図13はさきほども取りあげた統合失調症の女性が描いた五枚目の描画である。ここでは、これまでも検討してきたように、さまざまな観点から二人の人が「人の世界」に参入したと考えられる。連山の「こちら」に家々があること、一軒の家には人が入っていること、人に花が配置されていることなどはそれと整合しており、その傍証となるだろう。花が人のところに描かれたあとに「動物」が提示されるわけであるが、このとき、空を飛ぶ鳥が描かれている。この鳥は、「人間社会」に参入しようとする動きに対する逆方向の動きだと思われる。この絵は、相当に「人間社会」への参入への移行がなされている印象を与えるものであるが、それだけになおさらこの動きに対する抵抗も生じてくるのだと思われる。この女性を含めて一般的に統

合失調症者にとって超越的なものは非常に大事で捨てがたいものだといえよう。

この抵抗感は次の描画（図14）の枠線に前足を掛けている犬に引き継がれる。この犬が枠内に入りきれないこと、すなわち、超越性を留保していることに関してはすでに少し触れたが、「枠」の項で後でもまた詳しく検討しよう。このような、相当に「人間社会」への参入が進展していきつつ、一方でそこに入りきれない超越性志向としての鳥が描かれることに注意すれば、この絵の中で鳥が電線にとまっているのは興味深い。電線にとまるこの鳥は、一枚前の絵（図13）の空を飛ぶ鳥と次の絵（図15）で大地に降りている鳥の中間状態に当たる鳥であろう。電線のモチーフはしばしば統合失調症者の描画に現れるが、筆者の経験では肯定的なサインとみなせることが多い。電線とは鉄でできたロープの中に電気を流す通路である。電気は神話的観点からすれば目に見えない非物質であり、精神性とも関連し、ギリシア神話では天界の父なる神ゼウスによる雷となって現れる。このような性質をもつ電気が、空中にある場合、それは拡散・伝播していく電波となり、妄想症における非影響体験の「原因」としてしばしば登場してくる表象となる。非物質的で拡散・伝播する電波が電線の中を通るようになれば、それは物質性によって制御され、コントロールできるものとなる。このような意味から、電線モチーフは治療的に進展を示す肯定的なサインとなるが、この非物質的な精神性が物質に「受肉」して制御されるようになるプロセスが、飛ぶ鳥が大地に降りるという表象とパラレルに示されている。図14の電線にとまる鳥を経て、次の図15で鳥が大地に降りたつ流れは治療的な進展を指し示していよう。

2　魚

鳥が空の生きた表象であるように、魚は水の生きた表象であり、水に生命が吹き込まれた像である。さきほどの言にならえば、「魚の魂は水、水の身体は魚」ということになる。

風景構成法においては基本的には水は「川」として描かれる。もちろん、田に張られた水や池が描かれたり、雨が降っているという描写もみられるが、魚が描かれるのは圧倒的に川の中である。川の中に魚が描かれるとき、川という「水の世界」が活性化する。このとき、そこに至るどのような項目連関の流れの上で魚が描かれたのかを吟味することが「読み」のためには重要となる。以下、具体例をいくつかみていこう。

たとえば、基本型として考察した**図1**においても、「動物」が提示されたときに魚が川の中に描かれている。すでに検討したように、「人」で男性がこの世界に現れたことに対する動揺から、「花」は安心の拠点である川の此岸にある家の周囲をお花畑化するように配置される。次の項目が「動物」であるわけで、このとき描かれた魚は描き手の主体（視点）が「水の世界」に退行したともいえるが、肯定的に見るならば、その「水の世界」が活性化して揺れ動き、人魚イメージ（水の世界から陸地にいる王子様の世界に移行する動き）が胎動してくる可能性を感じさせるものであった。

川という「水の世界」にコミットする表象のひとつとして「魚釣り」がある。**図10**は統合失調症の女性の二枚目の描画である。一般的に統合失調症者は超越性志向が強く、人間関係という水平の広がりに対して垂直方向へのコミットが強い。この女性の最初の絵（**図9**）などにこのことはよく示されている。ここで高い山の頂に立って下方に釣り糸を垂らしていた人が、次の**図10**では山の麓に降りてきている。山という他界、超越的な場所から麓に降りてくる表象は人間世界に近づいているという意味で治療的進展であろう。しかし、この人は釣り竿をもっており川の中にいる魚を釣ろうとしている。これは「下への超越性志向」とでもいうべきものであり、「水の世界」の中にいるこの魚は**図9**での山頂の太陽の鏡像的な表象だと思われる。**図9**で山頂に立って背後にある太陽と同一視しているかのような人がいるが、次の**図10**ではキャッチボールしている二人の人がいる。このボールを中間において向き合っている二人の人の「形」は、太陽を間に挟んでいる二つの山と同形である。玉（ボール）は〝たま〟であり、魂の表象である。この二人は平地に降りたっているが、太陽や山という超越的なものとどこか同化している気配があり、このことは麓に降りたってはいるが「水の世界」にいる魚にコミットしている釣り人のあり方とパラレルである。

次の**図11**では人は麓から離れて平地に座っている。大地への傾斜が強まってきていることがうかがわれ、道が大地に描かれたこともこの印象を強めている（**図10**では道は空中に浮いていた）。しかし、一方でやはり人は釣り竿をもって川の中の魚にコミットしている。次の**図12**から**図13**にかけて絵が大きく変動していることはすでに検討してきた。「あの世」という山の中から山越えをして「この世」という人の世界に人が出て行く流れである。ここで両図において川の中に魚が描かれていないことは興味深い。人間社会への参入という方向性が水の世界へのコミットよりも強度が大きいためであると考えられよう。次の**図14**は、近景になり、人間社会への参入の度合いがより強まっている印象である。それがゆえに、逆方向としてまだそこに入りきらない超越性が枠に前足を掛ける犬として描かれる。この絵で川の中にまた魚が描かれるのもこれと関連するだろう。ここには、超越性を留保しておきたい動きがみられる。しかし、最後の絵（**図16**）では、人は釣り竿をもうもっておらず、川の中には魚も描かれない。超越的なものが（哀しくも）この世界から相当に薄まっていることが了解できるが、なごりを惜しむように川辺に咲く一輪の花はその頭を水面に垂れている。

もう一枚、検討しよう。**図5**はチック症状を訴える痴漢に遭った女児の四枚目の描画である。一枚目の絵（**図2**）においては、手前が山中であり山の向こうに人が住む家々が描かれていることから、主体（視点）の立ち位置が人間社会から隔離していることが示唆された。つまり、この絵では手前が「あちら」なのである。**図5**に戻ろう。この描画では川によって彼岸（あちら）と此岸（こちら）の構図ができる。魚は川を描いた時点で描かれている。これは、川によって大地が二分され、「大地に立つ者」の視点が生じる一方で、それに対する逆方向への動きとして、「水の世界」が活性化したことが示唆される。この両者の緊張感は「人」が提示されたときに明瞭となる。「人」は川を越えて彼岸から此岸に渡ってきた者として描かれる。主体の立ち位置が「あちら」から「こちら」に移行したわけである。その後すぐに女児は川の中で溺れている人を描く。ここでも、「こちら」に主体が成立する動きが生じると、それに対する逆方向へ向かう動きとして「水の世界」に入る人が描かれるのである。しかし、この水の中の人は、魚のように水と親和的な関係をもって泳いでいるのではなく、溺れている。溺れているという姿は、水の中にはいるのだが、水とは違和的な関係であり、志向性としては大地を求めるあり方である。水の中にいながら水の外の大地を求めるあり方は、アンデルセンの人魚姫と相似形である。穿った言い方をするならば、「川」の時点で描かれた「水の世界」に親和的な魚が、「人」が提示される時点では人魚に変化してきているということができよう。

「水の世界」という母に包まれた空間類似の世界から、「現実」をその象徴的意味とする大地に向かう動きは、もちろん、「田」を受け入れる動きと同型である。この女児は**図7**ではじめて「田」を描くのであるが、この絵においては、川の中の魚はそれを食べたいと思ってよだれを垂らしている猫にみつめられて冷や汗をかいている。ここでも魚は水を活性化させた表象であり、水の世界という母的な空間が相当に揺らいで、「現実」空間に誘われていることがここに示されていよう。さらには、この「欲望をもつもの（猫）」と「欲望の対象になるもの（魚）」の関係は隠喩的には男性と女性として表象される。前者が後者に対してその欲望を成就させた表象のひとつが「田」にほかならない。この意味で、この絵においてはじめて描かれた田と、魚を狙う猫とは同型の表象なのである。

3　犬

犬は人間が家畜化した人類史上はじめての動物で、農耕文化が始まるよりも以前から人と共に生活をしており、少なく見積もっても一万五千年以上に渡って人間と絆を結んでいる。この長い歴史の中で、「人類という伴侶の必要や感情にもっとも注意深い犬たちの方がよく面倒を見てもらい、多く餌を与えられたので、生き延びる可能性が高まった」。このような世代を重ねての淘汰の結果、「人類と犬の間には、人間と他のどんな動物の間よりもはるかに深い理解と愛情が育まれた[69]」。このように、犬は本能をもつ動物でありながら、人間に忠実で、飼い慣らされたものとしての性格をもっている。この「コントロールされた本能」という性質が犬がもつ象徴的意味のひとつとなる。

それゆえ、「犬」はしばしば、本能的衝動とコントロールとの間のせめぎ合いに関するテーマを表象するものとなる。たとえば、**図23**は過剰適応が問題となっていた女子中学生の描画である。ここでは、「動物」が提示されたときに、犬が描かれるが、すぐに人が描き加えられ、リードを付けられ手綱を人に握られる犬という形態となる。「動物」の提示によって、描き手の心の中に本能衝動的なものが喚起されるが、それは人間に忠実な犬というイメージとなって表出され、さらには即座にリードをつけてそれをコントロールしなければという心の動きを見て取ることができよう。この犬が描かれたあとに、山の木にとまっている鳥も描かれる。これはコントロールに対する逆方向への動きであり、「自由」の表象だと思われる。これは治療的な可能性の動きであるが、ただ、この鳥も空を飛翔する鳥ではなく木にとまっているものであり、主体性をもって自由に飛翔する動きは未だ胎動にとどまっている感がある。

あるいは逆に、いわゆる衝動コントロールが悪い子どもの描画で、首輪をつけていながらも走り回っているような犬が描かれることもある。このような場合、現実場面におけるこの子どもの行動と描かれた犬の様子がわかりやすいくらいにぴったりだともいえるが、一方で、この犬がすでに犬として表出されており、なおかつ首輪をつけられているところが治療的可能性の芽を感じさせる。これは、犬の代わりに火を噴いて暴れ回るゴジラなどが描かれた場合と比較するとよくわかるであろう。

犬がもつもう一つの象徴的意味は、死者や魂をこの世からあの世へと導く水先案内人であり、あの世の番人である。多くの文化における神話的思考の中で、犬は死に関わっている。それは、たとえば、ギリシア神話における地獄の番犬ケルベロスであり、ゲルマンの冥界を見張る犬であり、ラマ族における邪悪な魂は食べてしまう地獄の犬である。ジプシーの神話では「白い犬が、聖山の上に在って俗界から切り離されている死者の国の番人である」[70]。このような表象としての犬を検討するため、「考えの覗き魔」を訴える統合失調症の女性の描画をみていこう。

図10はこの女性が描いた二枚目の絵である。この描画以降、ずっと二匹の犬が登場する。犬はキャッチボールをしている二人の人の側に描かれる。さきに指摘したとおり、このボールを中間において向き合っている二人の人の「形」は、太陽を間に挟んでいる二つの山と同型であり、人も犬もこのボール（＝太陽）を中心的なものとしてそこにコミットしているかのようである。一枚目の絵（**図9**）での強烈な太陽を背にして山頂に立つ人が、**図10**においては地上に降りてきたわけだが、未だ超越的なものとしての太陽（＝ボール）の影響力は大きい印象を与えている。ここでの犬は、太陽の光を浴びて染まったかのように黄色であるが、次の描画（**図11**）以降はすべて白色に彩色されている。心理学的には、白と黒は超越色であり、色ではない。それはいわば、無と一（すべて）であって、色がないこととすべての色がそこに含まれているものにそれぞれ対応している。それゆえ、白い動物は聖獣や神の使いとして多くの文化圏においてみなされている。その例を挙げれば、タイやインドにおける白象、春日大社や鹿島神宮における白鹿などをはじめとし

て、枚挙にいとまがない。

この女性の描画では、最初の絵（図9）の白鳥に始まり、それ以降に描かれる動物は魚を除いてほぼ白色に彩色される。「人」を補償するものとしての「動物」が主体と解離した魂を表象する場合があることをさきに検討したが、そのような動物がここでは白く彩色され、描き手の超越的なものに対する傾斜の大きさがうかがわれる。もっとも、この描き手の場合、「人」も最後の二枚（図15、図16）に至るまでは白色であり、人間社会から離れた「あの世」志向が示唆されている。何度も繰り返し考察してきた箇所だが、図12で連山の向こうに「人間社会」を表象する家々が見え、そこに向かって道が延び、人は山を越えようとしている。その後ろに二匹の白犬がたたずんでいるのだが、筆者がこの絵を見たときに頭に浮かんだのは「この犬たちは人と一緒に山を越えるのだろうか、それとも山の手前に残されて人と別れるのだろうか」という疑問であった。つまり、超越的なものを置き去りにして人の世界に参入するのか、人の世界に入るのだがやはり超越性を保とうとするのかということである。前者の場合は、ある意味で十全に人間社会に参入したことになるのだろうが、結果は図13を見ての通りで犬たちは人と一緒に山を越え出てくるのであった。これは病理が完全には解消されていないことを示唆してはいるが、一方でやはり統合失調症の人にとって超越性というものは簡単には手放せない大切なものであるのだと思われる。この白犬（超越性）をいかに人間社会の中に収めていくかが問題となるが、その現れのひとつが、図14の枠に前足を掛ける犬という構図であることはすでに指摘した。次の図15では、犬は枠の中に完全に入る。この構造とパラレルに人も一匹の犬も家（小屋）の中に入る。このことを「内面をもつ主体」の成立と関係づけてさきに検討したが、「内面をもつ主体」の成立と超越性の消去（超越性の内在化でもある）は同時成立的な現象である。それゆえ、枠に前足を掛けていた犬の構図から犬が枠の中に入っている構図への変化は、相当にそのプロセスが進展していることを示している。しかし、そのような超越的な白犬が枠内に入ったことの余波であろう、図15では、その画面全体にキラキラと輝く星が散りばめられている。この星々は枠内に白犬が入ったことの、つまりは超越性が内在化されつつあることの残響であろう。最後の絵となる図16では、このキラキラ星が太陽の周辺と川に限定される。この太陽と川という「水の世界」は超越性の表象であり、一枚目（図9）において強烈な姿で描かれていたものだが、最終的に相当に落ち着いたものになったことがわかる（しかし、消滅してはいない）。この動きと呼応するように、白犬の一匹は白く彩色された後に、道を彩色するときに使用した赤みがかった土色で少し重ね塗りされる。より、明瞭なのは馬であり、一頭は白色で一頭は土色に彩色されている。相当に白という超越色から現実性を示す大地の色への移行がうかがわれよう。最初からずっと登場していた釣り竿をもった人は、図16では釣り竿を手放しており、もう一人の人に背負われている。描き手が描く世界の中で、超越的なものの力がかなり減じられてきたことがうかがわれる。この人は、図14からは近景になって金髪の人であることがわかるのだが、この金髪は輝く太陽の黄金色に同化しているとみなすことができ、この点においてもこの人は超越性に大きく傾斜している人であったことがわかる。描き手にとっては寂しくも感じられるのだろうが、このように超越性が相当に減じられているのがうかがわれ、それと呼応すると思われるが、内閉空間を表象する家に鬼瓦がついているのも興味深い。鬼瓦は魔除けであり、すなわち、家で示されるこの内閉空間に人を超えたものが入ってくることを否定する動きがここにみられる。しかし、一方では、もう一軒の家は山の向こうに配置され、川辺に咲く四つの花の中の一つは水に頭を垂れ、白馬は川の水を飲んでいることなどに示されるように、超越性への志向性の余韻は続いている。

4　猫

犬はもともと狼を飼い慣らしたものであるため、群れをつくって、時間をかけて獲物を追跡して追い詰めていく習性をもっている。群れの中には序列があり、上位の者に従う習性が犬にも引き継がれているため、犬は人間の忠実な友としての歴史を一万五千年以上に渡って持続している。この歴史の中で、犬は人間の都合に合わせて、多様な体形と気性をもった犬種を生み出し提供してきた。

一方、猫は頑なで、祖先の野生種から体形も気性もほとんど変わっていない。また、猫は犬と異なり、「超肉食動物」である。「イヌは完全菜食主義でもどうにかやっていけるが、ネコは重要な脂肪酸を体内で合成することができないために、ほかの動物の体から取り入れるしかない」。そのため、肉以外のものはほとんど食べない(71)。それゆえ、ネコ科動物は必要な動物性タンパク質を入手するため、広いエリアが必要で、その中で厳しい殺し合いをすることになる(72)。こうした状況で、「一定の生態系では多数を支えられない事実が相まって、ほとんどのネコ科動物は単独で暮らす(73)」。このような、ネコ科動物の単独性はイヌ科動物とまったく異なっている。イヌは群れる習性があるため、相互にコミュニケーションをとって協力することや集団内ヒエラルキーの中での自身の位置づけが重要となる。一方、「野生のネコ科動物はほとんどすべて、単独で暮らし、単独で狩りをし、自分だけの縄張りを行き来するだけで、同じ種の仲間とは滅多に会わない。どんな種類の協力も、ほぼ不可能で……地位の階層というものは存在しない(74)」。

このような習性をもっているため、猫は犬と異なり、人間が期待し求めるコミュニケーションから逸脱する。それを人は「何を考えているのかわからない」とか「飼い慣らすことができない」「気まぐれ」などと呼ぶ。このような特徴が、風景構成法においては非常にしばしば、猫をもって魂を表象するものになる。魂とは人が所有し、コントロールしているものではなく、むしろ、人が魂に所有されており、ときにそれは予想外の動きを示すものだからである。心理療法家のギーゲリッヒは次のように語っている。「私の本性はネコなのです。それを私が自分に対していろいろ想像しているような理想から解放し、袋から出してあげないといけない。そして、ネコが望むように走らせないといけない」「私は自分の本性をコントロールすることをあきらめないといけない。私の本性は私の所有物ではない。それは私にとっては他者、向かい合う者であって、自分の意志をもっていて手なずけることができないネコのようなものです。走りたいように走らせるネコのイメージは、私の本性が完了時制であることの弁証法的な面を示しています。つまり、完了形というのは開かれた未来であって、私の人生全体を通じて初めて実現し、私の死をもってはじめて完成されるものなのです[75]」。

　魂の表象としての猫が配置される典型的な構図は、すでに幾度か検討してきたように、斜めに流れる川の此岸が狭く、空白である場合に、その此岸に置かれるものである。このとき、多くの場合、彼岸には田に働く人など、能動的に動いている人が描かれるが、その内実はレプリカ的で空虚な者として表象される。具体例としては、**図17**、**図19**、**図24**などを参照されたい。

　もうひとつ、猫の象徴的意味を付け加えるに、身体性を伴った野性・本能的な女性性という側面があるように思われる。犬は長時間追跡型のハンターの末裔《まつえい》だとさきに述べたが、猫は獲物に忍び寄って瞬時に襲いかかる。そこには、残虐でありつつも、野生の優美さが存在する。猫は圧倒的に女性イメージで表象されることが多いが、その美しいフォルムとしなやかで躊躇のない獲物に向かっての跳躍の動きは、その女性イメージに身体性を伴った野生・本能的な側面を付け加える。この意味での「猫」は、「田ショック」、すなわち、男性の女性への侵犯を受け入れることができない状態に対しての補償的な表象として描かれたり、アノレクシア（神経性無食欲症）の人が身体性を否定する表象として描くスティック・フィギュア（棒人間）状の人を補償するものとして描かれる場合がある。

第10節　「石」：否定性の表象

1　不変性

石の本質的な象徴的意味は否定性であるように思われる。否定性とはどういうことか。石は硬く、容易にはその形状を変えない。それゆえ、石は不変的なイメージをもっている。この不変性は、まさしく「不」変性であり、変化していくという時間の流れの否定である。時間を否定する石の表象としては、墓石で示されるこの世の時間を超えて持続していく霊魂や、あるいは、石碑のように歴史の中で起きたある出来事を永遠の時間の中に刻み込んで記憶を保持しようとするものなどがある。また、時間の流れに対する否定の強度が高まれば、それは宝石などで表象される永遠性という意味をもつことになる。

a　障害物としての石

このような石がもつ否定性によって浮かび上がってくる不変性であるが、それは変化することの否定、つまり変化し難いことを意味するため、「障害物」という表象になることも多い。とくに、「道」や「人」という意志と関連する項目に関するときに障害物としての石が描かれることはしばしばある。たとえば、**図11**をみてみよう。これは、統合失調症の女性が描いた三枚目の絵である。二股に分かれた道の上に大きな岩が乗っている。二股に分かれた道は、「あなたはどちらの道を選ぶのか」という選択を明確に表象しており、意志や目的を意味する「道」をもっとも際立たせる形態である。この岩（石）はそれを否定しようとするものだと思われる。一枚目の絵（図9）では、そびえ立つ山とカオス的な川という強力な垂直性によって、道は跳ね上げられて分断されているかのようであった。次の二枚目（図10）では、最初、「道」は空中に描かれており、彩色段階で治療者がふと漏らした「なんで、空に道なのか」ということばによって、空の道が虹に変化する。この描き手にとって、大地を走る道で表象される、現実世界で意志をもって生きていくということがなかなかに困難であることがわかる。図11で、はじめて大地の上に道が描かれ、しかも、それは二股に分かれ、「どちらの道を行くのか」が鋭く問われるものとなる。この問いがきつかったのであろう、最後に項目「石」が提示されると、描き手の心の中にこの道、この問いを「否定」する動きが生じ、それが道の二股部に置かれる岩となったと考えられる。ちなみに、既述した一枚目、二枚目における「道」の流れから、この三枚目（図11）ではじめて地に道が「降りた」ことに注目するならば、この二股の道が問う「あなたは、どちらの道を選ぶのか」という問いの二つの選択肢の内容はこの時点である程度推測することができる。それは、二枚目では宙に浮いていた道が、三枚目では大地に「降り」たわけであり、そこに「否定」の石が置かれたわけであるから、この二つの選択肢は、「現実世界から遊離した状態でいるのか」「大地という現実世界に降りるのか」であると考えられる。実際、次の四枚目（図12）では、道の二股部分から岩はどけられており（だから、そこに花が配置され、情緒的なコミットがなされる）、二股の道が通るようになっている。ひとつの道は川に沿った道であり、もうひとつの道は連山を越えて人々が住む家々がある世界へ出て行く道である。この二つの道はそれぞれ、さきほど推測した二つの選択肢に対応するものである。

b　生命の否定としての石化

石の否定性が生命に関するとき、それは石化となる。石による生命の否定は、死とは異なり、生命の凍結である。生命が消え去るのではなく、そこにはやはり不変性が効果を与えている。生命は限定された時間の中でその生を輝かすが、石化されると無機的なものと化し、時間の流れに影響を受けずに硬直した存在として持続していく。この状態が死そのものではないのは、神話やおとぎ話において、石化が解けると生命が再び動きだすのを見ることでわかるだろう。風景構成法においては、ある生命体が石化したという形態で描かれることはかなり稀であると思われるが、彩色段階において、他のほとんどの項目が色を塗られている中で、「人」や「動物」が彩色されない場合は、今述べた石化の意味をそこに見いだすことができるかもしれない。

生命の石化そのものが、直接的に描かれることは稀ではあるが、それを暗示する「石」がときにみられることはある。たとえば、**図1**をみてみよう。この絵では、石は川の両岸に沿うようにびっしりと並べられている。すでに検討したように、この「乙女」的な描き手の描画は、「田ショック」を巡って諸項目が連関しながら描かれていく。この流れの中で「動物」は川の中に魚が描かれた。魚が描かれることで水の世界が活性化し、可能性としての人魚姫的な要素がそこで少し蠢《うごめ》いた可能性をそこでは指摘したが、ここでの石はその可能性に対する逆方向（カウンター）の動きであり、否定であると思われる。川の岸に沿って並べられる石は「強迫性」を示すということがよく言われる。それはまちがいではなかろうが、「川」が意味する生成変化や、生命にとって必要不可欠な水（生命の水）が活性化することに対する「否定」の方が石の本質的な意味であり、そのようにみておく方がアイディアが広がるであろう。この描画では、魚が描かれることで生命の水が活性化し、エロス（生）が蠢くようになる。それに対する否定として石が川の側に配置されたと考えられる。ここでは、生命的な蠢きを否定するという意味で、石化の意味が暗示されているように思われる。さきに、ドイツ語圏では、「あの女は魚だ」という表現があり、これはその女性が性的不感症だという意味であることを述べたが、日本語の「石女《うまずめ》」はこれにかなり対応することばだろう。ここでの石には、少し石女的な気配が感じられる。

2　否定の具象化、否定のコミット

石の象徴的意味として否定性を第一義としたが、本来、抽象的な概念である否定性が石という表象で描かれるならば、それは否定性の具象化にほかならない。それは、すでに描かれた項目がもつ象徴的意味や、そのような諸項目が連関する中で浮かび上がる意味に対しての否定を石が具象化した形で表象する場合と、「なにもない」という否定を石が具象化する場合とが考えられる。

前者の場合は、もちろんそれぞれの項目や諸項目が連関する中で立ち現れる意味を理解することが前提となる。たとえば、川の中に石が配置されるならば、それは川における水の自然な流れを否定する意味をもつ可能性があるだろうし、道の上に石が置かれるならば、意志や目的に向かうという動きに対しての否定という意味がまず考えられるだろう。さきに検討した**図11**における、二股に分かれた道の上に配置された岩などはそのような読みが成立するだろう。ここで、否定性が具象化されることで、その否定性が扱いやすくなることに注意しておきたい。たとえば、**図11**の岩だが、たしかに簡単には動きそうもない岩であり、それはずっしりと重い困難な雰囲気をかもしだしている。しかし、この岩を見ていると、「この岩さえなければなぁ」とか「どうやったらこんな岩動かせるんだ」というような想いが浮かんでくるだろう。これは困難さが岩という具象化された形態をとることで、はじめて浮かんでくる想いであり、今後の解決に向けての可能性につながっていくものである。人はしばしば、なにに悩んでいるのかさえわからない悩みにさいなまれることがあり、苦悩する主体自体が崩れかかっているため、苦悩することさえできない状況という場合がある。**図9**などはそのような状態の表象のようにもみえよう。そういった苦悩がある具象化した形をとることができれば、それがいかに困難な苦悩であるにせよ、それに関わる手立てが出てくる可能性が生じる。石が

図Ⅰ-1

図Ⅰ-2

否定性を具象化することで、否定性に対してコミットすることができるわけである。

もうひとつの具象化、「なにもない」という否定性を石が具象化する場合を取りあげよう。この場合の一番わかりやすい構図は、すでに何度か検討してきた「斜めに流れる川の此岸が空白の領域」である。この構図では、項目のほとんどが彼岸に配置され、此岸は空白の領域となるか、わずかな項目が置かれることが多い。川の向こうではさまざまな項目によって世界が構成されて活動しているようにみえるが、それは「彼岸」においてであり、主体の基本的な立ち位置である此岸は空虚であることが示唆されている。此岸になんの項目も配置されず、まったくの空白である場合を考えよう（**図Ⅰ-1**）。この場合、主体の空虚さはなかなか手をつけられない印象を与える質のものとなる。ここで、この空白の此岸に「石」が置かれたらどうであるか（**図Ⅰ-2**）。この場合、此岸に「なにもない」ということが石によって具象化されることがわかるだろう。ここでは、空虚感という否定的なものが石によって具象化された形で表象されている。この具象化は次の治療的展開を生み出しうる可能性の芽となるものである。おそらく、もっとも原初的な墓石は、死者を土に埋めた上に丸石を置いた形態だと思われるが、そこでは、あの人はもういない（無）のだということが石が「有」ることで表象されている。石にはこのような否定性を具象化する機能がある。

第11節 「枠」：枠内の世界を構成する「メタ」

すでに繰り返し指摘してきたことであるが、枠は枠内に諸項目が描かれて世界が構成されていくことの前提となるものであり、枠内の世界に対してメタの位置に立つものである。それゆえ、原理的には枠内の世界にあるものは枠にコミュニケートすることはできない。属している論理階型が異なるからだ。それは、三人称小説において、ナレーター的な位置をとる地の文に対して登場人物が触れることができないことと同型である。たとえば、「山田くんはとてもお腹が減っていた。彼は学校から帰宅する道を足早に歩いていく。〈今日の夕食はなんだろう。カレーだったらいいな〉と山田くんは考えながら歩いていた」という文章の後に、登場人物の山田くんがナレーションに対して「うるさいな。人が何を食べたがっていようがいいだろうが！」と語りかけることは一般的な小説の構造ではありえない。そのようなことが生じると、よほど緊密に構成されたシュールレアリスティックな小説でないかぎり、それは単に構成が破綻しているわけのわからない小説だとみなされるだろう。このように、メタのレベルに対して、下位であるオブジェクト・レベルのものが直接に接触すると世界の構造が根底から揺らぎ出す。この揺らぎは、正義の国が悪の国によって攻め込まれて崩壊の危機に瀕しているというあり方とはまったく異なっている。この場合は、同一次元にある二つの国の争いであって、場合によっては一つの国が滅んでしまうこともあろうが、国が成立している次元そのものになんら揺らぎはない。ここで問題としている、メタとオブジェクトの接触は異なる次元の混淆であり、あるものを成立させている前提としての次元自体が揺らぐのである。たとえば、次のような童話を考えよう。「森の中でキツネくんとクマさんとウサギさんがお茶会をしていました。するとそこに動物くんがやってきました」。このお話は読者に違和感を感じさせるはずである。集合論でいえば、動物は、キツネやクマをメンバーとするクラスであり、前者は後者に対してメタの位置にあるものであるからだ。「動物くんと植物さんは鉱物くんの家に行きました」という話は成立するが、さきの話のように「動物くんとウサギさん」が直接的に交流するのは論理階型的な破綻を示している。

風景構成法における枠に関しても、枠は枠内の世界にあるものに対してメタとしてある。このような枠に関して、論理階型的な破綻が示されるとき、それは描き手の病理が相応に重い可能性を示唆する指標となるだろう。この指標をここでは検討していくが、まずは、枠内の世界を構成する輪郭線が、枠線に触れるか触れないかという視点からみていこう。メタとしての枠がきちんと成立しているならば、通常、描かれる項目は枠の中に収まっているはずである。ここでいう「収まる」とは、たとえば、「川」を形成する輪郭線が枠線まで延びており、枠線に接したところでちょうど止まっている状態を指している（**図J-1**）。ここで注意すべきは、この「収まって」いる場合、枠内にある項目の輪郭線と枠線とが物理的には接していても、論理階型的にはその両線分は接触していないということだ。窓枠やカメラのファインダーが切り取る外界の景色を思い浮かべてみよう。窓枠もファインダーも対象としている景色と同一次元上にはない。同様に、**図J-1**で示されているような川は、枠線のところで突如切断されているわけではなく、描かれてはいないけれども枠の外側にもその流れが続いていることを暗黙の了解としている。これはきわめてノーマルな構図である。問題となるのは、枠内のある項目の輪郭線が論理階型的な意味において枠線と接触する場合と、枠線との間に余白を残して届いていない場合である。

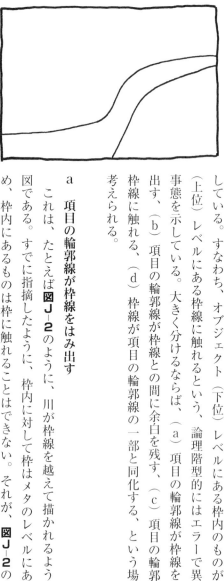

1　枠内にある項目の輪郭線が枠線と接触する場合

ここでいう、「接触」とは物理的な意味ではなく、論理階型的な意味を指している。すなわち、オブジェクト（下位）レベルにある枠内のものがメタ（上位）レベルにある枠線に触れるという、論理階型的にはエラーで異常な事態を示している。大きく分けるならば、（a）項目の輪郭線が枠線をはみ出す、（b）項目の輪郭線が枠線との間に余白を残す、（c）項目の輪郭線が枠線に触れる、（d）枠線が項目の輪郭線の一部と同化する、という場合が考えられる。

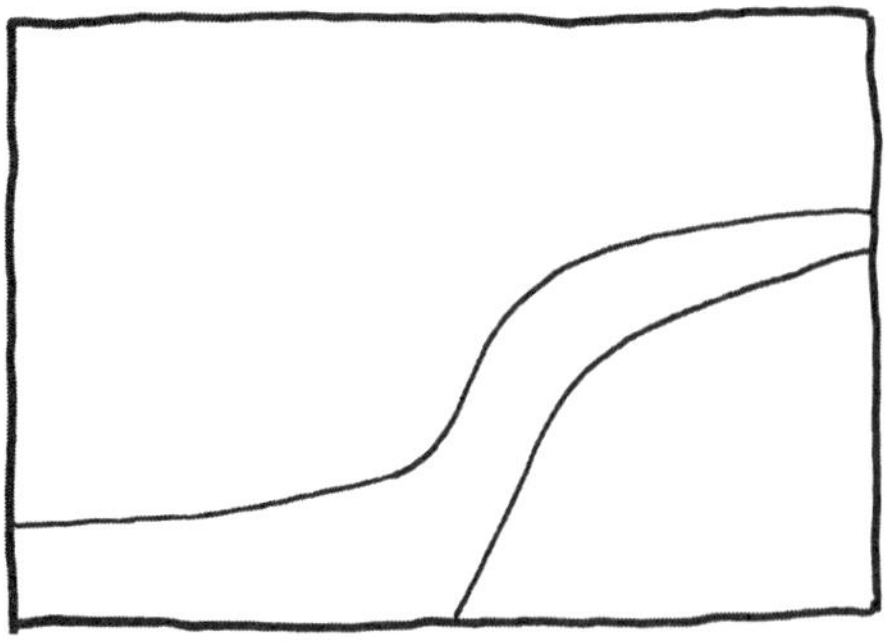

図Ｊ－１

a　項目の輪郭線が枠線をはみ出す

これは、たとえば**図Ｊ－２**のように、川が枠線を越えて描かれるような構図である。すでに指摘したように、枠内に対して枠はメタのレベルにあるため、枠内にあるものは枠に触れることはできない。それが、**図Ｊ－２**のようにある項目の輪郭線が枠を越えるということは、枠のメタを無視しているということであり、つまりはメタの次元がしっかりとは成立していないことを示唆している。あるいは、メタの次元が成立することを否定しようとしているといってもよいだろう。この枠線越えは、暴走している車がバリケードを突き

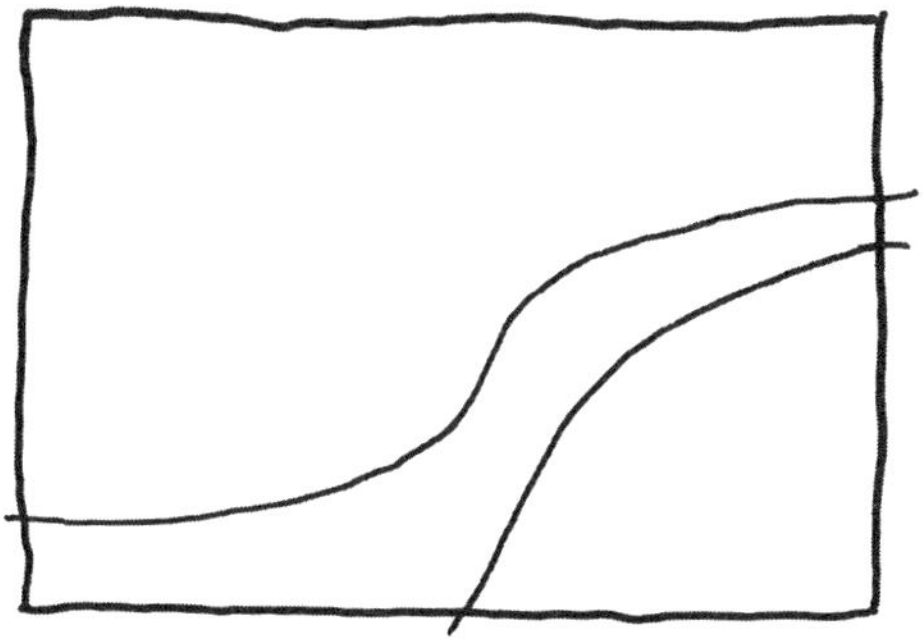
図J－2

破って進むというような比喩ではその構造を正確にとらえられない。同一次元にあるバリケードを突破するのではなく、越えてはいけない次元の異なるレベルを越えてしまうのが、枠線越えなのである。越えてはいけないというのは、越えてしまうと世界の構造を成立させる論理階型が揺らぐことからくる禁止である。枠線越えは、いわば、窓越しに遠くの木を眺めている状況において、窓枠を越えた木の枝部分が窓の内側に在るような、エッシャーの絵画的な事態を指している。

枠線越えがみられる場合、どの項目の輪郭線が枠線越えをするのかは注目に値する。他の項目は枠内に収まっているのに、ある項目が枠線越えをしている場合は、その項目がもつ象徴的意味が描き手の心になにか影響を及ぼした結果、枠線越えが生じている可能性がある。その場合、諸項目の連関の中で、枠線越えをしたその項目の意味を考えていかねばならない。

ちなみに、枠線越えは衝動コントロールの悪さと関係づけて語られることが多いようである。それはまちがいではないが、その衝動性に対して重要なのは、物理的に制御しようとする「バリケード」ではなく、枠線で示されているようなメタレベルの成立である。枠線越えはそこが問題になっているからだ。たとえば、その意味でのメタレベルの成立の代表がリフレクション（反省意識）である。これは、たとえば衝動的に怒りが生じてきたときに、その人が「あー、私、すごい怒ってるな、今」などと自身を省みることである。このリフレクションこそが、衝動を内面に保持するものとなる。

図J－3

b　項目の輪郭線が枠線との間に余白を残す

ここで検討されるのは、諸項目が枠線からある程度距離をとって世界を構成している構図である。その距離が大きくなると枠線内の周囲の空白部分が広がり、描かれた世界が遠く、こぢんまりとした小宇宙を作っているような印象の絵になる（**図J－3**）。この構図は、中井が分類したH型に近似している。H型とは統合失調症の破瓜型に特徴的にみられる鳥瞰図的な構図である[76]。リフレクションが自己関係であり、その構造が超越的自己（メタ）と経験的自己（オブジェクト）との関係であることはすでに指摘したとおりである。

この構図において、世界が枠線から距離をとるのは、枠内の項目の輪郭線が枠線までぴったりと届いて接することで、枠と枠内の世界が成立してしまうことに対する忌避であるように思われる。繰り返し指摘してきたように、枠とは会話文における「　」と同型であり、「　」は行為をしている私をもう一人の超越的な私が眺めて語る「枠」にほかならない。ここでは、この二つの私が同一視されて二重化されている。つまり、超越的な私が経験的世界で行為している私に折り返されて二重性をもつわけである。風景構成法における枠もこれと同型であり、それは二重化された私が窓枠から外界を眺めている構図となる。これは内界をもった主体が外界を見る構図と重なっている。

H型を含めて、「項目の輪郭線が枠線との間に余白を残す」構図は、このような枠が成立することを忌避する。それは、超越性を保ったままにしておきたいがため、折り返して二重化し、内面をもった主体となることに対する忌避でもある。この意味で、「項目の輪郭線が枠線との間に余白を残す」構図は、さきほどの「項目の輪郭線が枠線をはみ出す」構図と表裏一体である。前者が、枠によって成立する二重化された主体（が眺める世界）を忌避して遠ざかり、それを成立させないようにしているのに対して、後者は枠を無視することでその成立を否定しようとしているわけである。

c　項目の輪郭線が枠線に触れる

ここでいう「項目の輪郭線が枠線に触れる」というのは、論理階型的な意味においてである。つまり、既述したように、「項目の輪郭線が枠線に収まっている」構図が物理的には線が接していても、メタとオブジェの区別が成立しているがため、論理階型的には線分同士が「触れて」いないのに対して、ここで検討する構図では項目を形作る線分と枠線とが「触れて」いる。具体的な例を挙げれば、統合失調症の女性が描いた**図14**にみられる犬である。この犬は前足を枠線に「触れて」いる。この犬に関してはすでに幾度か検討してきたが、要点を繰り返せば、枠によって成立する世界（それは、超越的な私が下位にある経験的世界の私に折り返して、私が二重化することで内面が生じ、その内面から外をみたときの世界である）をこの犬が否定しているということである。枠という超越的なところにしがみついて、枠内の世界に降りようとしない犬だともいえよう。この枠線に触れる犬が表現されることで、枠が十全には成立していないことが示唆されている。

d　枠線が項目の輪郭線の一部と同化する

この構図の代表的な例は、「此岸のない川」である（たとえば**図D－2**、**図2**を参照）。とくに描き手が「川」の輪郭線を示して、画用紙の下辺部に引かれた横線と下の枠線の二本を指でなぞるとき、川を形成する下側の輪郭線が同時に枠線でもあるという混淆が生じていることが明確になる。このような、ある項目を形つくる輪郭線とそれに対してメタのレベルにある枠線が混淆している構図は、それが直ちに病理性を示しているとは限らないが、論理階型を区別することに関しての弱さを示唆していることはまちがいない。

この構図は、川と枠線の混淆の形を取ることが多いと思われるが、ときに道や田、あるいはその他の項目において、それを形成する輪郭線の一部が枠線と同化する場合がある。その場合、その項目がもっている象徴的意味に関する何かを論理階型的な次元において描き手が十全に統合して世界の中に収めることができていない可能性を吟味する必要があるだろう。

2　輪郭線の混淆（コンタミネーション）

風景構成法において、ある項目が提示されて描き手がそれを描くとき、通常、描き手はその項目を表わす輪郭線を使って表現する。ここで、輪郭線とはなにかということをごく簡単に考察しておこう。本来、われわれが生きている三次元空間には輪郭線は存在しない。三次元の物を二次元平面に変換しようとするとき――人はこれを絵画と呼ぶ――輪郭線が発生する。この輪郭線は実在の物には存在しないものであるため、いかに輪郭線を使用せず、物体を描くかに画家は苦闘するわけであるが、この問題はここでは触れない。一般的に、画家ではない者が絵を描くときには輪郭線が用いられるからであり、風景構成法もその例外ではないからだ。

輪郭線は本質的に閉じた空間を作る線分であり、線の外と内とを区別する境界線である。この境界線の内側が、描き手が描こうとしているものであることは言うまでもない。たとえば、ウサギを描こうとするとき、ウサギの輪郭線が描かれる。この輪郭線の内側が「ウサギ」であり、外側は「ウサギ以外」のものである。さきほど、現実の三次元空間に輪郭線は存在しないと述べたが、それでは輪郭線は何を描いているのかといえば、それは「観念」や「概念」にほかならない。輪郭線は客観的には存在せず、ある観念や概念を作り出す主観的な線分なのである。第二章でとりあげた芸人が描いたゴリラの絵を思い起こそう（**図B－4**）。他腹に描かれた横線は描き手にとっては、上半身と下半身を区別するという観念を表わす境界線であった。他の芸人から「このゴリラはスパッツを穿いている」とか「実際のゴリラにそんな線はない」と揶揄されたこの絵であるが、他の芸人たちが輪郭線を用いて描いている動物に関しても、現実には「そんな線はない」のであり、すべて観念としての動物が主観的な輪郭線によって描かれているわけである。

輪郭線はその内側にある観念・概念を創り出す境界線であると述べた。これは今まで述べてきた、枠と枠の内側との関係と同型である。すなわち、枠線と同様に、輪郭線はそれが創り出す観念に対してメタレベルに位置している。それゆえ、バウムテストなどで木の幹や樹冠がきっちりと閉じられていない場合は病理的な指標として注目されるわけである（木の下辺が閉じられていないことはしばしばあるが、これは幹や樹冠の開放状態としては意味が異なっている[77]）。バウムテストでの開放幹は、風景構成法でいえば、枠の内側にある項目が枠線を突き破って枠を越えていくことと同様である。つまり、そのような場合、メタとしての枠組みが不安定であることが示唆されるわけである。逆に、閉じた輪郭線は明確にそれが表現しようとしている観念・概念を創り出す。このことは、風景構成法でいえば、通常すべての項目に当てはまるのであり、たとえば、輪郭線で描かれた「人」と「犬」は互いに閉じており、独立している。人が犬を抱っこしているといったように両者が関係をもつことはもちろんあるが、それは互いに独立した人と犬が関係をもっているのであり、それぞれの輪郭線や観念が混じり合っているわけではない（描線をたどっていくと、人の輪郭線と

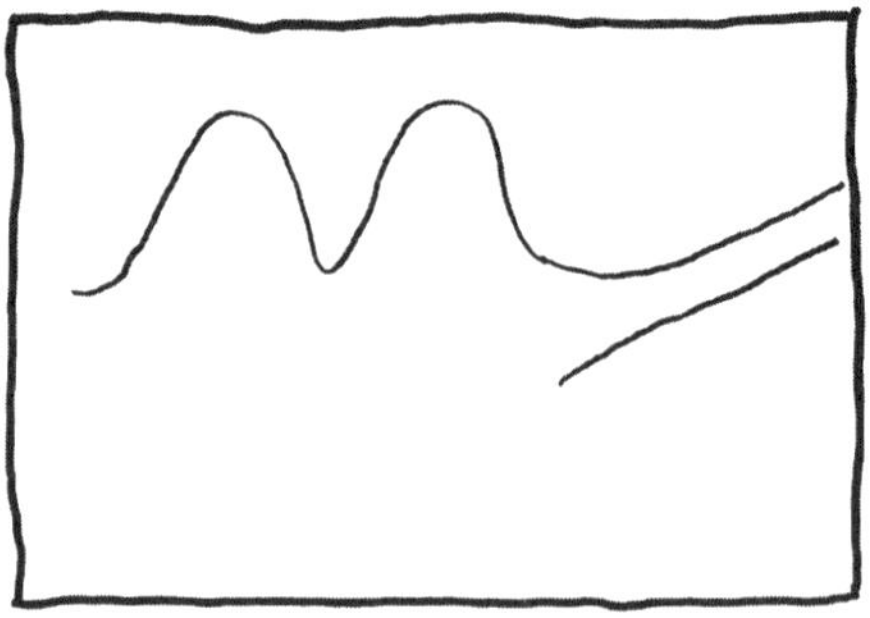

図Ｊ–４

犬の輪郭線が交差している所は何カ所もあるが、それをもって人と犬が融合したような不可解な生き物をここに認識することは、通常ノーマルな意識では起こらない）。

風景構成法において、ある項目が提示されて描かれるとき、その項目は輪郭線によって形作られ、その項目の観念・概念を具現化することになる。既述したように、原理的には個々の項目を形成する輪郭線は、他の項目を形成する輪郭線とは明確に区別されていなければならない。にもかかわらず、この両者の輪郭線が混淆する場合は、相応の病理の重さが想定されることになる。一例を図示すれば、たとえば**図Ｊ–４**にみられるように、川を形成する輪郭線の一部がいつのまにか山の輪郭線の一部になっている構図である。バウムテストにおいて、山中[78]が統合失調症者に特有なバウムの型のひとつとして取り出した「メビウスの木」とは、幹の輪郭線がいつのまにか一線枝になり、幹の内側を表現していたはずの描線部分が外に向かって開いている枝になっているという、まさしくメビウス状の形態の木である（**図Ｊ–５**）。さきほどの川の輪郭線がいつのまにか山の輪郭線になっている形態などもメビウス状だということができる。この混淆はすべての項目間において起こりうるが、どの項目においてそれが生じたのかには注目しておくべきである。その項目がもつ象徴的意味に引きずられて、混淆が生じた可能性があるからだ。もちろん、**図Ｊ–４**などの場合において、「山」が提示されてそれを描いているときに、山の左端の描線を引いているときに、すでに描いた川の描線が目

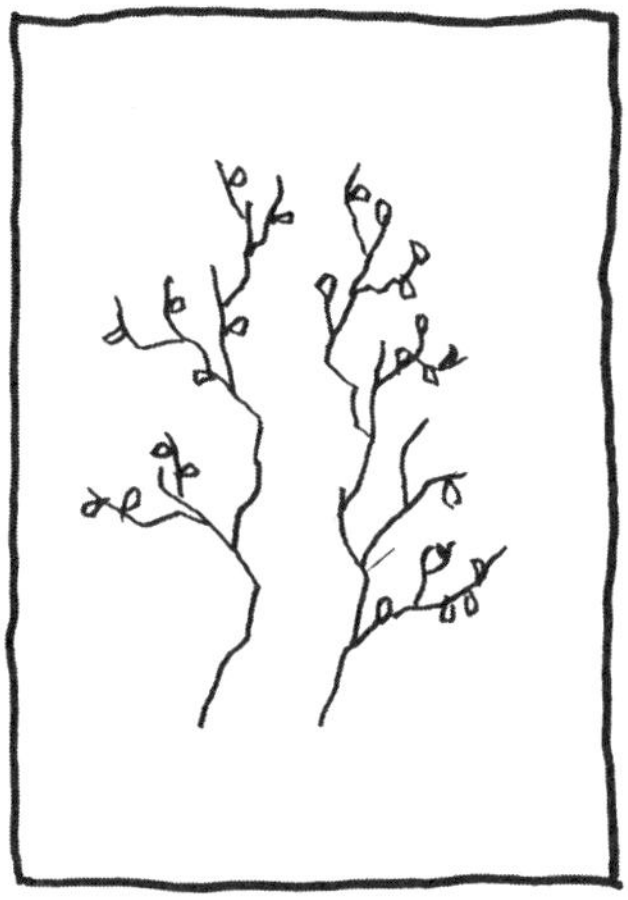

図J-5

に入ったため、その線分の引きずられて描線が同化したという、項目の象徴的意味とは無関係な場合もある。この辺りは諸項目の連関から浮かび上がってくるものであるため、その吟味が必要となってくるが、いずれにせよ、輪郭線の混淆は病理の重さをかなりの程度示唆している。

　あるいは、今検討した例ほど明確ではないにせよ、輪郭線に関するコンタミネーションとみなせる場合がある。たとえば、ある項目の輪郭線が、他の項目にとっての基準線となり、あたかもその輪郭線が大地であるかのように他の項目がよって立つ場合である。**図J-6**をみてみよう。この絵では、二本の輪郭線によって「道」が表現されている。この場合、二本の線分で挟まれている空間が「道」であるはずで、この道に車が走るならば、この間の空間に車がなければならない。しかるに、この絵では一本の輪郭線が大地としてみなされているかのように、その線の上を車が走っている。たぶん、この線上に車を描いているときには、さきに自身が描いた道が二本の輪郭線で形成されているということが描き手の意識から消え去っているはずである。つまり、道という観念を表わす輪郭線がメタの水準を保ちきれていないのである。このような形態の輪郭線の混淆は、**図14**での枠線に前足を掛ける犬ほど鮮やかではないにせよ、この構図に類似した水準での混乱を示している。

図J-6

第12節 「彩色」：対象への情緒的コミット

風景構成法の手順では、すべての項目（付加項目を含む）を描き終えたあと、彩色段階に入る。彩色を告げられた時点での描き手の目には、すでに風景が描かれている自分の絵は、黒色の輪郭線だけで描かれた〝概念〟的な絵として映るはずである。それは、塗り絵と同じく、（たとえば猫の塗り絵ならば）「猫」を表わしている輪郭が描かれており、そこにこれから色を塗って完成させるのだということになる。彩色は、この〝概念〟としての描画を色づけることである。それによって、〝概念〟としての描画は情緒的な色をもった生き生きしたものとなる。

ヴィム・ヴェンダース監督の映画『ベルリン・天使の詩』では、永遠の生命をもつ天使ダミエルは、人々の長い歴史を延々と見続けている。しかし、人にはダミエルの姿は見えず、天使は人々に何も関与することがない。ある日、ダミエルはサーカスの空中ブランコ乗りの女、マリオンに恋をする。人間となって人間世界に降り立つことを決心したダミエルは、天使として死んで人間として目覚める。このとき、今までずっとモノクロだった世界は色彩をもった世界に変化する。このシーンは情緒的で生き生きとした世界が色彩に富んだものであることをよく示していよう。また、人間が属する現実世界においては、非・存在的であった天使が、人間としてこの世に降り立ったときに色が生じることも象徴的であり、本稿の文脈でいえば、観念・概念が色彩をもつことで受肉化し現実のものとなるのだといえよう。

構成段階で提示される「花」が構成された（精確には構成されつつある）世界の中のどこに情緒的コミットをしているかを示すのに対して、彩色は世界を構成している諸項目に対してどのような情緒的コミットがなされているかを示すものである。

1　彩色されない項目

いささか品のない言い回しではあるが、「オレの色に染めてやるぜ」といった台詞が示すように、色を塗ることはその対象に対して情緒的にコミットし、その対象を自分のものにすることである。逆にいえば、風景構成法において、ある項目に色が塗られていない場合、その項目がもつ象徴的意味に対して描き手が情緒的にコミットすることができない心理的な何かがあることを示唆することになる。たとえば、**図22**は生まれた赤ん坊に対してうまくこの子は育つのか、養育の仕方を間違えて赤ん坊を死なせてしまうのではないかという強い育児不安にさいなまれていた30歳代の女性の描画である。この描画では、此岸の領域と田と道には彩色がなされていない。この絵における「横に流れる川」についてはすでに検討したが、その要点を以下に述べておく。「横に流れる川」を描く主体は「此岸のない川」のように水の中にいるのではないにせよ、完全に水の外に出て大地の上に立つ主体でもなく、その中間段階的な「主体が立ち現れてくる」状態に相応している。すなわち、描き手自身が「大人」以前の子どもの状態にあり、子育てをする母親として十全には成立していないことがうかがわれる。この描き手は生育史の中で母親との愛着関係に関して複雑な思いがあり、治療過程の中で徐々に自身が母親に甘えられなかった記憶や、赤ん坊が自分に甘えてくるとそれを拒絶したくなり、怒りがわいてくることなどを意識するようになっていく。空白の此岸が示唆する「主体が立ち現れてくる」状態とは、母親（水の世界）から分離することでもあるが、分離はそもそもつながりがあって初めて生じるものであり、つながりがなかったり弱かったりする場合には分離しようにもできない困難さが現れてくる。この描き手と母親との関係は心理的なつながりが稀薄だったようである。彼女が此岸に色を塗ることができなかったのはこのことと関係があるだろう。母から分離して「主体が立ち現れてくる」動きが生じてくると、この動きにともなって、分離するための前提として本来不可欠な安定した母子関係にまつわる情動や記憶、想いが蠢きだす。この描き手にとってはその蠢きを抱えることがむずかしかったため、主体の立ち現れ（母からの分離）を象徴する「此岸」に情緒的なコミットをすることに抵抗が生じたのだと考えられる。また、「田」は繰り返し指摘してきたように、「女性的なものへの男性的なものの侵犯」という象徴的意味をもっている。この意味から「大人になる」「現実に参入する」意味も派生してくるが、そのような大人としての母親になることに動揺が生じるために田に彩色されなかったことがまず考えられる。

田が彩色されなかったもうひとつの理由は次のように推測される。「田」が「女性が男性に侵犯される」意味をもつことは繰り返し指摘してきたが、ここでの「女性」とは無垢な〝自然〟を象徴するものであった。この「無垢」なイメージに赤ん坊の無垢さが重ねられた可能性は高く、つまりは、描き手にとっては、「田」が「無垢な赤ん坊に対して何かが侵犯する」という象徴価をもつものとして現れることになる。この〝何か〟は、ポジティブには赤ん坊を無垢な状態から主体（の芽生え）をもつ状態へと移行させる側面をもつものであるが、ネガティブには母に抱えられることに象徴される安全な空間の破綻や、無垢な赤ん坊への怒りや攻撃性を含むものであろう。このような動きが「田」に関連して浮かび上がるため、彩色することができなかったのだと思われる。

2　大地の彩色

順次提示される諸項目によって構成されていく流れの中で現れてくる、それぞれの項目の意味に対して描き手が情緒的にコミットすることに抵抗を覚える場合に、彩色がなされないことを前項で検討した。独立した項目ではないが、「川」や「山」によって必然的に姿を現す「大地」の彩色に関しては無彩色以外に関しても特記すべき点があるので以下に取り上げる。

a　彩色されない大地

大地が彩色されない場合がしばしばある。これは、基本的には前項で示したように、大地がもつ象徴的意味に情緒的にコミットできないことを示している。大地の象徴的意味とは「地に足をつけて」ということばが端的に示しているように、「現実」である。すなわち、大地が彩色されない場合、他の項目が彩色されていてもそれらは情緒的には宙に浮いており、現実世界の中では定位されていないことが示唆される。**図17**をみてみよう。アルコール依存症の女性の描画である。この絵では、大地は彩色されておらず、彩色の観点からみて、「現実」世界に描き手が情緒的に接触することが困難であることがうかがわれる。これは、連山が閉じておらず、大地と空との境界が不明瞭であること、田から山を越えて逃げるように道が走ること、田で人は働いているが彼岸にあって遠く、案山子で示されるようにレプリカ的な人であることなどが指し示していることと整合するものである。対比的な例として、基本型として提示した**図1**をみてみよう。そこでは、花に包まれた家のある此岸の大地は緑色に彩色され、田が遠くにある此岸は土色に塗られている。受け入れがたいものである田を彼岸に遠ざけることができることは、遠ざける力があるともいえることはすでに指摘したとおりであるが、この絵では彩色に関しても、親和的な領域である此岸は「花」と同じく新緑萌え出る植物の色である緑に塗られ、遠ざけたい田のある彼岸は若干荒涼とした気配を感じさせる土色に彩色されている。ここでは、描き手の好悪に応じた色彩がその対象に塗られており、その対象に情緒的コミットがなされていることがわかる。**図1**と比較すれば、**図17**における彩色されていない大地が情緒的な関わりを否定している姿であることが了解できるかと思われる。

b　彩色による境界線

図17は大地に色が塗られていないため、連山の一部が欠如しているところで空と大地の区別の不明瞭さが露わになっている。彩色段階で、このような境界の不明瞭な場所にある種の境界が作られることがある。たとえば、**図20**をみてみよう。恋愛妄想をもちストーキング行為を繰り返していた女性の描画である。連山の左側の一部分が欠如しているため、そこには空と大地の境界はない。しかし、彩色段階で大地には土色が、空には青色が塗られたので、その場所に色の差違ができ、一見すると空と大地との間に境界があるようにみえるようになる。これは、彩色段階に入ったときに描き手が連山の欠如したところの境界が曖昧になっていることに気づいて、色を塗ることで区別を作ったのか、それともそのような意識なく、空と大地に色を塗っただけで、結果としてその間に境界ができたことにも気づいていないのかもしれない。この辺りは描き手に問うていないのでわからないが、いずれにせよ、**図17**のように空と大地の間の境界がないままに放置されている構図よりも、**図20**の方が空と大地の区別があり、連山が「閉じ」ている度合いが高いとはいえよう。しかし、この境界は色彩の差違による境界であり、輪郭線によって形成されている境界に比べて脆弱だといえる。色彩を情緒と関係づけるならば、それは情緒のように移ろいやすい境界だともいえよう。このような、一見、空と大地の間（これは同時に、連山の「あちら」と「こちら」の間）に区別がなされているようにみ

えながら、その内実はしっかりとした境界ではなく、情緒が動けば境界も変動し、空と大地が、あるいは連山の「あちら」と「こちら」が揺れ動くような構造は、このストーキング行為をする女性の描画の他の特徴とも整合するものである。

このような、輪郭線が描かれていないところに、彩色によって色の差違が生じて境界が作られる構図は、圧倒的に連山の一部が欠如している場所に現れることが多い。しかし、ときにはある項目を形作る輪郭線の一部が閉じられていなかったのが、彩色段階で輪郭線の内側に色が塗られることで、輪郭の外側の色との差違が生じて境界ができることもある。これも弱い境界の一種である。

あるいは、彩色段階で、それまでは何の線分も引かれていなかった大地が色分けされて、「こちら（緑色）は人が住んでいるところで、こちら（灰色）は砂漠です」というような描き手のイメージが投影されることもある。これも弱い境界ではあるが、あえて強い境界ではなく、グラデーション的な境界が描き手の心にぴったりくるものであったのかもしれない。この辺りは吟味が必要なところである。いずれにしても、線分が引かれていない場所に色彩によって境界ができるときは、その境界を挟むそれぞれの側の領域に対して描き手がコミットする情緒的な質が異なっていることが表明されており、重要な指標となるものである。

3　輪郭線をはみ出す色

彩色段階は、いわば「ぬり絵」の時間であるわけだが、ある項目の輪郭線の内側に色を塗るときに、その色が輪郭線からはみ出す傾向のある人と、輪郭線に色が届かず余白が目立つ傾向のある人がいる（**図K－1**）。枠内にある項目の輪郭線が枠を越える場合や枠線との間に余白を残す場合に関してはすでに検討した

図K−1

が、そこでの考察は彩色と輪郭線との関係においてもほぼ適用することができると思われる。ただ、色彩は情緒やエロスと関係しており、その観点からの吟味が必要となる。ここでは、流動的で移ろいやすい情緒やエロスが明確な区分を特徴とする硬質な輪郭線の中に収まることで、情緒・エロスは具体的な形をもったものとなり、一方、線分だけで構成された概念・観念は色づき生きたものとなるわけである。すなわち、「ぬり絵」とはエロスと概念の結婚にほかならない。情緒的なエロスが輪郭線によって、あるいは輪郭線的な概念がエロスによって受肉するわけである。後者の映画的表現の一例が人間となった天使ダミエルである。

このとき、色彩を輪郭線が制御しきれなければ、色彩は概念を流れ出てゆく。あるいは、輪郭線が色彩を制御しすぎれば、色彩は輪郭線に触れることなく小さく引きこもってしまうだろう。J・ラカンは、神経症を大きく、ヒステリーと強迫症に下位分類するが、この分類でいえば、前者は輪郭線をはみ出る色彩に、後者は輪郭線に触れない色彩に対応している。もちろん、これは神経症的な水準でみればの話であり、輪郭線を色彩がはみ出したり、触れなかったりする構図が必ずしも神経症圏においてのみ出現するわけではない。ここでは、「ぬり絵」の論理を考察しているだけである。

4 色彩のシンボリズム

多彩な色はそれぞれ固有の象徴的意味をもっている。(79) しかし、風景構成法の場合、彩色段階ではすでに輪郭線だけで描かれている風景に色を塗ることになるので、川や空は青色に、木の幹は茶色に、石は灰色にといった具合に定番の色で彩色されることが圧倒的に多い。たとえば、夢では「本が一冊ある。その中の一ページだけ真っ赤な色をしている」といったような内容が出てくることがあり、この場合は色のシンボリズム（赤色は何を意味しているか）を考えることに大きな意味があるが、これをそのまま風景構成法のすべての項目に適用することはできない。それゆえ、むしろ定番から外れた色をある項目に塗っている場合や、諸項目が連関していく流れの中でどうしてこの項目にこの彩色がなされているのかが問題になる場合などに色彩の象徴的意味を考えることになる。ちなみに、一般的に描画において、異色性（heterochromatism）は病理と関係づけられることが多い。異色性とは、たとえば、緑色の鶏などのように通常ありえない彩色のことをいう。しかし、ある文脈においては黄金色をしたカラスといったものがまったく病理的ではなく、説得力をもってある色彩がもつ象徴を表現していることもあるわけで（昔話などではよく登場する）、異色性もまずはその色彩がもつ象徴的意味を検討してみる姿勢は大事であると思う。変な色を塗っているから、これは異常だというような見方はあまりに粗雑である。異色的な彩色がなされ、そこに病理がみられるにせよ、使用された色彩がどのような象徴価をもっているかは考慮に値する。ある項目にある色を彩色するところに、描き手の困難さや病理性がある場合もあれば――それならばそうで、それを知ることは治療的である――、その色を使用するところに病理から抜け出す治療的可能性が考えられる場合もあるだろう。

色彩のシンボリズムが意味をもつ例として、「考えの覗き魔」を訴える統合失調症の女性が描いた一連の描画を取り上げよう（図9～図16）。そこでは、図9の川に浮かぶ白い鳥から始まり、図10以降ずっと登場する二匹の白い犬など、「動物」において「白」が頻出する。この「白」は、これまで検討してきた他の諸項目が連関していって構成される構図のいろいろな特徴との整合性から述べても、「超越性」を象徴していると考えられる。

心理学的には、白と黒は超越色であり、色ではない。それはいわば、無（ない）と一（すべて）であって、色がないことと、すべての色がそこに含まれているものにそれぞれ対応している。仏教思想の「色即是空」でいうところの、「色」に対比される「空」を色彩シンボリズム的に表象したものが「白」だともいえる。それゆえ、白い動物は聖獣や神の使いとみなされることもすでに述べた。この白犬は、「人」が山を越えて人の世界に参入してもずっとついてくる（図12、図13）。ここには人と犬との間にある種の緊張関係が感じられる。図12から図13にかけて、人は「あの世」という超越的な世界から人の世界に参入したのであるにもかかわらず、超越性を示す白犬が置き去りにされずに、人についてくるからである。この緊張関係は、図14での枠の中に入っている人に対して枠に前足を掛けて、枠内に入りきらない白犬という構図にも引き継がれている。次の図15では、白犬もとうとう枠の中に入る。しかし、超越性の残響であろう、輝く星が枠内に散りばめられている。そして最後の絵となる図16では、二匹のうちの一匹は少しくすんだような白色に彩色され、さらには二頭の馬は一頭が白色に、もう一頭は土色に彩色される。この「動物」を描き手の魂とみるならば、その白色（超越性）の中に徐々に土色（大地の、すなわち「現実」の色）が浸透していっていることがうかがわれよう。

第五章　図版とその解説

本章では、これまで各章で参照されてきた描画を提示する。本稿の性質上、一枚の描画に関してクロスオーバー的に各項目ごとの視点から検討がなされてきた。ここでは、それらの検討点を要約する形での解説を各図版に付記した。また、複数枚の描画が描かれる事例に関しては、描画における変化に関しても簡潔に記している。ちなみに、**図1**から**図16**まではオリジナルの描画であるが、**図17**から**図24**まではオリジナルの描画を本人の承諾を得た上で筆者が模写したものである。また、本書の巻頭にカラー図版を掲載した。採色に関してはこちらを参照されたい。

図1　男性が少し苦手な20歳代の女性の描画

川：画面を斜めに流れる川。

➡　この川によって、大地に境界が引かれ、主体の立ち位置としての此岸（こちら）と主体から遠い領域である彼岸（あちら）の区分が生じる。川の蛇行は途中でおだやかながら途中で少し曲線を描いて方向を変えており、何かの「流れ」が少し変わることが暗示される。

山：連山が画面の左端から右端まで描かれる。

図1

⬇ 山の手前の領域（大文字の「こちら」）が「閉じる」。また同時に、山の向こう側（大文字の「あちら」）が成立する。つまり、他界と日常空間が成立する。また、これらと同時成立的に空と大地の区別が明確になされる。この大地化、および「大文字のこちら」が成立することで、川で区分が生じた彼岸と此岸が大地の上にあるものとなって、現実化される。ここにおいて、彼岸は主体から遠い領域ではあるが、扱いうる領域となる。付け加えれば、山の形は二つの山からなっているが、一つの大きな山に「切れ目」が入りつつあるような印象を与える連山であり、「一」から「二」への移行の「芽」をここにみることも可能かもしれない。この点は川が蛇行して曲がり方を変えているところと近似的である。

田：田は彼岸の奥の方に配置される。

⬇ 「田ショック」が生じたことが推測される。この「田ショック」は描き手の「少し男性が苦手」という特徴と整合している。

道：道は田の近くを通りつつ、山裾を一直線に右へと走っていく。

⬇ 「田ショック」が生じたあとに、「道」を提示されることで描き手は「どこからどこに向かうのか」を問われる。それに対する反応として、道は田の近くを通りつつ、田から逃れ去るように山裾を走り抜けていく。この道は、目的（「どこに」）がない道であり、ただひたすら田からエスケープする意味のニュアンスが強い。もっとも、まったく田と関わらないようにするならば、川と並行する道でもよかったはずで、田の近くから道が出発することは、田に接近できる力があることを示している。

家：安心の拠点としての家は川の手前、此岸に配置される。

⬇ 此岸は主体の立ち位置であり、家（at home）が配置されるのにふさわしい場所である一方、安心の砦に立てこもって彼岸に田を排除している形態でもあり、グリム童話での「結婚を拒否するお姫様」の構図でもある。家は立体的だが柔らかな曲線で形成されている。これは、田の四角性に対する逆方向の動きという意味を暗示させる。

木：木は家のすぐそばに配置される。

⬇ 木は大地への「根付き感」によって家を補償し、その安定感を増す機能をもっているが、この家の形態はもともとさほど安定感を欠いているようにはみえない。とすれば、この木が家に安定感を与える意味はなにか。それは、家が開くことで生じてくる、「男性」が家の中に侵入してくること、あるいは中にいる「お姫様」が異性のいる外界へと出て行くことに伴う動揺に対して安定感を与えるものだと思われる。つまり、家が変化するため揺れてもよいように安定感をこの木は与えようとしている。この変化が異性と関連するものであることは、木の種類が杉であり、ファリックな印象を与えるものであることからも推測される。

人：道上の右端に黒く、小さく描かれる。

⬇ 後の質問で判明することだが、「人」は男性。家の揺れを許容する安定感を木が提供した流れで、男性がこの世界に登場することが可能となった。しかし、この人は道の右端に配置され、すぐに枠外（この世界の外）に消え去ろうとしている（これも質問で、人が右方向に向かって歩いていることが判明する）。男性がこの世界に登場するが、すぐにキャンセルされてしまう。この人が描かれたときに、家の周りの柵が描かれている。男性の登場に対して、お姫様の城ともいえる家の周囲のガードが固められたわけである。

花：花は家の周辺に配置され、此岸は少しお花畑的な雰囲気となる。

⬇ これは、「人」で男性がこの世界に登場したことの影響であるように推測される。男性が登場したことに対する逆方向の動きとして、描き手の情緒的なコミットは家の周辺に再度戻ってくる。お花畑はまさしく純潔無垢な調和的世界の表象であり、「乙女」にふさわしい場である。

動物：魚が二匹、川の中に描かれる。

⬇ 川の中に魚が描かれることで「水の世界」が活性化される。水の中の世界は「異界」であり、「現実」ではない。「現実」は大地を基盤とする世界であり、そこには他者としての異性がいることはアンデルセンの『人魚姫』が恋した王子に会うため足を持って水から出たことにも示されている。水の中にいる者が現実（地上）とまったく接触しないのであれば、水の世界が活性化する必要はない。つまり、魚による水の世界の活性化は描き手の世界に男性が登場したことの余波である。魚が「二」匹描かれるのも、他者のいない「一」なる水の世界からの移行が示唆されている。

石：たくさんの石が川に沿って配置される。

⬇ 石は「否定」の表象である。ここでは、上述の流れを経て「水の世界」が活性化したことに対する否定として石が川岸に敷き詰められる。

図2　チックを主訴とする女児の描画（1枚目）

図2～**図8**は志村礼子氏による治療の中で描かれた描画である。[1] 児童相談所に来談したのは小学4年生の女児で、主訴はチックである。5歳のときにサッカーボールが目に当たってから、目をぱちぱちさせるチックが始まる。小学2年生のときに、下校途中痴漢に遭う。警察にも届けたが詳細は不明のまま。事件後3ヶ月くらいしてから肩を上下するチックが出始める。不登校状態になり、学年の終わり頃にはお腹や全身がぴくぴくする状態になる。その後、いったん症状は落ち着くも、3年生3学期には全身に力が入り食事中も座っていられないような状態となる。

川：輪郭線は引かず。画面下方に川辺の草と薄く描かれた波を描いて川を表現する。

⬇ 此岸のない川であり、主体（視点）の位置は水の中である。それゆえ、川向こうの岸はまさしく「彼岸」であり、水の中にいる主体にとっては遠い世界となる。線分を引くということは、そこに明確な差異が生じて対立項が立ち現れる。差違や対立項で構成された世界が「現実」である。川の輪郭線を引かない描き方は、それらを否定しており、流動的で明確な差異がない「水の世界」と整合している。

山：数多くの山によって連山が描かれる。

図2

⬇連山は端から端まで延びて「閉じ」、川の彼岸は大地化される。此岸のない川が描かれていることによって、この彼岸は主体にとって遠い世界ではあるが、連山が閉じることで扱うことが可能となった。

田：リジェクト。

⬇「田」のもつ象徴的意味、「男性的なものによる女性的なものへの侵犯」という意味を描き手は世界の中に位置づけることができないことがうかがわれる。すなわち、田ショックが生じている。

道：「ここからここが道なの」と川に沿ったところを指指す。

⬇「道」は「あなたはどこからどこに向かうのか」という目的・意志を問う。田ショックの後にこのように問うてくる「道」は描き手にとって厳しいものであり、それゆえ、描線を引いて明瞭な道を明示することができなかったと思われる。この道は半ばリジェクトだともいえる。道が川に沿うのは、意志を問われる「道」が水の世界である「川」の引力圏の中にとどまっていることが示唆される。

家：連山の向こう側に複数個が配置される。

⬇連山の「あちら」は他界であるが、人々が住む家すなわち人間社会が山向こうにあるということは、山の「こちら」が他界であり、主体はそこにいることがこの時点でうかがわれる。実際、描画を終えた後、描き手は「ここは山とか川とかの自然の中だから、人とか生き物は描きづらい」と語っている。

木：画面右端にかなり大きな木が描かれる。木の右半分は枠外。

⬇「木」のもつ象徴的意味である「大地への根付き感」が補償的に働き、上述の田ショックや、それに伴う「道」の半ばリジェクト、人間社会をはるか向こうに遠ざけるといった反応に対して安定するための土台を提供しようとする心の動きが推測される。この木が描かれ得たことは治療的である。しかし、木の全体像は見えない。

人：リジェクト。

⬇　人々が住む家々が山の向こうにあることからも山の「こちら」に人の姿がないことは納得がいく。もちろん、この場合でも「こちら」に描き手の主体と重なる人物が描かれることはありうるが、此岸のない川が示唆する水の中にいる主体のあり方と、岸（地上）に主体と重なる「人」を描くことができないことは整合的である。

花：木の根っこ近くに花が三つ描かれる。

⬇　「花」が置かれる場所は情緒的なコミットがなされている場所である。既述したように、大地にしっかりと根ざした安定の上で成長していく木は、描き手である女児にとって治療可能性のイメージであり重要なものである。花はそのような木の根っこにコミットしている。

動物：「じゃあ木のとこ」と言いつつ、リジェクト。

⬇　木のもつ「大地への根付き感」にたよって動物を表象しようとしたが、この時点ではそれが困難だったことがうかがわれる。「動物」は人の心の中の身体的・本能的領域を刺激し喚起するため、リジェクトされたと考えられる。痴漢事件はもちろんこのことと関連しているであろう。

石：川に沿って小さな石がたくさん描かれる。

⬇　「動物」を描こうとしたのは「木」によってもたらされた安定感によると思われる。結果的には描けなかったわけであるが、「動物」が意味する身体性、本能性が描き手の心の中で刺激され、意識に上ったのは間違いなく、この動きに対して生じた逆方向の動きがこの石の配置だと思われる。これは、**図1**における「魚」から「川辺の石」に至る動きと同型である。「動物」によって蠢いた「水の世界」を鎮めるべく、川に沿って石が描かれたわけである。ただ一方では、この描画における川は描線が弱く、輪郭が曖昧である。そのため、「動物」によって刺激された身体性・本能性（ここには性的なものも含まれる）に対して、それを無化する「水の世界＝母に包まれる一なる世界」が退行的に希求され、その結果、川の輪郭を強化するために石がこの形で配置された可能性も考えられよう。

図3　チックを主訴とする女児の描画（2枚目）

図3

川：輪郭線は引かず、波を描いて「石とか描かないとだめかも」と川沿いに石を描く。

➡ 此岸のない川であり、**図2**と同じ構図、意味をもつと考えられる。しかし、「川」が提示された時点で配置された「石」は、**図2**における「石」の意味とは異なり、半ば川の輪郭線的であり、世界に差異を形成する線分を引く動きが強まっている印象がある。これは主体の芽生えともいえる。

山：右端と左端に小さく描く。

➡ この山は、連山の一部が欠如している形態というよりも、山そのものを遠くに配置した印象を与える。**図2**における連山は「閉じ」て「こちら」の領域をつくるものであったが、その「こちら」は山中であった。**図3**では、そのような山（人の世界を「あちら」に定位する山）の意味が変動している印象を与える。

田：リジェクト。

➡ 田ショックが生じている。

道：川に沿った空間を指指して「ここずっと道」。

➡ **図2**における「道」と同様の意味が考えられる。

家：山の手前側（こちら）に描かれる。左の家には窓にカーテンが掛かる。その後、上方に小さな家を描き足す。

➡ 左の比較的大きな家は（描き手の）主体が住む〝内面〟を表象する家かと思われる。窓にカーテンが描かれる

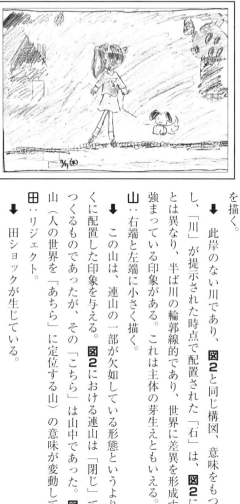

のは外界を遮断していると感じられるが、逆にいえば、外界への意識が高まっていることが示唆されている。たぶん、このことに呼応して、上方の山の近くに小さくもうひとつの家が配置される。この家は**図2**において連山の向こう側にあった家に対応するものであろう。すなわち、ここでは山向こうにあった「人の世界」が「こちら」に移行してきており、それに伴って主体の立ち位置も山中から人の世界へと移行しつつあることがうかがわれる。

木：右端に大きな木を描く。「一本じゃおかしいかな。道に沿ってこっち（右の枠外）にずっと続いている」と。

➡ **図2**とほぼ同じ形態、配置の木。ただ、描かれてはいないが、枠外にも木が続いて生えているとのイメージであり、上述した山中から人の世界への移行に伴う大きな変動に対して、木のもつ「根付き感」も補償的に強まっていることが示唆される。この「土台固め」によってさらなる治療的展開が予期される。

人：「描けない」と言いつつ、顔を少し描くが消してしまう（鉛筆を使用している）。治療者が励まして〈顔だけでもいいんだよ〉と言うと、「じゃあ、足を川に浸けていることにしようかな」と顔を描いてため息。次に洋服を描くが全部消してしまおうとする。治療者がさらに励ますと、最後に足を描いて女の子の姿を完成する。

➡ 此岸のない川であるため、主体は水の中にいる。この主体の位置は、山中という「あの世」にいる主体と同型である。「あの世」とは霊魂、精神、観念の世界であり、物質性・身体性をもたない。ここで「人」は苦闘の末に身体をもつ者として描かれる。この治療的意味は大きい。顔から胴体を経て足に至るまでのハードルは描き手にとって相当高かったことがうかがわれる。この顔／胴体／足はそれぞれ質的に異なる意味をもっているために、そこに至る前にハードル（境界）が設定されることになる（芸人の描いた「上半身と下半身の間に線が入っている絵（**図B-4**）を参照）。とくに、足を描くこと（足をリジェクトせず、自分の世界の中に位置づけること）が相当に困難であったことは、たぶん、痴漢事件と関係していると思われる。最初、描き手が「足を川に浸けていることにしようかな」という形で足を「否定」していたのは、まさしく人魚姫の形態がもつ足の否定と同型である。その意味で、描きがたかった足が描かれた人物（女の子）が表出されたのは、主体が水の世界から地上に移行することと連動しており、また山中から人の世界への移行とも整合している。

花：木の下、根っこ付近に描かれる。

⬇「人」が、とくにその「足」が世界の中に描かれたことの意味は大きく、またそれに伴って世界も激しく変動していることが推測される。そのため、花は大地への根付き感をもたらす木（の根っこ）に情緒的コミットを示す。足をもった女の子が大地の上に立ったのだから、その足元に花が置かれてもよいわけだが、人の足‐大地よりも、さらに深い、木の根‐大地というレベルでの根付き感が必要とされたのだと思われる。

動物：「散歩させる」とリード付きの犬を描く。

⬇本能的なものを喚起させる動物が今回描かれたのは、「人」の足が描かれたこと、およびそれを描きうる安定感が増してきていることと呼応していよう。もちろん、その本能的、身体的、性的なものに対して未だ手放しにできるほどの安心感はもてないために、動物の中でももっとも人と友好的でコントロールしやすい犬という表象が選ばれて、リードを握られる形態で描かれる。

石：川辺の石を指して、直接には描かない。

⬇すでに人は連なる小石の上に立っており、人の足を描いて石に着地させた時点でこの石が描き手にとって大地的な印象を与えるものになっているように感じられる（もし、石を突き抜けて水の中に足が入っていれば、人魚姫イメージとなる）。それゆえ、改めて「石」が提示されたときに、付け加えることはなかったのだろうと推測される。

図4　チックを主訴とする女児の描画（3枚目）

川：斜めに流れる川。

⬇この川によって此岸が立ち現れ、主体（視点）の立ち位置が水の中ではなく、川の「こちら」側の大地の上となる。これは、**図3**において、足が描かれることが困難であった「人」に足が生じて地に着いたという内容が、構図

図4

という形式に反映されたものだともいえる。

山：「砂で作った山でもいい？……誰かが作った山、人も描いておかないと」と、上方左側に小さな山と女の子を描き、山に旗を刺す。

⬇ 自然の山ではなく、人が作った山である。また、**図2**では山に包まれてその中に主体がいる構図であったが、**図4**では人が作った小さな砂山であり、いわば、人が山を所有しており、**図2**の山と逆転した意味を示唆している。所有とは自分のものにすることであり、ここではまさしく描き手が山を自分のものとしたことがうかがわれる。このことを端的に象徴しているのが旗が刺さった山である。これは処女峰の征服にほかならない。無垢な未踏の地が人によって征服される。これは人としての主体の立ち上がりであると同時に、この女児の場合は痴漢事件に関することを自分の中に統合していく過程でもあると思われる。

田：リジェクト。

⬇ 処女峰の征服は「田」のもつ「女性的なもの（自然）への男性的なものの侵犯」と同型の意味をもつものであるが、この時点では「田」は未だ描かれない。

道：「川の両脇全部が道なの」と。

⬇ 上述したように、相当に主体が立ち上がってきていることがうかがわれるが、「どこからどこに向かうのか」を問うてくる「道」は、明確に主体性を打診するものであり、また「田」のすぐ後に提示されるものであることからだろう、ここでも輪郭線を引いてはっきりと道を世界の中に定位することができない様子がうかがわれる。

家：此岸に一軒の家。

⬇ 安心の基盤としての家が（今回はじめて現れた）此岸に配置されるのは肯定的な印象を与える。此岸になにも配置されず、家も彼岸に描かれた構図を想像してみて比較すれば、この此岸の家が安定感を与えるものであることが理解できるだろう。「山」で旗の刺さった山を表象し、その上で「田」「道」とかなり厳しい項目を提示されたことに対して、家を此岸に描くことで安定を図ろうとする動きが心の中に生じたことが推測される。

木：「蝉が止まっている木」と彼岸の左端に描く。

⬇ 大地への根付き感を喚起させる「木」が提示されたときに、蝉のイメージがそこに伴うことは興味深い。昆虫一般に当てはまることだが、彼らは交感神経系を中心とした生物である。それは原初的で自律的なシステムであるため、意思から独立して働く。夢で昆虫が現れた場合に、しばしばこの意味をもつのだが、この女児の場合、蝉は原初的な身体レベルでの性衝動に関係していると推測される（「ジージー」という蝉の鳴き声のごとき身体の奥底にあるざわめき）。このような意味をもつ蝉であるがゆえに、安定感を提供する木とセットで表象される必要があり、しかし、それでも描き手にとっては動揺を誘うものであるため、彼岸の端（木の一部は枠外に出ている）に配置されたと推測される。この位置は旗が刺さった山の近くでもある。ちなみに、蝉も口吻《こうふん》をもって樹皮を刺し、樹液を吸う生物である。

人：家の前に女の子を描く。

⬇ 上述した蝉にまつわる動揺が生じたため、安心の拠点としての此岸の家に描き手の「人」のレベルがコミットしたと思われる。

花：家と女の子の間に植木鉢の花を描く。

⬇ 此岸の家が安心の拠点として重要なものになっており、そこに情緒的にコミットしていることが示唆される。ここが安心感の土台となっていることで、上述したように、性的な事柄に関連する表象を相当に展開させることが可能となっていると思われる。花が大地に直接生えるものではなく、植木鉢になっているのもその傍証となろう。性的なものを受け入れる（自分のものにする）ことは、大地への根付きを前提としつつ、そこから切り離されることだからである。この端的な表象が、人の手によって大地が耕される「田」にほかならない。

動物：屋根の上に猫。

➡ **図3**のリードを付けられた犬と異なり、動物本能的なものが相当に自由になっていることがうかがわれる。

石：此岸の女の子の横に描かれる。

➡ この石の意味は筆者にはよくわからない。此岸にある家が安心の拠点として大事なものであることはすでに指摘したが、さらなる展開の予兆として、それらを「否定」するものとして石がここに配置されたのかもしれない。

付加：砂山に囲いを描いて「砂場」。バケツを描いて「川から水を汲んできて使うの」。川の上にとんぼを描いて「川の水に卵を産みに来た」と。右上に女の子を描いて「川に水を汲みに来た」と。

➡ 砂山を四角く囲ったのは、処女峰の征服を示す砂山の象徴価の強度が高いため枠で保護したのと同時に、上述の流れからもわかるように、相当に性的なものを世界の中に定位することが可能になってきており、「田」のもつ「四角性」が砂場として表現されたことが推測される。産卵するとんぼは言うまでもなく性的なことに関連する表象である。ただ、ここでは交尾という観念は暗示されているだけで出てこず、それを飛ばして結果としての産卵というイメージであること、また、とんぼはほとんど重量を感じさせず、「非物質性」に限りなく近いイメージをもつ飛翔する生物であり、それゆえ、交尾 - 産卵という本来生々しいものがかなり軽やかな印象を与えるものとなっている。これは、性的なことがらの生々しい側面に触れることへの抵抗だと考えられよう。バケツで水を汲むのは、川の中に入って水に包まれている融合した状態と真逆であり、不分節の性質をもつ水を容器でもって切り取り、分節し、所有する行為である。これは、山の中で包まれている状態から、砂山を作るという山を所有する行為と同型であり、水の世界に対して主体が立ち上がる動きが生じていることが示唆されている。

図5　チックを主訴とする女児の描画（4枚目）

川：斜めに流れる川。魚もこの時に描かれる。

⬇ **図4**と同様に斜めに流れる川によって此岸と彼岸が現れる。しかし、魚が描かれることで「水の世界」も活性化していることがうかがわれる。川が活性化しているということは、この大地の区分けそのもの、主体の立ち位置である此岸が現れてくることそのものが描き手の心にとって重要なテーマとなって前景に出てきている可能性がうかがわれる。

山：「砂山にしようと思ったけど、これは大きい山、遠いから小さい……富士山」と左上に描く。

⬇ 砂山ということから、たぶん前回の征服された処女峰が頭に浮かんだようだが、それがキャンセルされて、富士山が描かれる。それは遠いながらも世界の中心であり、世界を支える山である。世界になにか変動が生じている可能性、そのため、それに対して安定した基盤をこの富士山が提供しようとしていることが示唆される。

田：リジェクト。

道：「遠くでよかったら」と山の前に一本の線を描き、家と車も付け加える。

図5

⬇ 描線を引いて描かれる道が初めて出現する。これは、意志や目的と関連する主体性が立ち現れてきていることを示唆する。しかし、それは遠くに一本線でである。富士山という中心に支えられることでかろうじて描けたという印象。それでも今まで描線を引かなかった道を描いたことは主体の現れとして大きな展開である。

家：彼岸の左端に描く。家の左側は枠外である。

⬇ 家が枠内に収まらないのは、その全体像が見えなくなっているからだと推測される。家は主体にとって安心の拠点であるが、この拠点のあり方が変化している過程にあるためにその全貌が把握できない状態が示唆される。つまり、ここでも何か変動が生じているわけである。その家に住みながら家を改築している間はその完成像が明確には描けない。

木：此岸の右端に描く。

➡ この木は、上述の初めて道を描くことで現れてくる主体性の立ち上がり、たぶんこのことに連動しているであろう家の変動などに対して、補償的に安定感を与えようとするものである。

人：木の下に女の子。

➡ 木という「大地への根付き感」を与えるものに保護されるように女の子が配置される。この木は既述した富士山と同様、生じている何らかの変動に対して安定感を提供しようとしている印象がある。女の子がこの木の近くに立っている配置であることから、その変動は女の子の主体性に関するものだと推測される。

花：家のそばに鉢植えで描かれる。

➡ 上述したようにこの家はある視点からみれば、いわば「改築中」であり、変動している状態であった。このような家に対して花によって情緒的なコミットがなされる。この変動が重要なものであることが示唆されよう。ここで、花が鉢植えであり、大地に直接根ざすものでない形態であることからも、現在問題となっている変動が大地から離脱する主体性が形成されつつあることに関するものであることが推測される。

動物：女の子がリードを握る犬。

➡ ある意味では、**図4**の自由な猫から**図3**のリードを付けられた犬に戻った印象である。これも、生じている変動に対して山や木が安定感を与えているように、動物本能的なものを制御して安定をはかっているように思われる。もし、圧力釜を使用中に改造しようとするならば、火の強さを制御しなければ危険であるのと似ていよう。

石：此岸に三つを配置。「いかにもつまずきそうな石だ」と。

➡ 此岸、すなわち、主体の立ち位置である領域に関して石という「否定」的な表象が置かれる。現状の主体のあり方が否定され、変動する予感が暗示される。実際、「つまずく」とは意志をもった主体が行動することではじめて起こることが可能となる「障害」である（主体性がなく、行動しなければつまずくこともない）。

付加：天使を川の上に描く。「この人（此岸の木のそばの人）は川を渡ってこっちに来て、犬の散歩をしている。川の中を歩いてきたんだよ」と。それから、「そうだ、溺れている人を描こう」と川の中に人を描く。次に「助けている人はパニック」と此岸にもうひとり人を描く。「散歩の人は（溺れている人に）気づかない。天使は見守っている」。

⬇ 上述のように、**図5**においては何らかの変動が生じている気配がずっとあったが、この付加された項目によってその変動がどういうものであったのかがかなり明確になるように思われる。天使は富士山や此岸の木に類するもので安定感を補償するものであろう。この安定感を土台にすることで、此岸にいる人（主体）が彼岸という「あちら」から渡河して「こちら」という主体の本来の立ち位置にやってきたことが描き手の中で「思い出される」。遠いところにあった主体が川という水の世界から地上に抜け出て――これは人魚姫の行動と同型である――此岸に立ったわけである。このプロセスこそが「変動」の正体であるように思われる。この渡河がいかに困難なものであったのかが、溺れている人が描かれることで理解できる。この溺れている人は此岸に立つ主体をもった人の別の側面を表象したものだといえるだろう。あるいは、主体が大地（現実）の上に立ち上がった時点から振り返り、自身が経てきた困難さをあらためて確認した表象であるともいえよう。その確認によって、主体が立つ足場を再度固める効果があったと思われる。過去の自分でもあるその人は水の世界にいる人である。しかし、その人は溺れており、すでに魚のように水と親和的ではなく水の世界と違和的な関係となっており、地上を志向する人の表象となっている。

図6　チックを主訴とする女児の描画（5枚目）

川：斜めに流れる広い川。「こっちに流れている」と川の上に矢印を描く。

⬇ 川によって彼岸と此岸が形成されるが、川幅が広いため、此岸の領域が狭くなる。此岸は主体の基本的な立ち位置であり、それが偏狭であることは自身の主体性に関する動きの全貌がとらえきれない程度に変動していることが

図6

示唆されている。

山：左上に旗が刺さった山を小さく描く。「頂上に旗があって、頂上に登ったという印なの」と。

⬇ 征服された処女峰が描かれる。この山の象徴的意味は「田」のもつ意味と同型である。

田：「描けない」とリジェクト。

道：山の下方に、二本の線分を引いて短い道が描かれる。

⬇ 「道」は通常、二本の線分を引くことで表現されるが、この女児の場合初めてこの形態の道が描かれた。道は始点から終点という目的に向かうものであり、意志や意図、目的、手段といった主体性と深く関連するものであるが、そのような道が明確な二本の輪郭線によって描かれた治療的意味は大きい。ただ、この道は短く、始点から終点に向かって伸びていくという印象は与えない道である。むしろ、その形は四角く、リジェクトされながらも「田」の〝四角性〟が潜伏的に影響し、「道」のときにその形態と重なり、浮かび上がった可能性が考えられる。四角性は「地上の原理」を象徴的に表わす。明確な主体性を象徴する「道」、あるいは「田」のもつ象徴的意味である無垢な乙女が厳しい現実としての男性性と接触すること、いずれにせよ、この四角い道が描かれたことは現実に参入していく主体性の確立が進展していっていることを示唆していよう。

家：山の近くに小さく描かれる。

木：此岸の狭い領域に描かれる。「夏に蝉が止まる木」と。

⬇ 田のもつ四角性と相似的な道が描かれたことは大きな進展であるとともに、描き手に相応の揺れをもたらす。この揺れに対する補償的な安定感は、家では補えず、此岸に配置された、大地に根付く木によって表象されたと推測される。木の連想として蝉がイメージされる意味は**図4**と同様であり、木のもつ安定性によって性的なものが世界に定位されうる可能性を示していると思われる。

人：道の上にピースサインをする女の子。

⬇ 主体が意志をもって歩く道、あるいは「田」の四角性を受けた道の上に描き手の心の中の人レベルに対応する位相がコミットする。すなわち、人として道、あるいは田の四角性に関与することが可能となったわけであり、これは極めて大きな進展である。

花：道の上に二輪の花。

⬇ 主体としての道ないし「田」の四角性と相似である道に、花による情緒的コミットがなされるのは至極当然だと思われる。

動物：川の中に三匹の魚。

⬇ 上述した主体として歩いていく道、田のもつ四角性相似の道に人間として、さらには情緒的にもコミットすることは、主体が地上に立つことの表明だともいえる。魚が川の中に描かれることが示す水の活性化は、この地上に立つ主体というあり方に対して対極する水の世界の蠢き、余波、残響という印象である。

石：此岸に配置し、川上の矢印を四角く枠線で囲み、石とつなげて立て札にする。

⬇ 此岸に石が配置されたのは、彼岸で展開していた道あるいは四角性をめぐる動きに対して、主体の本来的な立ち位置である此岸の現状（木による安定化）に対するある種の〝否定〟だと思われる。現状の否定は未来への発展と表裏一体であるが、実際、この後すぐにこの石（否定）は、川の流れを示す矢印が〝四角い〟枠で囲われて立て札になり、その表示を掲げる柱を支える礎《いしずえ》となる。川の流れが矢印という記号で示されるのは興味深い。**図5**において、溺れる女の子がいたが、彼女は水の中にいることで身をもって川の流れを知る者であった。**図6**では、人はもう水の中に入ることなく、その外から水の流れを記号という抽象的な次元で知ることができる存在となっている。ここに、〝自然〟からの遙かな乖離をみることができよう。さきほどの矢印自体が最初は川に密着していたかのようであったものが、四角く囲われて立て札の柱が立つことで明確に川から分離する。ここにおいても、〝四角性〟の動きがみられよう。このような、自然からの乖離は次回に「田」が描かれることを準備するものであったと思われる。

図7　チックを主訴とする女児の描画（6枚目）

図7

川：斜めに流れる川。

山：彼岸に小さく旗の刺さった砂山。

田：「見たことないなあ」と言ったあと、すぐに「見たことある！」と此岸に描く。「あー、初めて田んぼ描いた」と。

➡「田」がもつ「女性的なものへの男性的なものの侵犯」という象徴的意味は、この女児の場合、痴漢事件にまつわる事柄はもちろんのこと、子どもから大人になることや現実世界に参入していくことなどにも関連するものであり、この意味において今まで描けなかった田を世界の中に描けたことは真に治療的な進展であると思われる。田が此岸に配置されたのは、田を定位することが相応の衝撃を伴う作業であるため、彼岸に遠ざける余裕がなく、田のもつ意味に巻き込まれたのだと思われる。此岸は基本的に主体の立ち位置であるが、その領域のほとんどを田で占有された感がある。主体をもって田に関わることはこの時点ではまだ十分にはできていない印象である。田の形も真四角で、〝四角性〟に余裕なく占有されたともいえるし、他の項目によって形成される構図から田が浮き上がって

おり、未だ世界に十全には田がしっくりとなじんでいないことが示唆される。すなわち、ここには田ショックがみら

れる。それでもしかし、田が描けたことは極めて治療的である。

道：川に沿って此岸側に幅の広い道を描く。

⬇ **図6**では四角な道であったのが、ここでは長く伸びた道らしい道となる。田を描くことができる主体が、意志や目的をもつ主体を示す「道」を描けることは整合的である。ただし、道は川に沿っており、明確な始点と終点を枠内にはもっていない。この構図は田ショックの影響だと思われる。反〝自然〟ともいえる「田」を世界に定位させた反作用として、意志をもつ主体性を示す道が、〝自然〟の流れである川、母なる水の世界と関係する川の引力につかまって、それに沿った形となるわけである。

家：彼岸の上方に描く。「屋根が描けなくなっちゃった」と。

⬇ 田が此岸を占有したため、家は彼岸に追いやられた感がある。この構図は彼岸に小島のような世界が構成されるが（実際、この後、田と石以外の項目はすべて彼岸に配置される）、それはまさしく〝彼岸（あの世）〟にある世界であり、現実感の弱いものとして示される構図である。この構図は、もちろん田ショックによるものであるが、田を世界内に定着させようとする動きが生じた際、今までの世界が変動するため、その世界に伴っていた現実感も揺らいでいることに対応していると思われる。簡単に述べれば、田が世界に参入してきたため、今までの世界が向こう側に押しやられている変動過程の構図が**図7**だといえよう。「屋根が描けなくなっちゃった」家は窓や戸を含めて四角だけで構成された形態となっており、此岸にある田の〝四角性〟が彼岸（今までの世界）にも潜伏的に浸透していることがうかがわれる。

木：家のそばに植木鉢の木を描く。

⬇ 鉢植えはこれまでもしばしば指摘してきたように、本来大地に生える植物の所有化であり、大地（自然）からの切り離しである。鉢植えがもつこのような意味は、田がもつ象徴的意味と同型である。ここにおいても、此岸に配置された田の影響が彼岸に及んでいることが示唆されている。

人：彼岸に女の子を描く。後に「砂山ができて喜んでいる。やったぁーって」と。

➡ 旗の刺さった砂山が征服された処女峰であることは繰り返し指摘してきた。「人」はこの山にコミットする者、この山を創り出した者として描かれる。心理療法において、〝傷〟が癒やされる場合があるが、それは包帯を巻いてもらうなどの「包み込まれる」ことによって生じるのではなく、むしろその〝傷〟を主体が能動的に再度創り出すことで、その〝傷〟を自分のものとし、癒やされることがしばしばある。征服された証として旗を刺された処女峰という「傷ついた山」を画中の女の子が創り出したことは、この癒やしに相当すると思われる。このことは、田という表象を引き受けることと等価であり、ここでも此岸の田のもつ意味が彼岸に浸透していっていることがうかがえよう。

花：彼岸にある植木鉢のそばから、川沿いに並べて描かれる。

➡ 既述したように、鉢植えは「田」の意味と同型であり、そのため情緒的コミットがそこになされたのかもしれない。川は田のある此岸と彼岸との境界であり、此岸の田の影響がその境界を越えて徐々に彼岸に浸透している場所として花が配置されたことが推測される。

動物：魚と猫。「猫は魚を見ている。食べたいなあ、魚は汗がたらー」と笑う。

➡ **図4**では猫は屋根の上にいたが、ここでは欲望をもつものとなっている。欲望をもつものはすでに無垢な子どもでも乙女でもない。水の世界にいる魚を食べようとする猫は、処女峰を征服するものと同義であり、それは「田」がもつ象徴的意味圏に属するものである。ここでも、彼岸において田のもつ意味が浸透しているのがわかる。

石：「大きな石、お婆さんの漬け物石」と此岸に描く。

➡ 上述したように、彼岸という遠い世界でありながら、そこに此岸に配置された田の意味が浸透していっていることがうかがえた。しかしながら、此岸は主体の立ち位置であるため重要な領域であり、たぶん、田の意味が浸透していきつつある彼岸に構成された世界をいかに此岸のものとするかが今後テーマになるかと思われる。この石は、そのような意味で此岸に置かれたのだと考えられる。それはまさしく「漬け物石」であり、此岸はこれからじっくり熟成発酵していかねばならない。

図8　チックを主訴とする女児の描画（7枚目）

川：枠を自分で描き、四隅にハートマーク。枠に沿って周りに川を描く。

⬇　田の〝四角性〟が世界全体に浸透した印象。つまり、周囲に水路が巡らされて、枠内は全部「田」となったことが示唆される。**図7**では、彼岸に構成された世界に「田」のもつ意味がだんだんと浸透していく様がうかがえたが、**図8**ではその浸透が全面に及んだ印象である。

山：左上方に旗の刺さった砂山。

田：リジェクト。

道：「後で描く。家の周りに描くつもり」と言うが結局描かない。

⬇　「田」が全面的に世界に浸透しようとしている変動の最中であるため、目的や意志を問われる「道」が描けなかったかと推測される。道とは始点と終点という定点があってはじめて成立するものであり、世界が変動しているときは定点も定まらないからである。

家：「ガラスにしてみました」と窓ガラスのある家を描く。

⬇　家の中からガラス越しに外界を見るのは、内面をもった主体の構図である。これも、田の浸透による効果だと思われる。

図8

人：「自分でも描いてみようかな」と女の子を描く(2)。

⬇　家で示された、内面をもった主体とは私が私と自己関係する主体である。この構図と、「人」が提示されたときに、描かれた人を「私」とみなすあり方は連動している。この田が浸透している世界に立っているこの女の子は「私」だと主張している印象である。

木：林檎の木を描いて女の子に林檎をひとつ持たせる。

⬇ 果実は受粉を経て実ったものであり、性的な成熟性を暗示する（「熟した果実」）。また、果実とそれを食する者は、**図7**における魚と猫との関係と同型であり、つまりは「女性を侵犯する男性」との意味をもつ「田」の表象につながるものである。ここでは女の子（＝描き手である「私」）が欲望をもってそれを食しようとする者となっている。さらには、林檎の木はアダムとイブの楽園追放を連想させる。彼らは禁断の実であった林檎の実を食べたことで、自分たちが裸であることに気づき羞恥する。無垢でなくなった彼らは楽園を追放されることになる。ここで示されているのは、無垢でなくなることとは反省意識（リフレクション）をもつということだ。私が、私が裸であることに気づくという自己関係が反省意識にほかならない。反省意識をもつことが内面をもつ主体となることであり、その意味で林檎の実を手にする女の子は、窓ガラスのある家と整合している。そして、これらは子どもとしての楽園を追放されて、現実の中に立つ大人への移行を指し示している。

花：鉢植えの花を家の横に描く。

⬇ 内面をもった主体を表象する家に情緒的コミットがなされたように思われる。鉢植えの意味に関してはすでに指摘したとおりであり、内面をもつ主体の構造と整合するものである。

動物：ハムスターを木のそばに描く。

石：砂山のそばに描かれる。

付加：女の子の洋服に熊の絵を描く。枠の外側四方に「がっこうへのちかみち、がっこう、こうえん、花や」と書く。

⬇ 洋服に熊の絵が描かれたのは、女の子が動物本能性を身につけられるようになったことを示唆しているように思われる。また、木のそばの動物（ハムスターだが）が「生」の動物であるのに対して、服に描かれた動物は絵であり、この構図は**図6**の川の流れを示す記号としての矢印に対応していよう。つまりは、「生」な自然からの分離である。

「道」が提示されたときには、道は描かれなかったが、すべて描き終えたあとに文字によって方向が示される。**図8**は世界全域に「田」が浸透しつつある構図だとみなすことができると思われるが、十全に浸透した後には世界は新たなオリエンテーションをもってより大きな世界の中に位置づけられていくだろう。最後に書かれた方向を指し示す文字はその予兆であるように思われる。

図9 統合失調症の女性の描画（1枚目）

図9～図16は角野善宏氏による治療の中で描かれた描画である(3)。患者は30歳代の女性で、診断は統合失調症。「考えの覗き魔が脳に入ってきて、自分の考えをすべて抜き取り、外へ伝えてしまう。その覗き魔が私のすべてを操っている」ということを訴える。家で錯乱状態になったため、措置入院となる。

川：画面中央から大きく描かれる。「八の字」型に大きく開いた源流をもつ川。

⬇ 源流のある川は起源を希求していることを示唆する。通常、源流は細くなっていく川の先として描かれるため、点かあるいは狭い幅で示されるが、この源流は間口が広く開いている。水の量が多いためかもしれない。下辺部は全部水の世界であり、此岸はない。この時点での主体（視点）の位置は、水の中にある一方で、源流という起源――これは超越的な場所である――を志向するものとしてもある。両者ともに日常的な場ではない。

山：川の源流の上に高くそびえ立つ富士山型の山が描かれる。

⬇ そびえ立つ山、とくに富士山は世界の中心を意味する山である。画面中央に、水の世界優位で源流のある川の上に富士山型の山がそびえ立ち、超越的な軸が垂直方向に形作られる。

田：山の右側、川と道の間に描かれる（この時点で「道」は提示されていないはずであるが、詳しい記載が元の論文にないのでわからない。「道」よりも先に、この曲線の輪郭をもって田が描かれることは不思議ではある）。

図9

⬇　田は曲線をもって、あるいは道と川の輪郭線を使って自らの輪郭線は引かずに描かれた様子。いずれにせよ、田の四角性はここでは否定されている。四角性は地上の原理、この世の原理であり、それが否定されることは、先述した川と山が作る軸の超越性と整合している。

道：山の稜線に沿って、途中から跳ね上げられたようになって途絶えている左側からの道と、山の右側の麓からやや低いところを走る道が描かれる。

⬇　地を走る道が、川と山で作られている垂直軸によって分断されているかのような印象を与える構図である。道は、意志や目的志向を表象し、人としての主体を喚起させる項目であるが、ここでは、超越的なもの強度が高く、それによって道が分断されているかのようである。

家：（順序は不明だが）山の左側に二つの家、右側に一つ描かれる。

⬇　左の家は地平線が曖昧なため、大地か空かはっきりしない場所に配置されている。右の家は道の輪郭線の上に描かれる。しかし、枠内にあるのはその一部だけであり、家の全体像は見えない。総じて、左側の混乱が大きい印象であり、右側は道の輪郭線の上という混淆がみられる場所であるにせよ、家やこの後の木や動物、花が道上に描かれており、島宇宙を作るように日常的な世界をこぢんまりと保とうとしている印象がある。家の全体像がみえないのは、日常世界に住まう家、あるいは内面をもつ主体としての家を十全にはとらえられないからだと思われる。

木：山の左に二本、右に三本描かれる。左下と右手前の木は川に触れている様子（水の中にあるのかどうかは不明）。

⬇　右側の二本がかろうじて道の上に定位している印象を与えているが、その他の木は大地への根付き感というものを感じさせない形態となっている。左の木は彩色段階で赤く塗られたため、炎のように揺れ動く印象を与えているため、やはり根付き感がしない。右手前の木は川や山の描線に触れるのを避けようとしたためか、川と山で形作られている超越的な垂直軸に跳ね飛ばされているような形態になっている。

人：山頂に立って下方に釣り糸を垂らしている人。

➡ 人は太陽を背後にして山頂に立っている。太陽（いつ描かれたのかは不明）はコスモスの中心である。中心は最重要な場所であるが、それゆえに人という次元で生きるものが中心に直接接触することは危険である。しかし、ここでの「人」は、巨大な水の世界、源流、富士山、太陽によって垂直方向に形作られた強烈な超越軸にコミットする。ただ、人が釣りをするという形で水の世界に関わっているところは治療可能性を感じさせる。釣りは水の世界に関わりつつも足場を大地に置いているからである。水中に潜っている構図や山頂から太陽へと梯子が伸びて、人がそこを登ろうとしている構図を想像して比較してみるとよいだろう。

花：山頂付近に一つ。川の中の花（睡蓮か）、右の道の上に一つ、左手前の木に一つ。山頂から降ってきているかのような花が三つほど（描かれた順序は不明）。

➡ 山頂、降る花、川の中の睡蓮は超越的な垂直軸に情緒的にコミットしていることを示すものであろう。右にある道の上の花は、日常世界に対しても情緒的に関わりがあることを示しており、治療可能性を感じさせる。

動物：川の中の白鳥と右の道上の犬（どちらを先に描いたかの順序は不明）。

➡ 川の中にいる鳥はその白色からみても超越性に属するものであろう。一方、右の道の上の人は日常空間に属するものであろう。もし、白鳥が先に描かれ、その後に犬だとすれば、超越的な場から日常世界に向かう動きがうかがえ、治療可能性を示唆するものとなる。実際に描かれた順序が不明なため、この辺りはわからないが、筆者の感触では今述べた順序で動物が描かれたのではないかと推測する。

石：川の中に大きな石が三つ。

➡ 轟くように水量が豊富な川に大きな石が配置される。流動的で分節がない性質をもって水は異界として表象される。それは常に流れ変化し定まった形をもたない世界であり、分節された固い秩序をその特徴とする日常世界とはその本質を異にする。不変性（変化することに対する否定）を特徴とする石は、その意味において水と対極的なものである。そのような石が川の中に配置されることは水の世界の否定であり、それによって画中の超越軸の一端を担う水の世界が変動していく可能性が示唆される。

図10　統合失調症の女性の描画（2枚目）

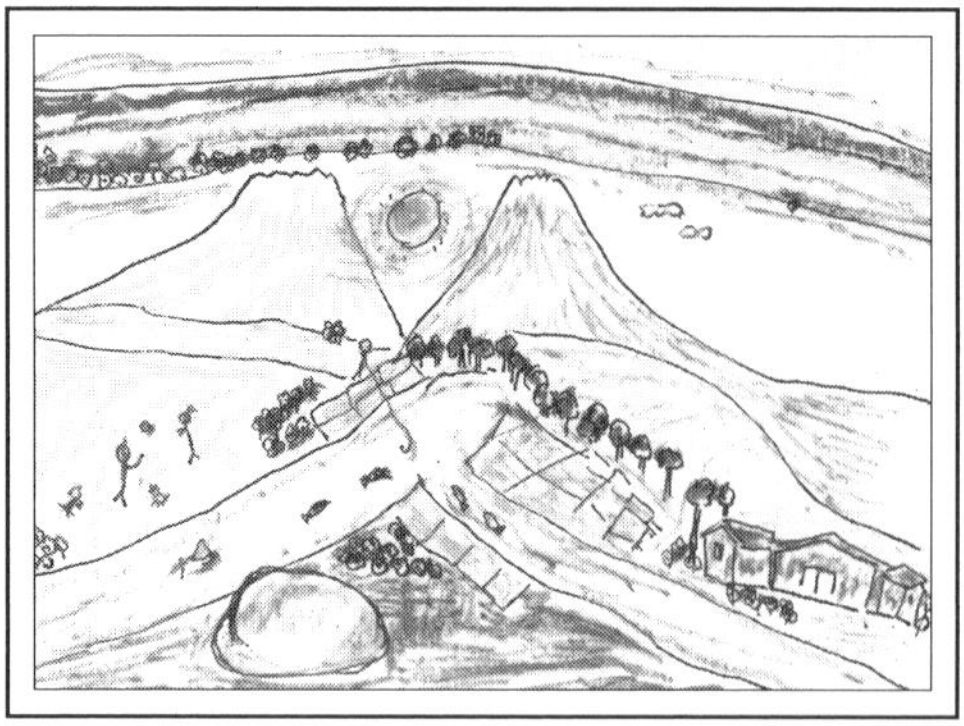
図10

川：中央に源流をもつ二股に分かれた川。

➡ 源流という超越的な起源をこの世界の中に位置づけようとする心の動きがみてとれる。ただ、その源流の形態は**図9**に比べるとずいぶんと水量が減じ、混沌さの印象も減っている。川が二股になって流れているのもこの混沌の減少と関連していると思われる。この二股の流れはシンメトリーであり、双子的である。双子イメージは、差違のない「一」なる世界（水の世界はここに属する）から分節化された「二」の世界（現実世界）へ移行する過程の中間的な段階に相当している。それは、何か新しいものが意識に上ってくる姿でもある。区別のない「一」ではなく、すでに「二」股という区別があるのだが、それは未だ双子的な「二」であるため、意識は明確にはそれが何であるか同定できない。しかし、確かに何かが動き出しているわけである。この胎動は、**図9**において川に「投げ込まれた」石によって始まっている印象がある。

山：二股の川と相似的に、双子的な二つの山が描かれる。

➡ この双子の山は先述した川と同じ意味をもつと思われる。川と山という、世界の構造の骨格を決定する項目が、あるいは、**図9**において下方の超越性と上方の超越性を担っていた項目が、共に双子的に分節化しはじめており、新たな世界が現象してくる胎動を感じさせている。山と山との間にある太陽はいつ描かれたのか不明であるが、太陽は一つで中央で輝いており、その中心性に変化はみられない。

田：川が二股に分かれてできた三つの場所に描かれる。

⬇　田がなぜこの場所に配置されたのか、筆者には明確な考えが浮かばない。広い視線でみればであるが、双子的な川と山を形成している対称軸を補助線として引いてみるならば、この田もシンメトリー的だということはいえるかもしれない。あるいは、川や山が双子的に分節化を始めた激震地に「田」が引きずり寄せられたのかもしれない。いずれにせよ、この田に関しては田ショックをほとんど感じさせない。あえて「ショック」ということばを使うならば、川や山のシンメトリー構造を通して世界が地殻変動を起こしているようなショックの方が大きいため、田ショックが霞んでいるという見方ができるかもしれない。

道：空に虹がかかっているが、これが道である（彩色段階で治療者がふと「なんで空に道なのか」とつぶやき、それに反応して空の道に色が塗られて虹となった）。また、左側の山の麓にも短い道がある。この二つの道がどのような順序で描かれたのかは不明である。

⬇　二つの道の順序がわからないが、もし山の麓の地を走る道が最初で、その後に空の道が描かれたのならば、道を地に着けて走らせたが、それに耐えきれず、次に空に道が跳ね上がったという見方になるだろう。あるいは逆の順序であるならば、宙に浮いた道が大地に向かう方向性がみられることになるだろう。順序が不明なためこの辺りは明確に言えないが、いずれにせよ、道が空を走る構図は強烈である。道が意志や目的と絡む主体性を表象する項目であることはすでに検討してきたとおりであるが、そもそもそれは大地の上においてということが前提となっている。大地の上であるからこそ、それは現実的であることを意味し、意志をもつ主体と関係するのである（観念の中で出てくる意志は現実的な意志とはみなされない。それはファンタジーである。たとえば、空想の中で宇宙船に乗っており、火星を目指す場合など）。それゆえ、ここで空に配置された道は現実世界の中で意志をもつ主体として立つことが困難であることを示唆している。この困難さは、そもそもそのような意志をもつ主体が成立していないがためであるとも考えられるが、一方では、上述したように**図10**においては世界そのものが変動しているため、そのような揺れ動く世界の中に道を定位することができなかった可能性も考えられよう。

家：右端に三軒の家が描かれる。

木：川の源流から右に向かって並ぶように描かれる。

➡ 木によって源流付近が隠される。源流とは起源であり、超越的な場所である。剥きだしの超越性に直接接触することが危険なことであることはすでに指摘した。起源は、その起源によって生じた世界に生きるものにとってはその本質として隠されるべきものであり、だからこそ神話的にしか語れないものである。それゆえ、この描画において源流が木によって隠されることは超越性としての起源から距離をとることであり、治療的な動きであると思われる。

人：一人の人は川の二股に分かれている場所辺りに釣り糸を垂らしている。別の二人は画面左側でボールのやりとりをしている。

➡ **図9**では太陽を背後に山頂に立っていた釣り人が、**図10**では平地に降りてきている。山頂、太陽といった上方への超越性から少し距離をとったとみられるが、水の世界という下方への超越性への志向性は保たれていることが示唆される。釣り糸は双子的シンメトリーを形成する対称軸辺りに垂らされており、世界の変動に対しても人がコミットしていることが推測される。一方、別の二人の人はボールを間に挟んでやりとりしている。この形態は、太陽を挟んで相対する二つの山と同型である。ボール（球体）という完全なるものの表象（これも超越性の一種である。現実とは何かが欠落している世界である）はコスモスの中心である太陽と相似であるが、そのような太陽とそれを挟んでいる山が、かなり縮小した形で人間レベルにスライドしたともいえよう。ここでも、人が超越性志向を引き継ぎつつ、太陽そのものからは距離をとっていっていることがうかがわれる。

花：川が二股に分かれた辺りに描かれる（その中の一群は家の近くに）。また、画面左端と空の道にも描かれる（すべて、いつどの順序で描かれたかは不明）。

➡ 花は川が二股に分かれた辺り、それぞれの田の近くに配置される。少々歪《いびつ》ではあるが、シンメトリーを作る対称軸に情緒的コミットがなされているのだろうか。画面左端の川と枠線が交差する辺りに置かれた花に関しては、やはり世界の変動に関するある側面を意味していると思われるが、**図12**で類似の花が描かれており、そこで解説する方がわかりやすいと思われるので後述する。**図10**でのこの花（左端の花）はたぶん**図12**における類似の花の予兆であると思われる。

動物：川に魚、人の近くに二匹の犬、空に二羽の鳥。

➡ 魚はシンメトリーの対称軸である川の二股に分かれたところ、釣り糸が垂らされているところに向かうように泳いでいる。水の世界が二つに分節化されたことに即応して、水が活性化している印象である。魚自体が左右の対をもって二匹ずつというシンメトリーの形をもって泳いでいる。犬はボールを介在させている人の近くに配置されたこと、および、彩色段階で太陽の黄色（黄金色）の光を浴びて黄色（黄金色）に染まっていることからみて、太陽という超越性を引き継いだものである可能性が示唆される。もし、そうであるならば、人と超越性（犬）が分離したイメージで現れてきているわけであり、今後、人と犬との関係が重要な注目点となるだろう。

石：川の左側に比較的小さな石。此岸に大きな岩が配置される。

➡ ほとんど項目が置かれていない此岸は、空虚な主体、あるいは主体というものが空白であることを示唆する。そこに岩が置かれるのは、それらの否定である。小さな石の場合、それは主体の立ち位置としての此岸になにもないということを明確に示す意味での「否定」がまず考えられる。これが、**図10**のように大きな岩である場合は、動かしがたい障害という意味での「否定」のニュアンスが強くなる。障害物を障害と感じるのは、すでにそれに相対する主体の芽生えがあることが暗示されている。障害物とはそれに主体がぶつかって主体の意志どおりに事が運ばないことをいうからである。すなわち、この大きな岩は、当事者にとっては苦痛を感じさせるものであるだろうが、治療可能性を示すものである。

図11　統合失調症の女性の描画（3枚目）

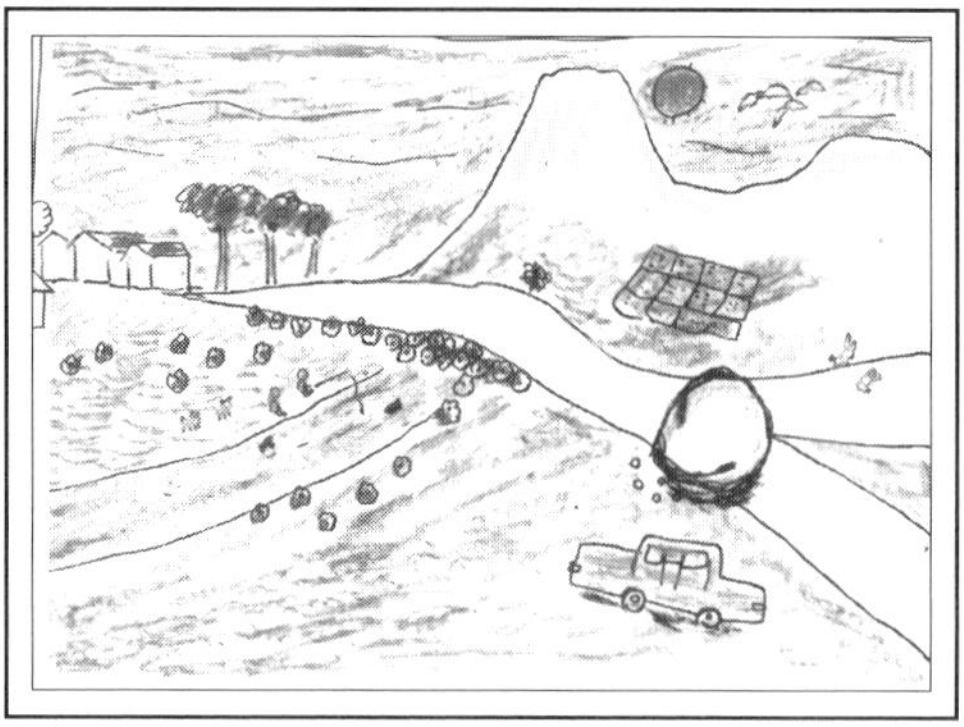

図11

川：画面中央辺りから始まり、左に流れる川。

⬇ 源流を持つ川ではあるが、ほぼ平行する二本の輪郭線で形成されている川であるため、無限遠方の一点に向かって集約される源流イメージは薄いものとなっている。すなわち、源流から離脱していく動きが示唆されている。

山：右奥に二つの山と、その間に太陽（太陽がいつ描かれたかは不明）。連山は一部が欠けていて閉じていない。

⬇ この二つの山と太陽の位置は**図10**の構図を引きずっていると思われるが、ここでは、右側の山が低くなっており、二つの山の双子性が崩れている。二つの山とその間の太陽も**図10**ではシンメトリーをなす対称軸に位置していたが、**図11**では山や太陽がその軸から外れている。つまり、ここでは**図10**に顕著にみられたシンメトリーが崩れており、双子的な世界から、明確な差異をもち区別がある「二」なる世界への移行が進んでいることがうかがわれる。

田：山の麓に描かれる。

⬇ 田をもっと手前に配置することもありえたと思われるが、山の麓という「遠い」ところに描かれる。田ショックが生じたということができると思われる。田ショックが生じるのは、田という「現実」を意味するものに対して抵抗が生じているということであり、逆にいえば、「現実」に対する意識が相当強くなってきていると推測される。

道：二股の道が左から右に描かれる。道の左側に行くにつれ幅は細くなり、川の源流のように一点に結ばれている。

➡ **図10**では空に浮いていた道が、ここで完全に地上を走るものとなる。また、二股の道という形態は「どちらの道を選択するのか」ということを問うてくる、現実に対する意志や主体性を要請するものである。これは、山で示されたシンメトリーの崩れ（左右の道は双子的ではなく、明確な差をもっている）や田ショックの前提となる「田」のもつ「現実」という意味が描き手の意識に上っていることと整合的である。また、川の源流という形態に類似して、道は遥か遠くに始点（原点）をもったものとして描かれる。描き手の原点を志向する傾向（これは超越志向でもある）が意識・意志・目的と関連し、主体性を示す「道」に関してもみられるわけだが、この人にとってそのような主体をもつことが無限ともいえる距離をもった原点から遠い道のりを経て、川を越えて「（大文字の）あちら」から「（小文字の）こちら」に至らねばならない感覚があることが示唆される。たぶん、このことと交差するように川の源流は一点を示す形態をとらなくなっており、源流がフェードアウトしていっていることが推測される。

家：道の原点の先、かつ連山の一部が欠けた「どこでもない場所」に数軒の家が配置される。その下にも一軒の家。

➡ 連山が閉じていない場所は、空と大地の区別がない「どこでもない場所」である。そこに配置される項目——ここでは家——はこの世界に位置づけようとしつつ、位置づけられないものであることを示唆する。上述した一連の流れからも、意志をもつ主体が徐々に浮かび上がってきている気配を感じることができ、それと呼応して人々が生活する人間社会という現実もその主体に相対するものとして現れてきていると推測される。この家々はそのような人間社会を示していると思われる。相当に人間社会というものが意識に上ってきていつつ、それだけにそれを世界の中に位置づけることが困難な状況であることが示唆されていよう。

ここで、左端下方の家は興味深い。この家がいつ描かれたのかは不明である（先の数件の家が描かれた後ではないかと筆者は推測するが答えはわからない）。この家は数件の家々が並ぶことで一見存在するようにみえる地平線の「こちら」側に配置されている。この地平線はしっかりと輪郭線が引かれて形成されたものではなく、脆弱な感がいなめないが、それでも仮初めの地平を作っており、そのため大地が出現する。この左端の家はその大地の上に立っており、すなわち現実世界に位置づけられている。もっともそれはやはり相当に困難なことであるため、その全体像を捉えることはできず、家の半分は枠外にはみ出ており見えない構図となっていることが推測される（この家は彩色段階で色が塗られていない。ここでも、家を世界に定位することが情緒的にも相当にむずかしいことがうかがわれる。しかしその定位が着実に進展しているのも事実である）。

木：家の右側に数本描かれる。左側の少し下方にも一本。

➡ これらの木は、既述した世界の中に位置づけることがむずかしい家々に対して安定の基盤、大地への根付き感を補償的に提供するものとしての意味をもっていると考えられる。連山が閉じていない、「どこでもない場所」にこれらの家々は立っているが、この「どこでもない場所」に大地性を提供しようとする心の動きだともいえよう。左端下方の家の重要さに関してはすでに指摘したが、そのそばに立つ木も同様の意味で重要であろう。この木もその家と同じく、半身が枠外で全体がみえず、また色が塗られていない。しかし、この木が大地性を提供し、その上に家が定位されていく動きが可能性として示されている。

人：川で釣りをする人とそのそばにいる人。

➡ **図10**では立っていた釣り人が、ここでは地面に腰を下ろして釣りをしている。上述した項目の流れからも示唆される、人間社会とそれに相向き合う主体性が可能性として動いていることの効果が「人」にもその影響を与えていると考えられる。「人」に対して大地性が提供され、人もそれに応えているわけである。**図10**でボールを中心にキャッチボールをしていた人がいなくなり、釣り人の横に座る人が描かれているのもその傍証となるだろう。

花：川の源流の付近に、源流を隠すように数多く配置される。

➡ これまで検討してきたように、この描画では川の源流がフェードアウトしていく方向性がみられる。それは超越性から距離をとって、日常的な現実性（大地性）の中に入っていくことでもある。この花々はそのような源流からの「別れ」に対して情緒的コミットがなされていると思われる。この花々は源流を覆い隠すものでもあるが、それはあたかも重要な人物が亡くなり、その遺体を埋葬するときに上から振りまかれた無数の花びらが舞っているかのようでもある。舞う花のひとつが生きた表象として具現化したかのように、源流の上に一匹の蝶が飛んでいる。蝶がプシケー（魂）の表象であることはいうまでもない。

動物：人のそばに犬が、川には魚が、道にはウサギが二対ずつ描かれる。空には鳥が三羽いる。

⬇　この二匹の犬は**図10**でもキャッチボールをしていた人のそばにいた流れを汲むものであろう。彩色段階では犬は白色という聖なる色に塗られ、この犬が超越的なものの眷属《けんぞく》であることが示唆される。ウサギも白く彩色され、超越的なものの属性をもつ者であることが示唆されるが、二股に分かれた道の先のひとつの道の上に配置される。その意味で、このウサギは二つの選択肢から一つを選び、進んで行くことを先導する存在であることが示唆される。ウサギの長い耳は二股の道に相似形であり、この点も選択に関わるものとしてウサギの表象が選ばれた理由かもしれない。このような動きに対する逆ベクトルとして描かれたのが空を飛ぶ鳥だと思われる（順序は不明だが、犬↓ウサギ↓鳥ではないかと筆者は推測している）。選択、決断し、大地の上の道を歩んでいくという現実世界における主体が立ち現れようとしている動きに対して、精神の飛翔としての鳥は白という超越色を塗られて大地から離れて空を飛ぶ。大地に足を着け、そこに生きる主体として歩むことがやはり相当に困難であることがここに示されていよう。

石：道が二股に分かれるところに大きな岩が置かれる。

⬇　どちらの道を行くのかという選択に対する否定・障害物として岩が表出される。しかし、これまでも幾度か指摘してきたように、否定という抽象的なものが石（岩）という具象化されたものとして表現されることの治療的意味は大きい。選択することができ「ない」ということが、岩が道上に「ある」という形で表現される。具体的な形をもって存在するものには困難ではあるにせよ、関わることが可能となる。それゆえ、この岩は可能性の表象でもある。

道のそばに車が描かれているが、いつの時点で描かれたのかは不明である。この車は道上の岩に関連するものであろう。岩があるために二股の道のどちらかを選択して進んで行くことができないものの表象だと思われる。ここには意志をもって進んでいこうとする主体性があることが陰画的な形で示唆されている。

図12　統合失調症の女性の描画（4枚目）

図12

川：斜めに流れる川。

⬇　源流が枠外のものとなる。**図11**で源流がフェードアウトしていく動きがみられたが、その進展であろう。これ以降の描画において川は斜めに流れる。

山：欠けることなく閉じた連山が描かれる。

⬇　この連山によって、空と大地の区別が明確となり、大文字の「あちら」と大文字の「こちら」が形成される。

田：田としての輪郭線を引かずに川の描線を使用して、此岸全域が田となる。

⬇　輪郭線を引かないのは、田の「四角性＝この世の原理」に対する抵抗だと思われる。しかし、田が意味する現実性が相当に迫ってきているため、主体の立ち位置である此岸が田で占められたことが推測される。田ショックが生じたといえるが、この描き手の場合、田ショックを引き起こすことが可能になったくらい、田のもつ意味（農耕文化的な意味での現実性、他者の侵犯によって無垢な状態はすでにないという現実性）が世界の中に浸透してきたといえよう。このことはもちろん治療的な進展である。

道：川に沿った道と、そこから途中で分枝して山を越える道が描かれる。

⬇　**図11**で岩で塞がれていた二股の道が開かれ、どちらの道を選ぶのかという決断をうながすものとなる。川に沿う道は、意志と関連する道が自然な流れである川の引力圏につかまっていることを示唆し、いわば、脆弱な意志の表象だといえる。一方、山越えの道は、一般的には人々が生活する共同体から山という他界への逃避という意味を示唆する。この二つの道が選択肢として提示されることは少々不思議である。両者共に意志をもった主体とは逆方向を示すものだからである。この疑問は次の「家」が表現されることで腑に落ちるものとなる。

家：連山の向こう側（大文字のあちら）に数件の家々が描かれる。

⬇ この家々は人々が生活を営んでいる人間社会を表象していると思われる。それが連山の向こう側にあるということは、通常の、連山の「あちら」＝他界、連山の「こちら」＝人間社会という図式が逆転しており、連山のこちら側にいる主体（視点）が他界にいることが理解できる。ここから、さきほどの「道」を振り返ってみれば、川に沿う道から分枝して山越えをする道は、人間社会に出て行こうとする意志をもった主体としての道という意味をもつものであることがわかる。ちなみに、**図11**では「どこでもない場所」にあった家々が、**図12**では山の向こうという領域に位置づけることができている。それは山を越えていかねばならない困難な道ではあろうが、明確に存在する場所であり、「どこでもない場所」とは質的に異なっている。

木：画面左右の枠線に掛かる場所に、密集した多くの木が描かれる。

人：釣り竿をもった人とその隣にいる人が山を越える道の上に描かれる。

⬇ この人たちが山の向こうに行こうとしているのか、山の向こうからやってきたのかでその意味はまったく異なる。上述した流れからみても、山を越える方向性をもった人だと推測されるが、描き手の説明もないのでこの時点でははっきりとはわからない（次の描画でこの点は明確になる）。もし、山を越えようとする人たちであるならば、あの世（超越的な場所）にいた人が、人の住む世界に参入していくことが意味される。川に架かっている橋がいつ描かれたのかは不明であるが、この人が山を越えようとしている動きと連動して表出されたイメージであろう。

花：川に沿う道から山に向かう道が分枝する箇所に群生する花。川に沿う道が枠線と接するところにも多くの花（右側の川辺には一輪）。山に向かう道を後ろ向きに延長し、川と接する岸に水に向かって頭を垂れる花が一輪描かれる。

⬇ 川に沿う道から山の向こうに通じる道が分枝する箇所に情緒的コミットがなされる。これは誰しも納得がいくかと思われる。川という自然の流れと一体化しているような道から人間社会へと参入する道が生じてきて分離する地点は、描き手にとって困難を伴いながらも極めて重要な変曲点となるからである。この困難さゆえに、山へ向かう道とちょうど逆ベクトルの方向に花が一輪配置される。この花は水に傾斜しており、人間社会という現実世界へ参入する動きが生じている中、逆に水の世界という異界へ向かう動きもあることがうかがわれる。

川に沿う道が枠線と接するところに花が配置されているのは興味深い。枠線は枠内に対してメタの位置にあるものであり、それゆえ、枠内にあるものは枠線に直接接触することは通常できない。両者は属する論理階型が異なるからだ。たとえば**図12**において、枠線の箇所で道が突然に断絶しているとは一般的にはみなされない。枠外にも道が続いている感覚を見る人はもつはずである。つまり、道の描線と枠線とは物理的には接触しても、意味においては接触することがない。ところが、**図12**においてはまさしくその箇所に花が置かれる。それは、今述べたようなことがらに関して描き手が情緒的にコミットをする（しなければならない）なにか必然性があるからだと思われる。推測されるのは次のようなことである。枠が枠内に対してメタの位置に立つと述べたが、これを言い換えれば、枠は枠内の世界に対して超越的立場にある。**図12**において、他界にいる人が山という境界を越えて人間社会に参入しようとしていることがさきに確認されたが、この構図と枠（超越）から枠内の世界に移行することとは同型なのである。この移行は激しい変動を当然伴うであろうため、そこに花が置かれるのだと推測される。とくに枠線と接触する枠内の描線の中でも道に関する描線が選ばれているのは、道が「意志を持つ主体」という経験的世界に生きる人間の特徴を意味する側面があるからだと思われる。これらのことは次の描画（**図14**）で描かれる犬によって明確に論証されることになる。

動物：白い犬二匹が人の背後に描かれる。

➡ **図11**において指摘したように、この白色の犬たちは超越的なものの属性をもつものだと思われる。人が山を越えて人間社会に参入しようという動きをみせているとき、この犬で表象される超越的なものが人と一緒に山を越えるのか、あるいはこちらにとどまり、人だけが山を越えるのかは大きな注目点である。

石：川に沿う道から山越えの道が分枝するところ、花が描かれた場所に岩と石が配置される。

➡ この岩は**図11**において道を塞いでいた岩の流れを汲むものであろう。山を越える道は開かれたのだということを再確認する意味をもっていると思われる。

図13　統合失調症の女性の描画（5枚目）

図13

川：「へ」の字型に曲線を描いて流れる川。

➡ 川が「へ」の字型であることによって、形成される此岸の「閉じられ」感が強い印象を与えている。此岸は主体の立ち位置であるが、この形の此岸にはすでに「内閉的」なニュアンスが感じられる。

山：右奥、遠方に二つ並びの山。

➡ この時点では山の左側が閉じていない。

田：左奥にかなりの面積を占める田が描かれる。どのような形で田が描かれたかは不明だが、この時点では田は連山が欠如している「どこでもない場所」にあり、宙に浮いたような配置になっていると思われる。

➡ 田ショックが生じていると思われる。これは、**図12**において山を越えて人間社会に参入する動きがみられたことの余波だと推測される。しかし、川の彼岸に田を遠ざけることができており、また、（次に提示される「道」が描かれることによってかもしれないが、この辺りは不明）田によって地平線が作られているかのようにも見え、田によってある程度、空と大地の区別が形成されることになる。

道：山の向こうから「こちら」に至る道が描かれる。この時点で、この山と道の関係は**図12**におけるそれらと鏡像になっていることが示唆される。山の向こうからこちらに出てくる道は「どこでもない場所」を通っており、危うく困難な道を経て、「こちら」に参入してきたことが推測される。

家：画面手前、川の此岸に数件の家が描かれる。一軒の家には窓越しに人の姿がみえる（この人物がいつ描かれたかは不明）。

➡ 家々が川の此岸に描かれたことで、**図13**が山を境界として**図12**の構図と完全に鏡像関係になっていることがわかる。**図12**において人がやはり連山を越える方向に向かっていたこともこの時点で明確になった。彼らは山を越えて人間社会の領域へと出てきたわけで、それを人間社会を「こちら」に置いた方向から見た構図が**図13**だといえる。ということは主体の視点はすでに人間社会の中に位置しているということである。このことと、家の窓のそばに人がいることは連関している。窓越しに外を見る構図は内面をもった主体の構図とパラレルであり、近代以降においてはそのような内面をもった主体によって人間社会が構成されているからである。

木：家々のそばに若干森のようにもみえるくらい多くの木が配置される。

➡ これらの木は、主体が参入してきた人間社会を示す家々を補償するものだと思われる。これほど多くの木が家のそばに立たなければならないのは、それくらい家々（人間社会）がこの世界の中で成立することが激震を招くため、大地へ根付くような安定感を提供する必要があったからだと推測される。あるいは、人間社会に対するカウンターとして自然としての森が配置されたのかもしれない。

人：釣り竿をもった人ともう一人の人が山を抜ける道が終わって地平が広がる場所に描かれる。

➡ ここでも見事に**図12**の構図と鏡像的な場所に人が立っている。この人たちが山を越えて人間社会に出てきたことが明瞭に示されていよう。

花：二人の人の間に一輪の花が描かれる。

➡ 人間社会に参入してきた二人の人に花が添えられる。これは「人間」に対する情緒的コミットであろう。

動物：白い犬二匹が人のそばに描かれる。

➡**図12**で懸案となっていた犬の動向であるが、ここに至って人と共に山を越えて人間社会に入ってきたことがはっきりする。すなわち、他界にいた人が人々が生活する日常空間に参入したわけであるが、白犬がついてきていることによってその他界性・超越性を完全に後にしたのではないことが示唆される。空を舞う鳥が描かれることや、そもそも人が釣りという「下方への超越性」を志向する表象を手放していないこともその傍証となるであろう。

石：山から「こちら」に至る道の両脇に岩や石が配置される。

➡これも**図12**の鏡像イメージであり、道が開いて「こちら」に人が至ったのだということを再確認する意味をもっていると思われる。川に橋が二本架かっている。この橋がいつ描かれたのかは不明であるが、人が山を越えてきたことと連動している表現だと思われる。また、これは、川の此岸に至る橋であり、人がさらに主体の立ち位置である此岸に移行していく可能性が暗示されていよう。

図14　統合失調症の女性の描画（6枚目）

川：斜めに流れる川。それによって形成された此岸はやや狭いものとなっている。

山：遠くに小さな二連の山。描線がわかりにくいが、この時点では地平線は描かれていない。

田：山に近いところに描かれる。

➡道のカーブに沿って四つの田が配置されているようにみえるが、この時点では道は描かれていないはずで不思議。道が描かれてから田が加えられたのか、あるいは元々少し曲線を描くように田が配置され、後で描かれた道がそれに沿うように走ったのか。いずれにせよ、此岸から田が少し遠ざけられている印象はある。

道：川に沿って幅の広い道が描かれる。

図14

➡ 意志をもつ主体を表象する道が水の世界である川の引力圏につかまっている印象であり、連山や水平線で世界が閉じていないのと整合している形態だと思われる。連山が閉じることは他界という超越的な場所と人が住む共同体との間が区分けされることだからである。これらは、**図13**で山を越えることで、人が超越的な世界から人々が住む経験的世界に参入してきたことの〝揺り戻し〟であると推測される。

家：二階建ての窓のある家が比較的大きく描かれる。ただ、その一部は枠外にはみ出しており、ドアを形成する左側の描線は微妙に枠線と混淆しているようにもみえる。画面右側遠くにも別の家が配置される。これらの家が描かれることで、**図14**は明確に奥行きをもった近景の構図となっている。

➡ 家という内閉空間から窓越しに外を眺める構図は内面をもった主体の構造を反映するものである。この左側の家は相当にその構造が形作られてきたことを示していると思われるが、まだ完全にはその全体像が枠の中に収められておらず、全貌を把握するまでには至っていない。

いつ描かれたのかは不明であるが、家には電信柱から電線が引かれている。電気は見えず拡散していくため、しばしば統合失調症者に「電波が飛んできて私を操る」などの訴えをもたらす表象となるものであるが、電線はそのような電気を物質である鉄のワイヤーの中に流し込み、コントロール可能にするものである。ギリシア神話的には天空の神ゼウスが放つ雷であり、精神性の表象でもある電気が地上の物質に閉じ込められてコントロールされる、その通路が電線だといえる。すなわち、ここでも、超越的なものが物質で構成される経験世界に〝降りて〟ゆくことでその超越性を手放す動きが表象されているわけである。そのような電線が内面を表象する家とつながることは整合的である。

木：それぞれの家のそばに配置される。また、連山の一部が欠如して閉じていないところを隠すように木が並ぶ。さらに、手前に樹冠しか見えない大きそうな木の一部が描かれる。

⬇ 人間社会への参入と内面をもつ主体を表象するものとしての家は連関している。この両者が相当に進展しているがゆえに変動している状態を示しているのがこの**図14**だといえるが、家のそばに立つ木はその変動による不安定さを補償するものであろう。連山によって地平が閉じないのもこの変動と関係しているが、ここも木々によって剥きだしの開放状態ではなくなる。手前の全体像がほとんどみえない木は、さらにしっかりと大地に根付く動きが生じているが――ということは逆にそれだけ不安定な状態であることが示唆される――、その動きはまだこの世界の中では十全なものとはなっていないことを示しているように思われる。

人：川に釣り糸を垂らす人。その人から少し離れて立っている人。

⬇ 山向こうの人間社会への道が開けた**図12**以降、ずっと川から離れていた釣り人は久しぶりに**図14**で川に回帰する。これも人間社会への参入が進展していることに対する〝揺り戻し〟であろう。参入に対しての抵抗する動きがあるともいえる。近景となって釣り人の姿も少し細かなところが描写されるようになった。その髪が黄色に彩色されることで、**図10**で太陽光を浴びて黄金色に染まっていた人、さらに遡れば**図9**で太陽を背に富士山の山頂に立っていた釣り人の流れを汲んでいるのが、この釣り人であり、この人が超越的なものの眷属であることが再確認される。対照的に、この人から少し離れている人（髪は黒く彩色される）は超越性を手放して生きる人を表象したものであろう。

花：川沿いと道沿いに並ぶ花が描かれる。釣り人と離れている人の近くに配置されたともいえるだろう。家のそばにも花。左側の家の花は花壇。

⬇ 意志をもつ主体を表象する道、水の世界である川、この相反する両者に対して情緒的コミットがなされる。あるいは、釣り人と離れている人という相反する人に対してともいえよう。上述したとおり、全体的な流れは意志をもつ主体、人間社会への参入の方向に動いていると思われるが、その動きに対して抵抗、逆流の動きもあることが示唆されていよう。左の家は花壇、右の家は自然に生えている花という差違も同様の意味だと思われる。また、狭い此岸には花だけが描かれ、あとはなにもない。この構図は、ある可能性が生じてきているが、主体がそれをはっきりとはつかめていないため、その全貌がみえない空白地帯として現れてきているものだと思われる。

動物：白い二匹の犬が枠線に前足を掛けている姿で描かれる。さらに、釣り糸の近くに魚。電線にとまる二羽の白い鳥。

➡ 枠は枠内の世界に対してメタ（超越）である。その意味で、枠に前足を掛ける犬は、超越性を手放すことをせず、十全には枠内の世界に入ろうとしない動きを示している。この犬の形態は上述したことがらと完全に整合しており、またそれらを端的に表現したものである。

図10以降、描画の中に鳥が描かれたときはすべて空を飛んでいる。「鳥の魂は空で、空の身体は鳥」という言葉どおり、精神の表象としての鳥は空を飛翔している姿がふさわしい。そのような鳥がこの**図14**では電線にとまっている。これは鳥による飛ぶことに対する「否定」であり、既述した電気と電線の関係と同型である。もっとも、鳥は大地そのものに着地しているのではなく、空と大地の中間にいるともいえる。この鳥の中間的な形態は**図14**に関してこれまで検討してきた内容と整合している。

石：川の中に二つ、かなり大きな石が配置される。

➡ 人の世界への参入と同時に水の世界へのコミットの動きもみられるわけであるが、この石は水の世界へのコミットに対する否定であろう。このように、行きつ戻りつしながら、徐々に進展していっていることがうかがわれる。

図15　統合失調症の女性の描画（7枚目）

川：斜めに流れる川。これによって狭い此岸が形成される。

➡ **図14**と同様に、この狭い此岸は、ある可能性が生じてきているが、主体がそれをはっきりとはつかめていないため、その全貌がみえない空白地帯として現れてきているものだと思われる。この可能性とは人間社会への参入のさ

図15

らなる進展だと考えられる。

山：右奥に連なる二つの山。中央奥付近に少し山頂が尖った　つの山。

⬇　山々の間は欠けており、この時点では地平が閉じられていない。中央の山は**図9**の富士山（超越的な中心山）の名残であろうか。

田：彼岸の奥まったところに、三つの田が描かれる。

⬇　田ショックが生じたことがうかがわれる。ただ、田には稲が育っており、田に対してコミットすることが可能になっていることが示唆される。

道：川沿いの道が左の方では二股に分かれ、一つの道は川から離れていく。

⬇　**図14**では川に沿っていた道が、**図15**ではそこから分枝する道が描かれる。この構図は**図12**と近似している。しかし、**図12**では川から離れる道は山越えの道となっていたのが、ここでは連山の「こちら」の領域で分枝する道が展開する。連山という境界が、枠という境界を画中に内在的に表象したものとみなせることはすでに指摘した。すなわち、意志をもつ主体としての道が、川という水の世界の引力圏から離脱することが**図12**ではメタレベルの境界（連山＝枠）を越えなければならない動きとして表象されたのに対して、ここでは、枠内に収まる動きとして示されている。枠と枠内の世界の区分が相当にしっかりと成立してきたことがうかがえる。

家：画面左側にかなり大きな家。家のそばに犬小屋。右にも家があり、こちらのそばには猫小屋。

⬇　家には大きな窓があり、この時点では**図14**での家と同じ意味をもっていると思われる。ただ、犬小屋や猫小屋など、内閉空間への志向性の強度が高いことが暗示されているようである。

木：連山の閉じていない部分を隠すように配置される。

⬇　**図14**の木々と同様の意味を示していると思われる。

人：家の中にいる人として二人の人が描かれる。彼らは窓越しに外を眺めている様子である。

⬇ **図14**で外にいた釣りをする人ともう一人の人が家の中に入ったという印象。二人は窓越しに外を眺めている。**図14**でも指摘したように窓越しに外を眺める構図は内面をもった主体の構造とパラレルであり、**図14**では窓があるだけで人の姿は見えなかったが（人は釣りをしていた）、ここでは人が内閉空間にきちんと入ったことが示めされている。ただ、家の全体像が枠内には収まっておらず、未だ内面をもつ主体の成立が変動を伴う過渡期であることが示唆されていよう。犬小屋にせよ、猫小屋にせよ、内閉的な志向性がこの描画では強度を増している。このことは、道が川から分離すること、またその分離が連山の「こちら」という閉じた領域内で生じていることと整合している。

花：道に沿って花が描かれる。二股に分かれた道のところにも同様に配置される。家のそばには花壇の花。

⬇ 道、とくに道の分枝に対して情緒的なコミットがなされていることがうかがわれる。水の世界としての川から主体としての道への移行が進展していることが示唆される。これは、釣りをする人がもういなくなり、家の内側に入ったことと整合的である。

動物：一匹の白犬は道を走り、もう一匹は犬小屋に入っている。また、猫小屋のそばに猫、道の上に白い鳥が二羽いる。川の中に二匹の魚。

⬇ **図14**では枠に前足を掛けていた白犬が、枠内の世界に完全に入る。なおかつ、一匹の犬は犬小屋の中に入っており、内閉空間に向かう動きがここにも顕著にみてとれる。**図14**では電線にとまっていた白い鳥がここでは地面、それも道の上に降り立っていることも内面をもつ主体が現実世界に参入していく動きの進展と整合していよう。ここで、いつ描かれたのかは不明であるが、画面全体に散りばめられた星々がきらめいていることに注目したい。**図14**では枠という超越性にしがみついて枠内の世界に十全に入ることに抵抗を示していた白犬が、この**図15**では枠内に入った。このきらめく星々はこのことに伴う超越性の残響のように思われる。白犬は超越性を手放し、枠内の世界に参入するが、超越性は完全に消え去るのではなく、星のきらめきとして枠内の世界に効果を及ぼすわけである。

石：川の中に岩。狭い此岸に岩と小石が描かれる。

⬇ 川の中に配置された石は、魚が描かれたことで活性化した水の世界を再度否定した意味をもつと思われる。また、**図15**における狭い此岸の意味は**図14**で述べたのと同様の意味（生じてきている可能性の全貌をまだとらえられない）を示していると考えられる。此岸の石は、この全貌をとらえられ「ない」という否定の具現化であろう。この具現化によって、今のところ全貌をとらえられない空白の中にある可能性が進展していくと推測される。

図16　統合失調症の女性の描画（8枚目）

川：細く二股に分かれている川が合流し、大きな一つの川となって斜めに流れる。

⬇ 川の流れの向きは不明だが、川幅からみて、たぶん、小さな二つの流れが合流して一つの川になって左向きに流れていると推測される。この「二」から「一」への展開は退行的な動きではなく、双子的な「二」の終焉だと思われる。双子的な「二」は区別があるがゆえに「二」ではありながら、その差違がほとんどないため、かぎりなく「一」に近い「二」であり、区別することを特徴とする「意識」の脆弱さを示していることは幾度か指摘してきた。この川の流れの「二」から「一」への移行は、双子的な「二」の差違が明確になってきたため、それぞれの個別性の表れとしての「一」を示すものだと思われる。

山：連なる二つの山。

⬇ 片方の山はひしゃげたような形になっている。ここに先述した、双子的「二」の終焉の一部がみられよう。山の左側には少し地平線が伸びるが全体として閉じられてはいない。

田：此岸の全領域が田で占められる。

⬇ 田ショックが生じていながら、田を遠ざける強さが不足しているため主体の立ち位置である此岸が田で占領されたと思われる。しかし、この描き手の一連の描画をみるにつれ、此岸が占領されるにせよ、そのくらい田が示す

図16

（農耕文化的）人間社会という現実がこの世界に浸透してきたことは肯定的な意味をもつものである。双子的な「二」との関連でいえば、田は「女性的なものへの男性的なものの侵犯」の意味をもつものであり、強烈に男と女という対立項を孕んでおり、双子性とはまったく異なっている。

道：川に沿う形で並行する道。

⬇ 田ショックが生じたことに対する補償的な意味があるかと思われる。田という現実を突きつける意味をもつものが提示されたあとで、「どこに向かうのか」と問うてくる道が水の世界に引き寄せられる印象である。

家：左端に窓のある比較的大きな家。もう一軒は山の左側の地平線上に配置される。

⬇ これまでの流れからも、この窓のある家は内面をもつ主体を表象するものだと思われる。**図15**では家の内にいて窓越しに外を眺める人がいたが、ここでは家の中に人はいない。また、その全体像が枠内に収まらない家であることを含めて考察するに、内面をもつ主体の成立に関してさらに変動が生じているように思われる（この時点では、この変動が否定的なものであるのか、肯定的なものであるのかは明確ではないが、上述した双子的な「二」の終焉を考えるに肯定的な変動であるように推測される）。もう一軒の家が地平線上にありながら山の向こうにあるものとして描かれていることも、この変動の大きさを示唆しているだろう。

木：地平線上の家のそばの木。右側の連山が欠如しているところを隠すような木。

⬇ 変動が生じたことによって、「家」で表象される意味を「こちら」の世界に定位することができず、山の向こう側に遠ざけたと思われるが、そのような家に対してこの木は「大地への根付き感」を提供して、安定化を図ろうとしていると思われる。また、連山の欠如を隠す木々は、**図14**や**図15**と同様の意味をもつと思われる。木の葉は皆下向きで、重力の影響を強く受けているような印象を与える。垂直軸方向の上に向かう動き（超越性への動き）ではなく、ここには大地性（現実性）が感じられる。

人：一人の人がもう一人を背負っている（背負われた人は彩色段階で髪が黄色に塗られる）。

⬇ ずっと描かれてきた釣り竿をもつ人は、すでに**図15**において釣り竿を手放しているが、ここでも釣り竿の姿はもうみられない。背負われている人は髪が黄色いことから、これまで釣り竿をもっていた超越性の眷属だと推察されるが、背負われている形態から相当にその強度が弱まっていることがうかがわれる。このことと、人間社会への参入は裏表の事象であるが、一方で背負っている人の目線に立てば、超越性にまつわる者がフェードアウトしていく方向性をもつにせよ、それを手放すことはせず、「背負って」いくことが表明されているともいえよう。

花：川と道との境目に四つの花が咲いている。

⬇ これまで検討してきたように、意志をもつ主体を表象する道と超越的な場である水の世界（川）との間を行きつ戻りつしつつ、徐々に前者の方向へ進展していく動きがみられた。両者の境界に咲く花は、「道」と「川」がそれぞれもつ象徴的意味の両方に情緒的コミットをするものであろう。このことは、釣り竿を手放して弱体化した人、及びそれを背負う人にも、また、四つの花の中で一輪だけ水面に頭を垂れて水の世界に傾斜している花が描かれていることにも示されているだろう。この真っ直ぐに伸びて咲く三つの花と水面に頭を垂れる花一つの割合が、おおよそこの時点での描き手の人間社会への参入度と超越的なものへの残心の割合を示していると思われる。**図15**では世界全面に星々がきらめいていたのが、**図16**では太陽の周辺と川に集約されて輝いていることもその傍証となるだろう。**図9**において強烈な存在感を示していた太陽と水の残影がここにみられる。

動物：道の上に二匹の犬と二頭の馬。地平線上の家の屋根の上に二羽の鳥。飛んでいる鳥もいる。

⬇ 犬は背負われている人と背負っている人を見ている印象である。超越的なものの眷属である釣り人が弱体化したことに対して同様に超越的な側面をもつ白犬が情緒的にコミットしている気配が感じられる。たぶん、犬もその弱体化の影響を受けており、一匹の犬は彩色時に道と同じ色が塗られている。同様の意味がもっと顕著に表現されているのが馬であろう。二頭の馬はそれぞれ茶色と白色に着色され、双子的な「二」が終焉を迎えている印象を与えている。茶馬は三つの花同様に道の上に真っ直ぐ立っているが、白馬は一輪の花と同じく頭を垂れて川の水を飲んでいる。屋根にとまる鳥は**図14**の電線にとまる鳥と似ており、空と大地の中間地点にいることを示唆するとともに、鳥が表象する精神性がまだ十全には家という内閉空間に入りきっていないことが示されていると思われる。飛んでいる鳥がいるのもこの傍証となるだろう。

石：川の中に岩が描かれる。

➡ この岩は、水面に頭を垂れる花、川の水を飲む白馬、川面のきらめきなどが示す水の世界への傾斜に対する「否定」であると思われる。かように、超越的な世界と人間社会との間を揺れ動きながら、徐々に後者への参入の度合いを増していっている動きが描画を通して治療的に促進されているのがよくわかると思われる。

図17　30歳代のアルコール依存症の女性の描画

川：斜めに流れる川。川の両端は枠に接していない。

➡ 斜めに川が流れることで右隅に狭い此岸が現れる。川の描線が枠と接することなくかなりの余白を残すのは、枠（メタ）が成立し、枠と枠内の世界との間に明確な区別が生じること——これは枠内の世界がしっかりと成立することに等しい——に対して不安定感や抵抗があることを示唆している。

山：二つの山が連なる。

➡ 連山の左右はこの時点では地平が閉じていない（最終的にもそうであった）。これは、川の描線が枠に接しないことに関してなされた考察と同じ意味をもつと思われる。それを、空と大地の区別が不明瞭だと言い換えてもよく、現実感（大地性）の稀薄さ、あるいはそこからの逃避傾向が示唆される。

図17

田：連山の左横に描かれる。

➡ 此岸から遠いところに配置されることから田ショックが生じたことがうかがえる。さらには、連山によって地平が閉じていない「どこでもない場所」に置かれていることから、田が表象する現実性をこの世界の中に定位することが相当に困難であることがうかがわれる。

道：田のそばを通過し、連山の合間を抜けてその向こうに行く道が描かれる。

➡ 田ショックの影響を受けて、「どこに向かうのか」という意志を問うてくる「道」は田から逃避する形態で表象される。しかも、その逃避は連山の「あちら」に至るものであり、強い現実逃避の傾向が示される。

家：田の横に描線が重なり合う形態で描かれる。

➡ 安心の拠点を意味する家も、田ショックの影響を被り、田の引力圏に吸い込まれるがごとくその近くに配置される。ショックを引き起こすようなものに対して、家が此岸に描かれることで距離をとって足場を守る構図もありえるはずが、ここでは、田によってその足場も崩されるような印象である。もちろん、田と家との関係は相対的であり、家そのもの（たとえば家庭観がそこに示されよう）が安心の拠点としてそもそも脆弱である可能性も十分考えられよう。

木：此岸に一本の木が配置される。

➡ 安心の拠点である家まで田に引きずられた構図となったが、大地への根付き感を表象する木が此岸（主体の立ち位置）に配置されたことは、田によって動揺した主体に安定感をもたらそうとする補償的な意味があると考えられる。ただ、木の形態は少し炎のように揺らめいており、定まらなさと上昇志向を感じさせるものであり、大地から遊離する傾向がここでも暗示されている。

人：田で働く人が描かれる。

➡「人」が提示されることで、人というレベルでのコミットが問われる。すると、即座に田に人が入り働き出す。田ショックが生じるということは田が意味するものを忌避する動きが心の中にあるはずであるが、それと裏腹に人はすぐさま田に入る。これは真のコミットではなく、むしろ主体性が弱いため、田に巻き込まれる形になっていると思われる。

花：此岸の木のそばに三つの花が配置される。

➡忌避すべき田に人が即座に関わってしまうような主体性の薄さに対して、此岸に配置された大地に根を張る木に情緒的コミットがなされる。この大地への根付き感がいかに重要で治療的なものとなるかがうかがえる。

動物：此岸に猫が描かれたあと、田に案山子が描かれる。

➡狭い此岸は主体の空虚感・空白感を示しており、彼岸で展開している世界、とくに田で働く人が解離的で主体から遠いところのものであり、真にはコミットしていないレプリカ的な存在であることを示唆する。このような構図において、此岸に配置される猫はいわば彼岸にいるレプリカ的な人の魂の表象だといえる。此岸に大地に根付く木が描かれることと相同的に、此岸に猫が配置されることで彼岸の人が魂の入っていない抜け殻であることが明確になる。それゆえ、この流れの中で案山子という人の姿をしているが魂の入っていない人形が田の中に描かれることになる。これは、田で働く人が実は案山子なのだという洞察を突きつけるものであり、治療的である。

石：彼岸の空白部分に置かれる。

➡上述したように、**図17**における彼岸という世界は主体から遠い世界であり、そこで田で働いている人は魂の抜けた案山子的な人であることが描き手の前意識に少し上ってきたと思われる。ここでの石は、彼岸で展開されている世界がもつ案山子的なレプリカ性を否定するものであると思われる。この石による否定によって、世界が変動していくことが期待される。

彩色：個々の項目は彩色されるが、大地や空は色が塗られない。

⬇ 個々の項目がよって立つところである基盤としての大地や空に対して情緒的に関われないことが示される。結果、情緒的には個々の項目はばらばらで孤立しており、それらをまとめる統一的な大地が空白のままとなる。

図18　20歳代のアルコール依存症の女性の描画

図18

川：画面中央に斜めに流れる川。
⬇ 川の端が画面中央付近に置かれるが、これは源流を描いたというよりは、川の描線が枠線に触れることを避けた表現だと思われる。その意味は、**図17**の川に関して考察した内容と同じである。この川によって、明確ではないにせよ、此岸らしき領域が形成される。このような不明瞭な此岸は主体のあり方がしっかりと定まっていないことを示唆している。
山：川を挟んで此岸と対極の位置に一つの山が描かれる。地平線は描かれない。
田：此岸の領域の中、一番手前に曲線を描いて配置される。
⬇ 田ショックが生じて、手前（主体の立ち位置）が田に占領された印象。主体性の弱さが示唆される。田の全体像が見えない形態や曲線という田の「四角性」の否定は、「田」が意味する現実性に対して向き合うことができないことをうかがわせる。
道：田の周りを囲うように配置される。
⬇ この道は手前に置いてしまった田の影響が外に漏れ出さないようにしようとする防御壁的な意味をもつと思われる。「道」が表象する意志や目的という意味はここでは稀薄であり、ほとんど

「道」の描線を素材として壁に使用したような印象である。それだけ、田ショックが大きいことを示唆する。また、その影響を封じ込めようとしている時点で、心理的には影響が世界に及んでいることになる。

家：彼岸の奥、山の手前に小さく描かれる。

⬇安心の拠点としての家が川を越えて遠くに置かれる。田ショックの影響だと考えられる。

木：家の横に配置される。

⬇田ショックによって遠くに配置された家に対して安定感を提供すべく木がそばに配置される。しかし、この木自体も田ショックによって彼岸に「飛ばされた」印象を与えるものであり、主体にとって真の大地への根付き感を提供するものにはなっていないと思われる。

人：木のそばに女の子が描かれる。

⬇上述の家や木と同じ意味を示していると思われる。家、木、人がいる一見日常的な空間にみえるが、田ショックによって隔離され、真の主体性がコミットしていない虚構的な空間のような構図である。

花：家、木、人の前に花が並んで描かれる。

⬇虚構的な、仮初めの生活空間だと思われるが、田ショックの大きさのため、この空間にしか情緒はコミットすることができないことがうかがわれる。

動物：猫が川のそばに描かれる。

⬇この猫は家や木、人、花で構成された虚構的空間を少し離れることができている。生命力の源である水を飲みに川のそばに来たのか、あるいは田の影響に対抗しつつ、田に接近しているのか（もちろん、川を越えてはいないが）。いずれにせよ、この猫は今後の治療可能性を担う重要なものであると思われる。

石：道に沿って石が並べて配置される。

⬇この石は、田を封じ込める防御壁を強化するものだと思われる。これは、猫が動き出したことで、その猫が田の影響に少し触れるようになり――これ自体は治療的な進展である――、そのため、田ショックが再度よみがえったため、石によってそれを封じ込める動きが生じたのだと思われる。

彩色：各項目のみ彩色され、大地や空は色を塗られない。

⬇ 大地は現実の基盤であり、そこに色が塗られないのは情緒的に遠いことを示している。すなわち、個々の項目はあってもその現実的な基盤は脆弱であり、現実から遊離したものとなる。これは、隔離された虚構的な空間のあり方と整合している。

図19　過剰適応と異性関係を主訴とする女性の描画

20歳代のこの女性は、周囲に対して過剰適応的な言動をしてしまうこと、また、男性に対して恐怖心を抱いていながらも、行動としては逆転して不特定多数の男性と性的関係をもってしまうことに悩んでいた人である。

川：斜めに流れる川。右端は画面内にあって枠には接していない。

山：左手に連なる二つの山。山の右側の地平線はこの時点では閉じていない。

田：彼岸の川付近に四つの田が描かれる。

⬇ 彼岸に配置されたのは、田ショックが生じたためだと考えられる。

道：田の際を通って山に至り、山の向こう側に行く道。

⬇ 意志をもつ主体性を表象する道が、田の引力圏に引きずられるように田にまとわりつく。遠ざけたものにすぐさま引きずられるように近づいてしまうこの構図は過剰適応的な描き手のあり方と整合するものであろう。そして道は田から離れたあと、山を越えていく。田に対して適切な距離がとれず、そこから逃避するときには現実世界から乖離することが示唆される。

家：田の周囲に点在する家々。

図19

⬇「家」が提示された際、描き手の意識に上るのは安心の拠点としての家ではなく、人間社会を象徴する家となる。これらの家々も田の引力圏につかまって配置された印象である。少々穿った見方をするならば、家のもつ安心の拠点イメージが田の影響によって、田を中心とした集落に変容したことが暗示的に示されている。この動きも過剰適応と整合的である。

木：此岸に描線が引かれ、山が形成されてその上に大きな木が描かれる。

⬇家が提供する安心感、拠点感が脆弱なため、それを補償する大地への根付き感を提供する意味をもつ大木であると思われる。しかし、そのような意味をもつ木を描こうとすると、大地がせり上がって木が根付く場所は山中となってしまう。これは木のもつ大地への根付こうとする方向と逆ベクトルの動きである。大地（現実）に足場をつくり、主体性を保つことがいかに困難なことであるかがうかがわれる。

この手前に山の描線が引かれたときに、連山の右側に水平線が引かれ、川の右端も加筆されて手前の山の向こうを川が流れている構図となる。これらの加筆がなければ、手前の山は他から切り離された「どこでもない場所」に位置するものとなる。手前が山中ではあるが、ともかくこの山を世界内に位置づけることができるのは描き手のもつ力であり、治療可能性を示すものだと思われる。

人：木にもたれかかって座る人。

⬇木のもつ大地への根付き感に「人」がコミットする。人に対して木が治療的に作用していることがうかがわれる。しかし、一方で此岸という主体の立ち位置が山中化しており、その木はその山中にある。この木は世界樹的な意味をもつと思われ、人に中心性を与えるものであろう。しかし、この木はこの時点では山の上にあり大地から乖離している。ここに大地への根付き感に関して両価的な方向性がみられる。人が輪郭線だけで形成されており、空虚な印象を与えているのもこの両価的な方向性によるものだろう。

花：木と人の周囲に数本の花が描かれる。

➡ 木とそこにもたれて地に座る人に情緒的コミットがなされる。山中にあるとはいえ、この木が人にもたらす治療的作用が重要なものであることがうかがわれる。

動物：人と木のそばに猫が描かれる。

➡ 先述した流れから人が輪郭のみの空虚なものとして描かれたと思われるが、この猫はこの空虚さを補償する意味をもつと考えられる。いわば、この人の魂の表象としての猫である。

石：此岸の山の麓、山と川の間に大きな石が四つ描かれる。

➡ 主体の立ち位置としての此岸はその大半がせり上がって山となり、宙に浮く。そのような場であるにせよ、そこに大木が生え、人がそれに寄りかかり、空虚な主体を補償するように猫が地面の上でくつろいでいる。この流れの効果だと思われるが、山でない此岸の平地部にはなにも「ない」ことがこの石によって表象される。この石は「ない」ことを具象化する「否定」の表象であり、「ない」ことが形となり意識に上がることで、今後この石が置かれた領域が発展する可能性が示唆される。

図20　ストーキング行為を繰り返す恋愛妄想をもつ女性の描画

ある男性に対して相思相愛であるという恋愛妄想を抱き、男性に対して執拗に後をつけたり家に訪ねていったりというストーキング行為を繰り返していた40歳代の女性である。

川：画面中央を斜めに流れる川。このあとすぐに、橋が架けられる。

図20

➡ 川によって大地が区分される。しかし、即座に橋が架けられて区分された両領域がつながる。これは、区別が生じること、区別によって形成される何か（A）と何か（B）が自律性をもって独立すること、区別することをその特徴とする「意識」を保つことなどに対する抵抗、否定、脆弱さを示している。

山：三つの連なる山々。山の左側は地平線が閉じていない。右側は川の描線と接している。

➡ 左の山から描き始める。左の山では狭いながらも彼岸の領域があったが、右端の山では描線が川と接し、彼岸がそのまま山中と化す。山の描線が川の描線と接するのは山を山とする輪郭線を保つことができずに、描いている最中に目に入った川の描線に依存するように接したのだと推測される。この時点で、描線が山や川を形成する輪郭線であるという認識は描き手の意識の中では薄れており、単に目の前に線が現れたのでそこに向かって引いている線を着地させたと思われる。つまり、ここではある概念を表象する輪郭線という次元が保たれていない。実際、山と川が接しているところは本来区別するべき水準が混淆している状態である。また、連山と川の間の領域が彼岸であり、そこは此岸から遠いながらも山の「こちら」であるため主体が取り扱うことが可能な領域である。しかし、ここでは、この彼岸がそのまま山中化する。一見彼岸が成立しているようで、実はなく、主体が問題を扱うことが相当に困難であることが示唆される。

田：山の中腹に、輪郭線を引かずに描かれる。

➡ 輪郭線のない田は「田」の自然化であり、否定である。田ショックが生じていることがうかがわれるが、このショックへの対処の仕方が、単に田を彼岸に遠ざけるというだけでなく、輪郭を描かないことで自然化する方策がとられる。「田」は「女性的なものへの男性的なものの侵犯」を意味するが、前者はこの意味をまだ保っているが、後者ではこの意味自体が解体される傾向にある。

道：橋からつながる道が山頂に向かって描かれる。

⬇ 田ショックの影響であると思われるが、山頂に向かって逃避する道が配置される。道の片側の描線は山の描線と重なっており、本来区別されるべき水準に混淆がみられる。山頂に向かう道という内容とともに、意志をもつ主体を表象する道が異なる水準の差違を混淆しているという形式においても、現実感が相当に脆弱であることが示唆される。

家：真ん中の山の麓に描かれる。

⬇ この山の麓は彼岸の領域がないため、すでに山中である。安心の拠点としての家（ホーム）が現実性をもったものとして定位できないことが示されていよう。

木：連山の左側、地平線のない場所に描かれる。

⬇ 木は大地への根付きを表象するものであるが、それが空でも大地でもない「どこでもない場所」に配置される。大地（現実性）へ定着しようとする動きがすんなりとは通常の地面に着地することを許さない、なにか混乱したものがあることが推測される。

人：列をなして山道を登っていく人々、橋から川に飛び込んで泳ぐ人々が描かれる。

⬇ 「人」という心の位相が山中と水の世界にコミットする。共に日常空間ではない、ある種の非現実的世界である。また、一人の人ではなく、集団の人がこの方向に移動している表象は、個別性がない群衆性を示しており、これに対応するような動きが心の中にあることがうかがわれ、治療的な展開を予測することがなかなかにむずかしい印象を与えるものである。

花：木に添えられるように一輪の花が描かれる。

⬇ 大地（現実）への根付きが重要であることが、ここに情緒的コミットがなされることで多少なりとも描き手の前意識にあることが推測される。このことはもちろん治療的可能性を示しているが、一方でこの木に大地性がないことが困難さも示唆していよう。

動物：山頂に鳥が描かれる。

⬇ 精神性の表象である飛翔する鳥が、山とはいえ土に接しているのは上述した流れからも治療的な進展かもしれない。しかし、その鳥が人々が連なって山頂を目指しているその道上にいることは、川に即座に架かる橋や山の描線が川にくっつくことに類似して、どこか人と鳥が「くっつく」印象も与える。むしろ、鳥が右端の山頂にいたり、山を登る人と差異化して空を飛んでいる構図の方が区別が明確で治療的であるように感じられる。

石：木のそばに大きめの石が配置される。

⬇ 大地に根付く意味をもつ木が治療的にも重要なものであることが、花がそこに配置されることでも示された。しかし、そもそもこの木は大地性のないところに配置されているところに困難さが示されていよう。つまり、木が根付こうにも大地がないのである。この石はそのような大地が「ない」こと、根付こうにも根付くことができ「ない」こと、いわば、どうしようも「ない」ことといった「ない」という否定を具象化して表現されたのがこの石だと思われる。「ない」ことが具象化され、意識に上ることで、可能性が動きだし、木がよって立つ大地が形作られていくことが期待される。

彩色：此岸は彩色されず、それ以外は色が塗られる。

⬇ かなり広い此岸であるが、彩色はされない。主体の立ち位置である此岸が情緒的には遠く、空虚なものであることが示唆されていよう。すべては彼岸で展開されているが、そこは非現実的な空間だといえる。さて、木が立つ場所は空と大地の区別のない「どこでもない場所」であった。この場所が、彩色時に青色と土色に塗られて「色の境界」が生じる。うっすらと木が立つべく大地が形成されたともいえ、ここに治療的展開が示されていると思われるが、やはり境界としては脆弱であり、情緒が揺れるとそれに伴って揺れる境界ではある。しかし、今後の可能性を示すものだとは思われる。

図21　解離性障害の20歳代女性の描画

図21

この女性は男性が苦手で極力避ける傾向にあったが、別人格が現れると派手な異性交遊を繰り返し、元の人格に戻ってその痕跡がわかるとひどく落ち込むことをくりかえしていた人である。

川：斜めに流れ、二股に分かれる川。

⬇ 川は自然の水の流れであり、道と異なり基本的に人為的にコントロールされない。そのような川が二股に分かれるのは、心理的に深い層においてなんらかの分裂状態があることが示唆される（この分裂は必ずしも病理的なものだとはかぎらず、深い層から新たなものが意識に浮かび上がってくる状態を示すこともあるが、筆者の経験ではこの描画以外に二股の川が描かれた二例も描き手は多重人格の症状をもつ人であった）。

山：左上隅に線が引かれ、手前のほとんどの領域が山となる。

⬇ 主体の立ち位置である「こちら」の山中化である。これによって、川の此岸も彼岸も山中にあるものとなり、主体そのものが現実世界と乖離し、問題に関わることが相当に困難なことであることが示唆される。また、山頂を含めた山の全貌も枠内に収まらず、見ることができない。全体像（統合された人格）を見渡す視点をもつことがむずかしいことがここからも示唆される（**図19**と比較されたい）。

田：画面左端、山の向こうに描かれる。

⬇　田ショックにより、田は遠ざけられる。その遠ざけ方が山の向こうに配置という形をとることから、田が象徴する「女性的なものへの男性的なものの侵犯」という意味に触れることが非常に困難であることがうかがわれる。

道：三股に分枝する道が山中に描かれる。

⬇　一本の道が山の上方に向かって伸びて描かれたあとに、左右に二つの道が付け加えられる。この時点では左右の道の先には何もなく、どこか目的を志向する道という印象は薄く、ただ道が分枝した感がある。二股に分かれた川と類似の意味が示唆される。

家：左手前に二つの家が配置される。

⬇　この家は安心の拠点であると同時に、内面をもつ主体を表象するものと思われる（**図13**、**図14**、**図15**を参照）。「こちら」が山中化したことで、家を安定して建てるべき大地性が薄くなったため、もっとも基底的である枠線を地平線として家を建てようとしたと推測される。ただ、この場所に家が建つと本来水準が異なるため区別すべき描線が混淆してしまい、内面をもつ主体としての安定を維持することがむずかしくなる。

さて、この二つの家は、正面図と側面図のような印象を与える。川や道の分枝と同様に分裂への傾斜がみられるともいえるが、一方で、この正面図と側面図を思い起こさせる二つの家は合わさることで立体的な内閉空間をもつ一つの家になりうるような印象も与えている。すなわち、まったくばらばらに分裂している無関係な家ではなく、統合への志向性がうかがえる「二」である印象があり、治療的な可能性を感じさせるものである。

木：川の彼岸、川辺近くに四本の木が並ぶ。そのあと、田のところに果実をつけた木が二本配置される。

⬇　彼岸でかつ山中であるにせよ、大地に根を張り成長していく木が描かれる。すると途端に山向こうにある田のところに果実のなる木が配置される。これは最初の木によって表象された大地への根付きに対する抵抗・否定だと思われる。大地に根付いて一本の木が成長していくというイメージを許さない心的な構えがあるのだろうと推測される。また、性的成熟を暗示する果実のなる木が田に配置されるのは、補償というよりも両価的、過補償的であり、描き手の異性に対する性的関係の持ち方と整合するものであると思われる。

人：川の此岸に三人の人が棒状の形態で描かれる。

➡ 質問段階での話では、この三人は二人の男の子と一人の女の子だとのことである。もし、一人の男と一人の女というペアであれば、さきの果実の木の影響を直接受けた表象である印象が強くなるが、ここで一人の男の子が表現されるのは双子的な「二」を感じさせるものがあり、新たな男性イメージが現れてくる可能性――それは必然的に男性に対する解離的なあり方が変化する可能性でもある――が示唆される。

花：家のそばに数多くの花が描かれる。

➡ この家に情緒的なコミットがなされるということから、さきに「家」で考察した内面をもつ統合された「一」なる主体を志向する動きがあることがかなりの程度検証されたように思われる。

動物：川辺に立つ木にリスが描かれる。

➡ 西欧圏では特に顕著であるが、リスは木々を食害し枯らす害獣とみなされている。ここで描かれたリスもその側面をもつものと思われる。さきに、「一」への統合志向の可能性を表象する家に花が添えられたが、この動きの反動として表出されたのが大地に根を張って成長する主体としての木にダメージを与えるこのリスであると思われる。

石：右方向に走る道の端に大きな石が置かれる。次に左方向の道に倒れた木が配置される。

➡ この石は分枝・分裂することへの「否定」であると考えられる。実際、描き手は「石で塞がれてこの道は通れない」と語る。さらに、左の道は倒れた木によって塞がれる。木が倒れたのはさきのリスのイメージの影響が考えられるが、木によって道が塞がれる展開は興味深い。石と倒木によって通行できる道は「一」本のみとなる。この動きは治療的な展開を示すと思われるが、最後に描き手は「でもよく見たら抜け道があったの」と石の間から抜け出て二股の川に至る小道が描かれる。なかなかに「一」に集約される道のりは遠いことが示唆される。

彩色：彩色は拒否され、色は塗られない。

➡ 世界に対して主体として情緒的にコミットすることがむずかしいことがうかがわれる。

図22　育児不安を訴える30歳代女性の描画

図22

生まれた赤ん坊に対してちゃんと育つのか、養育の仕方を間違えて死なせてしまうのではないかという強い不安にさいなまれていた女性である。治療過程の中で徐々に自身が母親に甘えられなかった記憶や、赤ん坊が自分に甘えてくるとそれを拒絶したくなり、怒りが生じてくることなどを意識するようになっていく。

川：画面下辺を横に流れる川。

➡ 主体（視点）が水の世界から少し外に現れ出た状態を示唆している。此岸がとても狭く、空白であることも主体がこの世界に現れてきたばかりであることと整合している。いわば、この描き手の主体自身が赤ん坊的な状態だといえる。

山：四つの山で構成される連山によって、地平が閉じられる。

➡ 地平が閉じられることで此岸と彼岸が大地化される。ただ、圧倒的に彼岸の領域が広く、主体にとって世界は遠い世界となっている。

田：一番左の山の中腹に配置される。

➡ 田ショックが生じて、田が遠くに追いやられたことが推測される。田のもつ象徴的意味は「女性的なものへの男性的なものの侵犯」であるが、この「女性」は無垢な自然状態を表象しており、この描き手の主訴に照らせば、赤ん坊と置き換えることが完全に可能であると思われる。

道：川辺から発し、山を越えていく道が描かれる。

⬇　川の描線が枠の横線と連動し、横に流れる形態を取るなか、道が川と並行せずに川から分離していく方向をもって描かれることは興味深い。〝母〟なる水の世界である川から道が分離することは、意志をもつ主体を表象する「道」としてふさわしい方向性だともいえる。これは、狭い此岸が水の世界から立ち現れてきたことと同型である。しかし、この川から分離する道はわざわざ、田近くを通るルートをとって、それゆえ田ショックの余波を受けたのであろう、山越えをする道となってしまう。すなわち、〝母〟から分離し、〝大人〟になろうとする動きが、田ショックと連動し、現実世界から逃避するに致ってしまうものとなる。母子分離に関する根深そうな問題が示唆される。

家：右の方の山の中腹に配置される。

⬇　安心の拠点である家——とは通常、母的に保護された空間である——が山中という他界に配置される。家で表象される保護する機能をこの世に位置づけることが困難であることが示唆される。

木：画面右の方、川辺に大きめの木が描かれる。

⬇　上述した安心感、安定感のなさをこの木は補償するものだと思われる。川から分離する道は、〝母〟からの分離でもあるが、これは誰にとっても相当の衝撃を伴うものであろう。この衝撃を乗り越えて分離がなされる前提として逆説的に〝母〟とのしっかりとした結びつきが重要となる。そもそも結びついていなければ、分離することはできない。これまでの項目間の流れからみて、この描き手においてはその結びつき感が脆弱な印象がするが、それを補償し、大地への根付き感を提供しようとしているのがこの木であろう。しかし、この木は川の描線を地平として立っており、そこに本来区別するべき水準に関する混淆が若干みられる。この水準の区別は内面をもつ主体と関連するものであり、そのような主体のレベル——それを、成熟した大人のレベルと言い換えてもよい——としては、この木はしっかりとは大地に立っていないのである。

人：木に寄りかかって本を読む人が描かれる。

⬇　木のもつ大地への根付き感に対して人がコミットする。先述したように、木が混淆した地平に立っており、あるレベル（内面をもつ主体が成立するレベル）からみれば真に大地に根を張って立っているとはいえないにせよ、木が描かれて人がそこに身をゆだねている姿が表象されることは治療的であると思われる。上述してきた描画の検討からも、母子分離がなされる前提としての母子結合の脆弱さが問題となっていることが推測される。母子のしっかりとした結合は動物本能的な側面も多大に関与するものであるが、ここで人が本を読む形態で描かれていることは、若干その動物本能的なものへの抵抗・否定が感じられる。

花：木のそばに一輪の花が描かれる。

⬇ 上述したように、現時点での構図の中で大地に根を張る木は安定感を提供する重要なものであり、それゆえ、ここに情緒的コミットがなされたことが推測される。

動物：人のそばに猫が描かれる。

⬇ この猫は、本を読む人が抵抗・否定する動物本能的なものを補償する意味をもっていると思われる。

石：川から発する道の近くに描かれる。

⬇ 既述したように、この道は川から分離することを試みるが、山を越える道となり、この世という現実空間（小文字のあちら）においてはそれを成就することができなかった道である。成就できない理由のひとつは、母子結合の脆弱さが推測される、しかしこの点に関しては木、木に寄りかかる人、人のそばにいる猫などの表象によって治療可能性が示されている。もう一つの理由は枠の横線と並行する線分で形成されたこの世界の構図である。横に流れる川、横に並ぶ連山、川の描線を地平に立つ木、人、猫。これら横線で構成された構図は「積み上げ遠近法」的な世界となるが、この斜めに走る道は、川から山に至る奥行きを少し作り出しており、「積み上げ遠近法」的な世界を揺るがすものである。さきに「（この木は）あるレベルからみれば真に大地に根を張って立っているとはいえない」と記述したが、この斜めの道は、この「あるレベル（内面をもつ主体が成立するレベル）」に至る治療的可能性を示す道だといえる。簡単に述べれば、この世界の中で母（川）からの分離をなしとげる道（主体）の成立である。もちろん、現時点ではその成立は可能性はあってもでき「ない」こととしてある。道のそばに配置されたこの石は、そのような「ない」という否定を具象化したものだと思われる。それは否定的ではあるが、今後の発展につながるものであろう。

彩色：此岸、田、道は彩色されない。

⬇ 此岸に彩色されないのは、水の世界から主体が立ち現れてきたばかりであるため、内実が空白であるからだと思われる。田が無彩色なのは、田ショックと関連しているだろう。道に色が塗られない理由は、「石」で検討した内容と同じである。重要な可能性を秘めた道であるがゆえに、現状では行き詰まっており、その否定性を石が具象化した。同様に、その否定性ゆえに情緒的なコミットとしての彩色が否定されたと思われる。

図23　過剰適応が問題となっていた女子中学生の描画

川：かなり幅の広い川が斜めに流れる。

山：二つの山が連なって描かれる。

⬇ 右の山の描線は川の描線まで達して接する。**図20**の構図と同様の意味をもつと思われる。山の描線を描いている最中に川の描線が目に入った時点でそこまで描線が延びて接触してしまったのだと推測される。描線をどこで止めるかという主体のコントロールを越えて、すでにある川の描線に呼ばれてそれに従うように動いていく。主体としての足場を確保することができず、その結果、本来区別するべき水準において軽い混淆が生じている。この視点から遡行してみるに、連なる二つの山もそれぞれが分離して独立性を保てていない、「くっつき」感を印象として与えている。

また、左側の山が川との間に形成する「彼岸」も相当に狭いが、右側にいたっては描線が川に接したため、彼岸が山中化して消滅している。彼岸は、主体の立ち位置である此岸から川を挟んで遠い領域であり、主体が扱いにくい項目（が意味することやそれにまつわる問題）をいったん遠ざけて棚上げ状態にしておける場所だともいえる。この領

図23

域がないということは自身の問題に対して逃げ場がないということを示唆する。

田：此岸の領域全面に田が描かれる。

⬇ 主体の基本的な立ち位置である此岸が田で占有される。田はその象徴的意味として「女性的なものへの男性的なものの侵犯」という内容をもち、ここから「労働」や「厳しい現実」といった意味も派生する。これらの意味をもつがゆえに、通常「田」は主体から遠ざけられる傾向にあるが、ここでは此岸が田で埋められる。ここにも、主体がその足場を保てないこと、まさしく、「侵犯」され、そのことに対して抗いを示すことができない様子がうかがわれる。

道：此岸から川に橋が架かり、そこから山頂を越える道が描かれる。

⬇ 主体の領域である此岸が田に占領されたため、そこから逃避する道であろう。しかし、道はそのまま山という他界を越えて「あちら」まで行ってしまう。道は意志をもつ主体を表象するが、この主体がとどまる場所はこの時点ではこの世界の中にみられない。

家：右側の山の頂に四つの家が並んで描かれる。

⬇ 安心の拠点としての家、主体が足場を固める原点となる家（ホーム）も山中という他界に配置される。

木：山頂の家々のそばに一本の木が描かれる。

⬇ 安心の拠点としての家の機能が脆弱なため、それを補償すべく、木が「大地への根付き感」を提供している。しかし、その木も山中にあり、その補償作用が主体から遠いところで動いている印象である。たとえば、此岸に大木が描かれた場合、その印象は相当に異なるものとなるだろう。たぶん、此岸が田に占有されているため、そのスペースが生じないのだと思われる（物理的な意味においてではなく、心理的な意味においてである）。

人：田で働く人々、次に橋を渡る人々（此岸から彼岸に向かっていると描き手は語る）、橋を渡って彼岸に着き、道上にいる人が描かれる。

⬇ これまでに構成された世界を前に、「人」が提示されると、真っ先に田で働く人々が描かれる。描き手の心の中の「人」というレベルは田にコミットする。しかし、このコミットが真に主体の中から出てきたものでないことは、上述した流れからも、また、次に描かれる人々が田から逃避して彼岸に向かうことからもうかがわれる。

花：橋が彼岸に至り、山頂へと至る道の始まり部分の両脇にたくさんの花が配置される。

⬇ 花によって情緒的なコミットがなされるこの場所は、わずかながらも彼岸というスペースがあるところだと思われる（右の山の麓にはない）。既述したように、彼岸は嫌なものをとりあえずとどめおくことができる場所である。その場所に置かれるものに対してまだ主体は直接的に関わることができないが、それを置いておける場所があるということは治療的に重要である。上述の流れからもわかるように、そのような嫌なものに対して、主体性を消滅させる（此岸が田で占められる）か、現実世界から主体が逃避する（山を越える道）という方略をとるしか手がないようにみえる描き手にとって、嫌なものをとどめておける彼岸というスペースは治療的にも重要なものとなるはずである。情緒的コミットを示す。花々はそのような意味でここに咲いているのだと思われる。道上にいる人もまだ彼岸のスペースがあるところにいる人であり、山中にいる人は描かれていない。人がこの領域にとどまることがまずは大事であることを指し示す花々でもあると考えられる。

動物：川の右手、川沿いに犬が描かれたあと、すぐにその犬のリードを握る人が描かれる。次に山頂の木にとまる鳥が描かれる。

⬇ これまでの検討からも示されているように、この描画世界における主体性はとても稀薄である。このような場合、「動物」は「人」よりも縛られることなくフリーな表象であるため、しばしば真の自己や魂の表象となる。ここで描かれた犬もその意味をもっているかと思われる。しかし、この犬は剥き出しの空を背景にして流れる川の描線の上を歩いている。そこはこの世界の中で「どこでもない場所」に類する場所であり、やはりこの世界の中に定位することがなかなかに困難であることがうかがわれる（もし、花が置かれた近くに犬が配置されたなら、かなり印象は異なったであろう）。しかも、即座に犬にはリードが付けられる。自由に動く本能領域的なものを許さないあり方が強いことが示唆されよう。

鳥はこのリードで縛られた犬に対するアンチテーゼの動きであろう。空を飛翔する鳥は自由の表象である。しかし、この鳥もこの時点では飛翔するものではなく、木にとまっている。

石：此岸の田と川との境目に石が並んで配置される。

➡ 犬や鳥が描かれたことで主体性が少し賦活されたと推測される。それによって、カウンター・ムーブメント的に田の影響力がぶり返してきたために、それを否定し、その影響力を封じ込めるために防波堤として石が配置されたのだと思われる。

図24　過剰適応が問題となっていた女子高校生の描画

川：斜めに流れる川が描かれる（彩色時に川が茶色に塗られ、道が水色に塗られて両者が逆転するが、茶色に彩色されたところ――此岸に近い方の平行線――が素描段階での川である）。

➡ この川によって少々狭い此岸が立ち現れる。

山：三つの山で構成される連山。右の地平線もこの時点で描かれる。

➡ 連山と地平線によって空と大地の区別が生じ、連山の手前の領域が閉じる。

田：此岸から遠く、山の麓辺りに数多くの田が描かれる。

➡ 田ショックによって田が此岸から遠ざけられたと思われる。しかし、田の数はかなり多い。これは**図23**で此岸が田に占有されるのと形態は異なっているがその意味は似ている。田を遠ざけつつもその数が多く広範囲に及ぶもの

図24

となるのは、ある意味田に占有されているからである。

道：川と並行し接する道が描かれる（水色に彩色されたところ——此岸から遠い方の平行線——が素描段階での道である）。

⬇ 意志をもつ主体を表象する道が、水の自然な流れである川に同化するように川に沿って描かれる。これは田ショックの余波だと思われる。田のあとに提示された「道」によって主体としてどこに向かうのかを問われることになり、結果、田を避けて、川と同化する道が描かれたわけである。ある種主体性を放棄している構図である。この道が始点（主体の立ち位置）も終点（目的）も枠外に置き、「どこを目指しているのかわからない道」になっていることも主体性の弱さを指し示す。

家：田の周辺にたくさんの家が配置される。

⬇ 家々で表象される人々が生活する空間が田の引力圏内に配置される。田は現実性を示すものであり、そこに人々が暮らしている構図はある意味で至極まっとうな現実空間だといえるだろう。しかし、それは彼岸にあり、主体の立ち位置である此岸が狭く（この時点では）空白であることから、そのような現実空間が主体（視点）にとっては遠い世界で進行しているものとして映っていることが推測される。

木：田と家々のそばに多くの木が配置される。

⬇ 木は大地への根付き感を表象し、しばしば空虚な主体や安定感のない家を補償するものとなるが、これらの木々にその意味はあまり感じない。この時点で此岸は狭く空白であり、主体の内実のなさ、空虚さが示唆されている。それゆえ、たとえば、此岸に大きな木が描かれたりしたならば、空虚な主体に対して大地への根付き感を提供する意味が木に生じるかと思われるが、木はそのような配置では描かれず、ただただ此岸（主体）は空白のままである。木々の中で一本だけ右の方に離れて立つ木があるが、この木と他の木々との差異化は今後の治療的可能性の芽として興味深くはある。

人：田の中で働く人々が描かれる。

⬇ 田ショックが生じて、彼岸に遠ざけた田であるにもかかわらず、「人」が提示されると即座に人が田に入って働く。主体がその足場を保てず、他者から乞われたり期待されるとすぐさまそれに従ってしまうことが示唆される。しかし、それが主体の中から立ち現れる真のコミットではないために、主体の内側が空虚になることは此岸が空白であることによく示されていると思われる。

花：此岸に咲く一輪の花が描かれる。

⬇ 空白の此岸に情緒的コミットが花によってなされる。主体の空虚さに情緒が触れたわけであり、ここから治療的な動きが生じてくる可能性が示唆される。ただ、この花はその根の部分を枠外に置いているか、あるいは枠から生えているような印象を与える。**図14**の枠に前足を掛ける犬と同様に、花が十全には此岸に入っていない、すなわち、主体の空虚さに情緒がしっかりと触れることにはまだ抵抗があることが垣間見える。

動物：此岸に黒猫が描かれる。

⬇ 花が呼び水となったかのように、此岸に猫が描かれ、此岸は空白ではなくなる。彼岸の田で働く人々を眺めているかのような印象を与えるこの猫は、それらの人々と乖離している魂の表象として考えることができよう。すなわち、「あちら」で「私」は働いている姿をみせているが、私の「魂」は「こちら」にあるという構図である。主体が分裂・乖離している状態であるとはいえ、主体の立ち位置である此岸に猫（魂）が現れてきたことは重要な進展である。より精確にいえば、猫が此岸に描かれたことで、主体が「あちら」と「こちら」に分裂していることが明確になったわけである。ちなみに、この猫は黒いが、「黒」は錬金術の概念ではニグレド（Nigredo）を象徴する色彩であり、腐敗を通して変容の過程が始まる色である。

石：彼岸にかなり大きな石が三つ置かれる。

⬇ 此岸に猫が出現し、主体にとって彼岸（で働く自身の姿）という世界が魂の入っていないレプリカ的なものであることが意識に上る。この流れから、そのような彼岸を「否定」するものとして石が配置されたように思われる。その世界には私の魂は参入してい「ない」、その世界は本物（リアル）では「ない」という否定をこの石は表象している。このようなことを指し示す石は治療的可能性の芽となる。

注

はじめに

（1）高石恭子「風景構成法における構成型の検討――自我発達との関連から」『風景構成法その後の発展』山中康裕編著、岩崎学術出版社、１９９６年、２３９-２６４頁。

（2）中井久夫「描画をとおしてみた精神障害者」（『中井久夫著者集1巻　精神医学の経験 分裂病』岩崎学術出版社、１９８４年、62頁）。この両軸は記号学由来の概念である。パラディグマティックな過程はいつくかの同義語の中から一つを選ぶことに代表される。ロールシャッハ図版を見てそこになにかを投影する過程はこれに対応している。一方、シンタグマティックな過程は、主語や述語、目的語、補語などを構成して文をつくるときの選択に代表される「相補的なものの中から相依相待的に一つの全体を構成すべく行う選択」（中井、同書）過程である。

（3）岸本寛史「ストーリーとしての風景構成法」岸本寛史・山愛美編『臨床風景構成法――臨床と研究のための見方・入り方』誠信書房、２０１３年、３-24頁。

（4）中井久夫「絵画療法の実際」『中井久夫著作集2巻　精神医学の経験、治療』岩崎学術出版社、１９８５年、１７１頁。

（5）同、１７２頁。

（6）『風景構成法の事例と展開――心理臨床の体験知』皆藤章・川嵜克哲編著、誠信書房、２００２年。

第一章　読みのための基礎的前提

（1）中井久夫「風景構成法」『風景構成法その後の発展』山中康裕編著、岩崎学術出版社、１９９６年、３-26頁。

（2）中井久夫「風景構成法と私」山中康裕編著『中井久夫著作集 別巻 風景構成法』岩崎学術出版社、１９８４年、２６１-２７１頁。

（3）「枠に収めきれない」という表現をしたが、なによりこの「枠」というのは治療者もそこに含まれている「枠」であることに注意しておこう。つまりはルールからの逸脱やアクティング・アウトが生じることには治療者側にも「責任」があるということだ。

患者と治療者との関係性次第で、いわゆる逸脱やアクティング・アウトは相当にその形を変えうる。アクティング・アウトというものも患者の表現のひとつにほかならないからである。表現は相手との関係によって変化する。このことはわれわれの日常場面でもよくみられよう。だれかに自分の気持ちを伝えたときに相手がしっかりとその気持ちを理解し、受けとめてくれたらそれだけでわたしたちは相当に安定する。伝えても相手がわかってくれないならば、わかってもらうために表現の強度をエスカレートしていかざるをえない。たとえば、「つらい」と言っただけで相手がこちらのなんともいえない気持ちをわかってくれて受けとめてくれたらそれはそれで終わるが、わからなければ「死にたい」とでも言うしかない。それでも相手がわからなければ、実際に自殺未遂を起こさないといけなくなってくる場合もあるだろう。このようなことがらを指して、アクティング・アウトと呼ぶわけだが、これは現象を外側からみたときの名称である。内側からみるならば、これは気持ちをなんとか伝えようとする患者の心の動きとそれを理解しようとする治療者の心の動きとのせめぎ合いにほかならない。

実際、患者（の無意識をも含む）が伝えたいと思っていることがらに対して、それを受けとめる「枠」が充分な容量をもっているならば、原理的に言って、アクティング・アウトということは起こりえない。アクティング・アウトとは、患者の気持ち、苦しさをわかってくれない治療者の「容器」の狭さをなんとか広げようと必死になっている患者の真摯な姿であるともいえる。

（4）河合隼雄、中村雄二郎『トポスの知——箱庭療法の世界』ＴＢＳブリタニカ、１９８４年、81頁。

（5）たとえば、伊藤良子「心理療法過程と治療的変化の諸相」（氏原寛他共編『心理臨床大事典』培風館、１９９２年、１８２-１８７頁）などを参照。

（6）なにかを「選ぶ」ことが可能であること。これは一見当たり前のようにみえて、実は歴史的に神経症と治療的に格闘することから始まり発展してきた心理療法にとって重要な観点をふくんでいる。ここでは二つの点に絞ってポイントだけを述べておく。

ひとつは、この「選ぶ」ということが可能になったのは歴史的にみて近代が成立したこととコインの裏表のように連動しているということだ。つまり、「選ぶ」という行為は合理的な理性でもって判断する近代自我の誕生と同時に成立している。これも恋愛や結婚を巡る状況を考えるとわかりやすいだろう。日本においても外国においても一昔前には結婚相手を当事者が「選ぶ」

ということは一般的にほとんどなかった（とくに女性の場合）。それは親や共同体が決定するものであり、基本的には女性はそれに「従う」のものであった。このように「選ぶ」のではなく「従う」ことが中心であったのは古代に遡《さかのぼ》れば遡るほどそうであり、それは祖先の霊や神託、運命に従うという質のものになっていく。つまり、「選ぶ」という行為は神や運命といったものを消去することではじめて成立した近代（「神は死んだ」）に特徴的なものであるということだ。

ふたつめは、「選べ」るがゆえに、未練や後悔が生じてくることである。「選ぶ」とは選んだもの以外の可能性を捨てることだと述べたが、未練や後悔とはそれら可能性を完全には捨てきっていない状態を指す。たとえば、A君、B君、C君が私に好意を寄せているとしよう。いろいろと悩んだ末、私はB君を夫として選ぶ。しかし少し後になって次のような考えが始終浮かんでくる。「あー、どうしてB君を選んじゃったのかなぁ」「C君と結婚してたらもっと幸せだったろうに」。このような後悔や未練は神経症の本質をなしている。つまり、神経症とは、意志的な選択をなし、その結果、それが現実化された地平に一応立ってはいるのだが（たとえばB君と結婚して一緒に住み、家庭を築く）、捨てたはずの可能性を心のどこかに（とは無意識なのだが）保留しているので、トータルには現実に参与しておらず、それゆえになんらかの症状が現れている状態をいう。

「選ぶ」ということがなく、「従う」が中心であった近代以前、とくに古代では苦悩や嘆き悲しみはあっても今述べたような未練や後悔はなかったはずである。神経症は近代になって「発明」された病いであるとか近代は神経症の時代だというようなフレーズもこの辺りに由来する。

（7）この「それ」こそがS・フロイトが創案した「無意識」にほかならない。理性的な個人が誕生し、いろいろなことを合理的な判断でもって人間は「選ぶ」ことができるのだと考えられはじめた近代という時代において、フロイトは強烈なアンチテーゼを打ち出したわけである。「選ぶ」のは「私」ではない、「それ」が選ぶのだ、と。この「それ」は近代以前における「超越性」に類似している。近代以前においては、人間が選択するのではなく、神や運命といった超越的な存在がものごとを決定していた。フロイトの無意識（エス＝それ）は、いわば、手袋の外側を内側にくりんとひっくり返したように、超越性を心理構造に内在化したものだといえる。

（8）中井久夫「精神分裂病状態からの寛解過程」『中井久夫著作集1巻　精神医学の経験　分裂病』岩崎学術出版社、１９８４年、１２６頁。

（9）もちろん、あるミニチュアはそれ固有の象徴的な意味をもっている。象徴とは文脈に規定されない、独立した意味をもつ。この意味では象徴は固有名と類似している。たとえばライオンはあくまでライオンであり、ウサギではない。さらにシンボリックな視点からみるならば、ライオンは百獣の王、父、太陽などの意味をもっている。ここで述べているのは、そのような固有の意味をもつあるミニチュアが箱庭に置かれるときに、すでに置かれているミニチュアで形づくられている「意味」との間で相互作用が生じるということである。この相互作用の中でそれが置かれるか置かれないかが決定され、置かれるならば、どこにどのように置かれるかが決まってくるわけである。この「どこにどのように置かれるか」のあり方によって、置かれたミニチュアのもつシンボリックな意味がある限定を受けることになる。たとえば、狭い柵の中にライオンが入れられたならば、それは「百獣の王」的なものが「閉じ込められている」という意味になる。このような、あるものが本来的にもつシンボリックな意味と、すでに置かれたものによって構成されている「意味」とのせめぎ合いは風景構成法の場合でも重要な観点となる。

（10）もし、真の意味ですでに置かれたものの意味を無視してなにか新たなものを置いたとすれば、そこにその人の病理が現れているといえるだろう。それも、たぶん軽いとは言えない病理が。たとえば、風景構成法におけるいわゆる「構成放棄」型などはこの場合に当たる。

（11）このような場合、最終的にできあがった箱庭世界に蜘蛛の痕跡は残らない。しかし、制作途中で「シーン③」のような動きがあったことはとても重要で、治療者はこの動きに注目しておくべきである。なぜなら、蜘蛛は受肉化に至らずとも一瞬、――さきの言い方をするならば――中間的なものとして現れたわけであるからだ。ここに治療者が注目することで、制作者の心の底でどのようなものが変容の可能性として動いており、またたからこそ、それを排除しようとする抵抗が働いていることを理解することができる。このような理解はもちろん治療促進的なものとなる。

第二章　風景構成法の特徴

（1）このキメラ状の構図を中井はP型と命名し、破瓜型に特徴的な構図であるH型と対比している。H型にみられる特徴が「パラディグマティックな選択を回避しようとする指向性」であるならば、P型は「全体をみず、強引にシンタグマティックな選択を行う」ことをその特徴としている。詳しくは、「描画をとおしてみた精神障害者」（中井久夫『中井久夫著作集一巻　精神医学の経験、分裂病』岩崎学術出版社、１９８４年、62頁）を参照されたい。

（２） 正確には風景は三次元ではなく、その風景に関わっている主体との関係（思い入れ、わき上がる感情等々）がすでに入って構成されているものであり、その意味で四次元以上の高次元なものである。これを画用紙という二次元上に落とし込んだものが絵画である。

（３） 腹部に線が入ったゴリラと本質的に同じことを示しているエピソードを挙げておこう（以下の話は、F・デーヴィッド・ピート『賢者の石――カオス、シンクロニシティ、自然の隠れた秩序』（鈴木克成他訳、日本教文社、１９９５年、16－17頁）からの引用である）。

アメリカ、ブリティッシュ・コロンビア州でパイプラインを引くに当たって政府公聴会の委員たちが先住民のネイティブ・インディアンの居住地を訪れた。委員たちが説明のために広げた地図には細かな道や地形が描き込まれ、土地や所有権といった「西洋的な概念」を持って説明がなされた。この後に、先住民たちの地図が広げられたのだが、そこに記載されていたのは、どの部分をとっても固有の特色や価値をもつさまざまな領域であった。彼らにとって、ある土地から別の土地へと移動することは「物語や歌の中に入ること」なのだった。その一枚の地図の中には、彼ら一族の土地だけでなく、過去との関わりすべてが含まれており、死者の行く世界への道しるべまでもがそこには描かれていたのである。

政府委員会の人々の地図は、西欧近代的な〈私〉という消失点を中心とした遠近法によって構成された地図にほかならない。等質空間はこの遠近法をもってはじめて作り出される。一方、先住民の地図に示されているのはそれとはまったく異質な空間である。そこでは、ある部分は聖なる空間であり、ある部分は恐ろしい近づいてはならない空間、またある部分は人々が日常を営む空間という具合に、空間は等質ではなく、それぞれに質的に異なる空間として配置されている。また、時間感覚も同様で、直線的で等質に流れる「歴史」的な時間はそこにはない。ここでは、昔の先祖もこれから死んでいく未来の部族の者も、現在開かれている一枚の地図の中に全部が生きている。過去は通り過ぎて死んでしまった過去ではなく、現在にも生きているような「過去」なのである（起源神話というものがそもそもそのようなものであろう。その中で語られる起源という根源的な「過去」のエピソードは現在から遠く離れてすでに死んでしまった過去ではなく、現在を根本的に基礎づけるような生きた過去、いやむしろそれをもってはじめて現在が生かされるような「過去」である）。ここでは時空間を含めて「全部が見えており」、何も隠されてはいない。

この先住民の地図は委員会の面々には理解できなかったらしく、地図を開いたからには太鼓を叩いて歌って踊らなければならないと彼らが主張している最中に、政府の委員たちはそそくさと帰っていった。実際、先住民のこのような地図を否定することで、はじめて「内面」をもった近代的な主体、空間を均質なものとみる遠近法の消失点としての主体が生成する。また、そのような主体に即応して、客体としての「風景」や客観的な地図が成立するのである。だからといって、そのような地図がネイティブ・アメリカンの地図よりも優れているということではもちろんない。

第四章　各項目の象徴的意味と配置

1　川

（1）ベイトソン、佐藤良明他訳『精神の生態学（上）』思索社、1986年、286頁。
（2）河合隼雄との私信による。
（3）たとえば、大澤真幸『美はなぜ乱調にあるのか――社会学的考察』（青土社、2005年）、ジョナサン・クレーリー『観察者の系譜――視覚空間の変容とモダニティ』（遠藤知巳訳、以文社、2005年）、柄谷行人『日本近代文学の起源』（講談社、1988年）等を参照。
（4）エルヴィン・パノフスキー『〈象徴（シンボル）形式〉としての遠近法』木田元訳、哲学書房、2003年。
（5）山中康裕「〈風景構成法〉事始め」『中井久夫著作集別巻（1）H・NAKAI風景構成法』岩崎学術出版社、1984年、1-36頁。
（6）高石恭子「風景構成法における構成型の検討――自我発達との関連から」山中康裕編著『風景構成法その後の発展』岩崎学術出版社、1996年、239-264頁。
（7）高石恭子「箱庭療法と風景構成法――垂直軸の観点から」『箱庭療法学研究』30巻、2号、2017年、77-98頁。
（8）「積み上げ遠近法」は下から順に遠いものを上に重ねていく〝変換方式〟であり、本稿のことばでいえば、「下辺の枠線の引力に引っ張られ」ながら描画の中の世界が構成されていく視点による構図である。

(9) ここでの「遠近法的」ということばは厳密な意味での、つまり、一点透視法的遠近法を意味していない。ほとんど「奥行き」があるといった程度の意味である。繰り返しになるが、一点透視法的遠近法世界というのは非常に特殊な世界であり、精密なそれが風景構成法で描かれることは極めて稀であるし、また、なんらそれが理想的な価値をもっているわけでもない。

(10) すでに指摘したように、中井は統合失調症の破瓜型および妄想型に特徴的な風景構成法の構図を、それぞれH型、P型と命名しタイプ分けしているが、鳥瞰図的な構図はH型の特徴である(中井久夫「描画をとおしてみた精神障害者」『中井久夫著作集1巻　精神医学の経験　分裂病』岩崎学術出版社、1984年、62頁)。この鳥の視点は超越的なポジションにほかならない。

(11) このように量的な観点から空間をみることが可能になるのは、その前提として空間が等質であるとみなされているからである。もちろん、この視点はデカルトから始まっている(デカルト空間)。行動療法などはこのモデルに基づいている。たとえば、不登校児の治療を考えた場合、家と学校との間は等質で連続した空間とみなされる。それゆえ、その空間の任意な地点を幾つかピックアップして、段階的な目標の地点とすることができ、患児にそのステップを踏ませて最終的に登校させるというプログラムを組むことが可能だとみなされている。

一方、無と有との違いのように、空間に質的に差違があるとする観点では、家の周辺の領域と学校との間には非連続的なギャップがある。患児はその非連続点を越えねばならず、越えたときには変容が生じている。これはイニシエーションにほかならず、たとえば成人式において、「子ども」という存在は象徴的に死ぬことによってはじめて、「大人」として生まれ変わることができると考えるように、質的な変容モデルに属するものである。

(12) このような、下辺線がもつ引力からの垂直方向への離脱は、プレイセラピーなどにおいて、大地を離脱する飛行機やロケットという表象で非常にしばしば表現される。これは、母なる大地からの離脱であり、主体をもつことがテーマとなる子どものプレイでよくみられる。

(13) C・G・ユング『結合の神秘Ⅱ』池田紘一訳、2000年、人文書院、24頁。

(14) 角野善宏「病院臨床における風景構成法の実践」『風景構成法の事例と展開――心理臨床の体験知』皆藤章・川嵜克哲編著、誠信書房、2002年、110頁。

(15) 奥行きに関してもうひとつ傍証となる論点を挙げよう。それは、中井が見いだし、提唱したH型の多くが奥行きをもっている構図であることである。H型というのは、統合失調症の破瓜型に特徴的にみられる風景構成法の型で、記号化された項目が整合的な空間構成をなしている遠景の構図をもつものである（中井久夫「描画をとおしてみた精神障害者――とくに精神分裂病における心理的空間の構造」前掲『中井久夫著作集1巻　精神医学の経験　分裂病』49頁）。H型の描画は、それを描く視点が空高くある点では「立つ川」と類似しているけれども、「立つ川」の視点のように真上からのものではなく、そのほとんどが〝斜め上空〟からの視点によっており、従って川を含めたその遠景は奥行きをもっている。

ここで、破瓜型に関してベイトソンの考察を参照しておこう。ベイトソンはメッセージの意味を規定するメタ・メッセージの観点から統合失調症の三類型（破瓜型、妄想型、緊張型）の構造を分析している（「精神分裂病の理論化へ向けて――ダブル・バインド仮説の試み」『精神の生態学（上）』佐藤良明他訳、思索社、295-329頁）。彼によれば、メタ・メッセージを直接に指し示す言語体系をわれわれは有していないため、メッセージの意味を厳密に決定することは原理的に不可能である。たとえば、「きれいね」というメッセージは容姿の端麗な人に向けての賞賛の意味でも使えるし、また転んで顔が泥だらけになった人に対しても皮肉の意味で使うことができる。つまり、同じメッセージをまったく異なる意味で使用できるわけである。これらの意味はメタ・メッセージ（そのときの文脈）によってはじめて決定される。逆にいえば、メッセージはそれ自身では意味を決定することができない。

ここで問題になるのは、このメタ・メッセージを直接的に提示することができないことだ。たとえば、転んで泥だらけになった人が「きれいですね」と皮肉を言われたときに、それに腹を立てて相手に文句を言ったとしよう。これに対して、「どうして怒るのですか。私はあなたを褒めたんですよ」と相手が言うならば、こちらはこの「きれいですね」は賞賛ではなく皮肉の意味であるという根拠を明示的に示すことはできない。さきほどの「起源」という超越に関して直接に知りうることができず、神話的に語るか曖昧に無視するしかないことに似て、われわれはメッセージを決定するメタ・メッセージを直接的に明示することはできない。つまり、人が交わし合うメッセージの意味は根源的には決定不能なのである。

通常人は適当にそのあたりをやりくりしているわけであるが、ベイトソンによれば、統合失調症者は「自我が弱い」ために、この決定不能の不安定さに耐えられない。そのため、その不安定さから逃れるため彼らはメッセージの意味を「固定」すべく、三つの種類の策略を使う。その中で破瓜型が使用する策略は、メタ・メッセージを参照することを避けて、メッセージをそのまま字義通りに読むというものである。たとえば、友だち同士が冗談を言い合う雰囲気の中で言われた「君もバカだよねぇ」ということばに対して、「いいえ、私は学生時代から成績は中の上でした」と答えるようなコミュニケーションが字義通りのひとつの例である。ここでは、文脈（メタ・メッセージ）を参照すれば、メッセージの意味を厳密に決定することは不可能になってしまうため、その宙づりになる不安定さから逃れるために、文脈から切り離してメッセージを文字通り「読んで」いるわけである。付け加えておくと、妄想型は文脈を固定する戦略をとる。それはたとえば、「大丈夫ですか」とか「よい天気ですね」などのメッセージをすべて、私を殺そうとしているという意味として受け取る戦略であり、これもメッセージの意味の固定化を狙うものである。ちなみに、緊張型は、メッセージを読むこと自体を拒絶するという戦略をとっていることになる。

さて、ここで本論にとって重要なことは、破瓜型の患者がコミュニケーションにおいて〝メタ〟を参照することを避けるという点である。「避ける」というのは〝メタ〟参照してしまうと意味の決定不能に陥るからであるが、逆に、このことは破瓜型の患者がなんらかの形で〝メタ〟を認識していることが暗に示されている。「避ける」というのは避けたい対象を認識していないと成立しない行動だからである。これは、自閉症者がコミュニケーションにおける〝メタ〟を十全には成立させていないことと対照的である。この〝メタ〟を認識しつつ、それを回避する彼らのコミュニケーションのあり方は、H型が記号化と遠景を特徴としながらも奥行きがあることと整合していると思われる。つまり、奥行きがあることから、「離脱・超越する主体」が存在し、それが「世界に埋没している主体」に折り返して、ある程度二重化された主体を形成していることがうかがわれるが、それが不完全あるいは破綻しているところがあることが示唆されていよう。

2　山

(16)「日本人が、母の懐のような山の辺で水の辺の地から徐々に乳離れ、山離れしていくのは近世に入ってからのことである」（樋口忠彦『日本の景観――ふるさとの原型』筑摩書房、１９９３年、38頁）
(17) 鈴木正崇『山岳信仰――日本文化の根底を探る』中央公論新社、２０１５年。
(18) 阿部一『日本空間の誕生――コスモロジー・風景・他界観』せりか書房、１９９５年。
(19) 同、１７３頁。
(20) 同、１７４頁。

(21) 斜めに流れる川においても、「水の世界に惹かれる視点」が優位となる場合はもちろんありうる。その場合は、川そのものが「他界」的な意味をもつものとなるが、それはたとえば、「人」が川の中に配置されたり、「動物」で魚が描かれたりする場合をその表現の代表とするような諸項目の形態と配置を吟味することが必要となる。

(22) 筆者の経験では多重人格の患者にしばしば、二股に分かれる川が描かれることがある。

(23) 応地利明〈「インドと中国――それぞれの文明の〈かたち〉」『イスラーム世界研究』5巻〈1-2〉京都大学イスラーム地域研究センター、2012年、88-118頁〉によれば、日本には「○○富士」と呼ばれる山が四百以上ある。これらは富士山と同型の小富士山であり、それぞれの地方においての中心山として表象されている。

(24) ミルチャ・エリアーデ『永遠回帰の神話――祖型と反復』堀一郎訳、未来社、1963年、22頁。

(25) 「神殿を〈世界の中心〉と同一視することは、他の象徴によっても支持される。とりわけ、神殿や王都は宇宙山に相応する。メソポタミアの諸神殿は〈家の山〉〈嵐の山〉〈大地すべての山の家〉などと呼ばれている。しかし、伝承によっては、宇宙がその頂上を天に届かせる山の形をしていることもある。天と地が再び接する上空が〈世界の中心〉なのである。この宇宙山は現実の山と見なされることもあれば、神話的な山であることもあるが、つねに世界の中心に位置している。インドの宇宙的神話におけるメール山〈須弥山〉のような場合もあれば、〈大地のへそ〉と呼ばれるパレスティナのゲリジム山やユダヤ=キリスト教の伝統にとってのゴルゴタのように現実の山である場合もある。したがって、聖域は象徴的に宇宙山と一体化しているのである。その事例は豊富にある。メソポタミアのジッグラトはまさに宇宙山と呼ばれるのにふさわしく、その七層は七惑星を象徴している。同様にボロブドゥール寺院は真の世界の模像であり、山の形に造られている」（エリアーデ『象徴と芸術の宗教学』奥山倫明訳、作品社、2005年、182-183頁）。

(26) 中沢は、石炭や石油が太陽エネルギーを「媒介」したエネルギーであるのに対して、原子力発電は本来、地球の生態圏の外部である太陽圏に属する現象である核分裂連鎖反応を「無媒介」のままに生態圏の内に持ち込んでエネルギーを取り出す点でまったく異質なものであることを指摘し、批判している。原発の危険性はいわば、太陽をそのまま地球に持ち込むことであり、生態圏の「内部」に、ほんらいそこにあるはずのない「外部」が持ち込まれることによっている（中沢新一『日本の大転換』集英社、2011年、21-23頁）。

(27) この事例に対する筆者のコメントに関しては『風景構成法の事例と展開――心理臨床の体験知』(皆藤章・川嵜克哲編著、誠信書房、2002年)を参照。

(28) もちろん、狩猟文化も人の文化である以上、厳密には「自然」そのものではない。しかし、農耕文化に比べて狩猟文化が自然に近い事は、単に両者の相対的な差であるというよりも、大いなる自然の一部として自身をみなして生活を営んでいた狩猟文化と自然に対して操作しコントロールする者と自身をみなす農耕文化との質的差異に基づいている。

(29) 以下の記述は、ユヴァル・ノア・ハラリ『サピエンス全史(上)』(河出書房新社、2016年)、中井久夫『分裂病と人類』(東京大学出版会、1982年)、ジャレド・ダイアモンド『銃・病原菌・鉄――一万三〇〇〇年にわたる人類史の謎(上)(下)』(草思社、2012年)、西田正規『人類史のなかの定住革命』(講談社、2007年)などを参考にしている。

(30) クロマニヨン人の侵略、殺害によってネアンデルタール人が絶滅したというのがこれまでの定説であったが、最近では両者の間に交雑があり、良好な関係であった可能性を示唆する研究もでてきている。スヴァンテ・ペーボ『ネアンデルタール人は私たちと交配した』(文藝春秋、2015年)などを参照のこと。

(31) 西田正規『人類史のなかの定住革命』(講談社、2007年)も指摘するように、農業革命よりもはるかに以前にまず定住が生じている。定住は農耕文化に伴って生じた現象ではなく、逆に定住の副産物として農耕が現れてきたわけである。日本においては、縄文時代がそうであったように狩猟採集文化と農耕文化の間に前者の一部分とオーバーラップする形で定住文化が挟まっている。しかし、農耕文化が定住文化と不可分であることはまちがいなく、農耕文化に属する「田」の象徴的意味を検討しようとしている趣旨から、本稿では定住文化の特徴を農耕文化に帰属させ、それとの対比で「狩猟採集文化」ということばを使うことにする。

(32) 前掲『サピエンス全史(上)』113頁。

(33) 前掲『銃・病原菌・鉄――一万三〇〇〇年にわたる人類史の謎(上)』157頁。

(34) 同、154頁。

(35) 同、157頁。

(36) 中井久夫『分裂病と人類』東京大学出版会、1982年、13頁。
(37) 前掲『サピエンス全史（上）』72頁。
(38) 同、73頁。
(39) 前掲『分裂病と人類』21頁。
(40) 同、20頁。
(41) エリアーデ『大地・農耕・女性』未来社、1968年、堀一郎訳、89頁。
(42) 以下の風習に関する記述は、主に前掲『大地・農耕・女性』の論述によっている。
(43) 前掲『大地・農耕・女性』100頁。
(44) 同、265頁。
(45) 三浦佑之「イケニヘ譚の発生――縄文と弥生のはざまに」小松和彦編『怪異の民俗学〈7〉異人・生贄』河出書房新社、2001年。
(46) 同、179頁。
(47) 同、184頁。
(48) 同、185-186頁。
(49) 同、188-189頁。
(50) 同、189頁。
(51) 同、190-191頁。
(52) 折口信夫「河童の話」小松和彦編『怪異の民俗学〈3〉河童』河出書房新社、2000年、29頁。
(53) ここでの乙女の生贄は、それを捧げる対象は農耕という男性性によって傷ついた母なる大地である。つまりは女性の傷つきを女性を傷つけることで癒やそうとする思考がここにはみられ、これはホメオパシー（同種療法）に属する思考だといえる。ホメオパシーは、たとえば熱を出している症状に対して発熱する薬を投与する治療法であり、一般に西洋医学で行われる発熱に対して解熱剤を投与するという治療法（これをアンチパシーという）とは異なる原理をもつものである。神話的な治療観念ともいえるが、心理療法を考えるにあたって、ホメオパシーはきわめて重要な概念である。たとえば、筆者著「心理療法における神は細部に宿り給う」（学習院大学人文科学研究科臨床心理学専攻・学習院大学心理相談室編『心理療法の世界１――その学び』遠見書房、２０１４年、１８４-２０７頁を参照）

（54）前掲『分裂病と人類』、21頁。

（55）同、16頁。

（56）以下の構成放棄の描画に関する考察は河合俊雄氏との私信の中でさまざまなヒントをいただいた。

（57）高橋寛子「ある摂食障害女性の心理療法過程」『現代のエスプリ　風景構成法の臨床』皆藤章編集、至文堂、２００９年、１５５-１８１頁。この事例に関する筆者のコメントも参照されたい（「ある摂食障害女性の心理療法過程　ケースカンファレンス」同書、１８２-２０２頁。

（58）たとえば、藪内清編『中国の科学』（世界の名著・続1）中央公論社、１９７５年、藪内清編『中国天文学・数学集』（科学の名著2）朝日出版社、１９８０年、応地利明「インドと中国――それぞれの文明の〈かたち〉」『イスラーム世界研究』５巻（１-２）京都大学イスラーム地域研究センター、２０１２年、88-１１８頁などを参照。

（59）Ｔ・Ｌ・ヒース『復刻版　ギリシア数学史』平田寛他訳、共立出版、１９９８年。

（60）古代中国の「天円地方」と円積問題を結びつける考えはＷ・ギーゲリッヒとの私信によって示唆された。

（61）阿部一『日本空間の誕生――コスモロジー・風景・他界観』せりか書房、１９９５年、１５３頁。

４　道

（62）この彩色によって川と道とが入れ替わる描画については、筆者が大学院生時代に山中康裕先生が指摘されていた。記して感謝したい。

５　家

（63）中井久夫「バウム・テストの普遍性へのささやかなる懐疑」『中井久夫著作集４　精神医学の経験、治療と治療関係』１９９１年、岩崎学術出版社、２４３頁。

（64）室内画の研究に関しては古野裕子『居場所に向けられたまなざしの分析――室内画を通して見た〝わたし〟の在り方の多様性』（風間書房、２０１１年）などを参照されたい。

6　木

(65) カール・コッホ『バウムテスト［第3版］――心理的見立ての補助手段としてのバウム画研究』岸本寛史他訳、誠信書房、2010年。
(66) 前掲『分裂病と人類』20頁。

9　動物

(67) 三木成夫『海・呼吸・古代形象――生命記憶と回想』うぶすな書院、1992年、72-73頁。
(68) 岩田慶治『カミの人類学――不思議の場所をめぐって』講談社、1985年。
(69) 前掲『サピエンス全史（上）』67頁。
(70) マンフレート・ルルカー『シンボルのメッセージ』林捷他訳、法政大学出版局、2000年、414頁。
(71) アビゲイル・タッカー『猫はこうして地球を征服した――人の脳からインターネット、生態系まで』西田美緒子訳、インターシフト、2017年、26頁。
(72) 同、28頁。
(73) 同、29頁。
(74) 同、171頁。
(75) W・ギーゲリッヒ「治療において何が癒やすのか？」河合俊雄訳『こころの科学』109号、日本評論社、2003年、120頁。

11　枠

(76) H型に関しては、第四章第1節「川」の注（10）を参照のこと。
(77) 風景構成法において、「山」や「木」は一般的にその下方が開放状態の輪郭線で描かれる。「田」や「家」は逆に輪郭線は閉じるであろう。これは、山や木が大地と地続きであるという「観念」が表現されているわけである。この意味においても、連山の一部が欠如して、空と大地の境界がない構図は、本来、大地の延長である山が半ば宙に浮いた不安定な状態を指しているといえる。また、木の場合、それが大地に「根付いている」という感覚を強く喚起させる項目であることが示されていると考えられる。

（78）山中康裕「精神分裂病におけるバウムテスト研究」『心理測定ジャーナル』132巻、1976年、18-23頁。

12 彩色

（79）色彩の象徴的意味に関しては、志村ふくみ『伝書――しむらのいろ』（求龍堂、2013年）、J・W・V・ゲーテ『色彩論』（筑摩書房、2001年）、ルドルフ・シュタイナー『色彩の本質・色彩の秘密』（イザラ書房）などを参照のこと。染色に関する志村の記述を読むといつも、染色というのは「女性の錬金術」だと感じる。染色において、「植物からは緑（色）が染まらないこと」、また、「なぜ甕から引きあげた瞬間の緑がすぐ消えてしまうのか」ということが志村にとっての第一義的な疑問であった。この疑問を胸に抱きつつ、染色を続ける志村はゲーテを経てシュタイナーの著作に出会い、次の言葉と出会って衝撃を受ける。「緑は生あるものの死せる像である」。志村も述べているように、シュタイナーの『色彩の本質・色彩の秘密』は難解であるが、非常に含蓄に富む内容をもっている。

第五章　図版とその解説

（1）志村礼子「児童臨床における風景構成法の実践」『風景構成法の事例と展開――心理臨床の体験知』皆藤章、川嵜克哲編著、誠信書房、2002年、168-198頁。

（2）通常の項目順は「家」の後に「木」「人」であるが、論文中には先に「人」を描いた様子が記述されており、次に「木」の記述がある。実際の提示順がどうであったかは不明であるが、ここでは論文に記載されている順序で考察している（同、194頁）。

（3）角野善宏「病院臨床における風景構成法の実践」同『風景構成法の事例と展開――心理臨床の体験知』94-118頁。

マ行

ヤ行

ラ行

ワ行

ナ行

ハ行

サ行

タ行

索　引

著者紹介

川嵜克哲（かわさき　よしあき）

1959年生まれ

1983年　京都大学教育学部卒業

1989年　京都大学大学院教育学研究科博士後期課程満期退学

現　在　学習院大学文学部教授

編著書　『夢の分析——生成する〈私〉の根源』講談社 2005、『夢の読み方 夢の文法』講談社 2000、『セラピストは夢をどうとらえるか——五人の夢分析家による同一事例の解釈』（編著）誠信書房 2007、『風景構成法の事例と展開——心理臨床の体験知』（共編）誠信書房 2002、『心理療法と因果的思考』（共著）岩波書店 2001、『箱庭療法の事例と展開』（分担執筆）創元社 2007、『臨床心理査定技法2』（分担執筆）誠信書房 2004

風景構成法《ふうけいこうせいほう》の文法《ぶんぽう》と解釈《かいしゃく》——描画《びょうが》の読《よ》み方《かた》を学《まな》ぶ

2018年10月20日　初版第1刷発行
2024年 2 月20日　第6刷発行

著　者　川 嵜 克 哲

発行者　宮 下 基 幸

発行所　福村出版株式会社

〒113-0034 東京都文京区湯島 2-14-11
電話　03-5812-9702　FAX　03-5812-9705
https://www.fukumura.co.jp

印　刷　株式会社文化カラー印刷

製　本　協栄製本株式会社

 ISBN978-4-571-24071-3 C3011 Printed in Japan